KB147514

새로 쓴

한국
체육사

김재호, 박영호, 송원익, 유종상, 정구중, 정은주 저

한국스포츠개발원의
출제기준에 맞춘
스포츠지도사(2급)
시험대비 표준교재

dcb
대경북스

저|자|소|개

김재호
동의대학교 체육학과 졸업
동아대학교 교육대학원 교육학석사
동아대학교 대학원 이학박사
현 동의과학대학교 사회체육과 교수

박영호
계명대학교 체육학과 졸업
경북대학교 대학원 체육학석사
경북대학교 대학원 이학박사
현 계명대학교 사회체육학과 교수

송원익
목포대학교 체육학과 졸업
연세대학교 교육대학원 교육학석사
연세대학교 대학원 사회체육학박사
현 세한대학교 스포츠레저산업학과 교수

유종상
단국대학교 경기지도학과 졸업
경기대학교 교육대학원 체육교육학석사
수원대학교 체육대학원 이학박사
현 남부대학교 스포츠레저학과 교수
　　NAVER 핸드볼 전문해설위원

정구중
단국대학교 대학원 이학박사
현 서울호서예전 스포츠건강관리계열 교수
　　대한뷰티바디협회 회장
　　BBMC(보디빌딩매니아클럽) 회장
　　서울시역도연맹 부회장
　　머슬마니아 심사위원

정은주
세종대학교 체육학과 졸업
인하대학교 대학원 체육교육학석사
인하대학교 대학원 여가학박사
현 동서울대학교 레저스포츠학과 교수

(가나다 순)

새로 쓴
한국체육사

초판발행　2020년 5월 12일
초판2쇄　2024년 3월 5일
발 행 인　김영대
발 행 처　대경북스
ISBN　978-89-5676-818-2

dkb
대경북스
등록번호 제 1-1003호
서울시 강동구 천중로42길 45 2F·전화 : 02) 485-1988, 485-2586~87
팩스 : 02) 485-1488·e-mail:dkbooks@chol.com·http://www.dkbooks.co.kr

머리말

흔히 역사라고 하면, 흘러가 버린 과거를 먼저 떠올리는 경향이 있다. 그러나 단순히 과거의 사실을 알려고 역사를 연구하는 것이 아니고, 과거를 통해서 현재와 미래를 제대로 알기 위한 것이다.

인류가 지금까지 생존해 오는 동안 실제로 있었던 수많은 사건들 가운데 체육·스포츠의 역사는 인간만이 창조할 수 있었고, 다른 어떤 생명체도 놀이를 조직화하거나 기록으로 남기지 못했다. 따라서 체육·스포츠는 인류의 빛나는 문화유산 가운데 하나이다.

체육사는 이러한 인간 체육의 역사이며, 체육을 본질적으로 이해하기 위한 학문이다. 따라서 체육사의 중요한 과제는 과거의 체육 관련 사실을 당시의 사상적 배경이나 사회적 여건과 비교하여 현재의 체육을 바르게 이해하고 미래의 체육을 이상적으로 추구해 나가는 일이다. 즉 체육사를 연구하는 의의와 목적은 체육의 역사적 발자취를 돌이켜봄으로써 현대체육의 사실을 바르게 인식하여 미래의 체육 발전에 기여하는 데에 있다.

그러나 우리나라의 경우 유교와 불교의 영향을 많이 받은 나라이기 때문에 세시풍속과 군사수련 외에는 특별히 내세울만한 신체활동(체육)이 거의 없었다. 그래서 체육사는 일반 역사와 시대구분을 다르게 한다. 일반적으로 우리나라의 체육을 선사 및 고대의 체육, 중세의 체육, 개항 이후의 체육으로 삼분(三分)하는 쪽에 힘이 실리는 추세이다.

본서는 현행 스포츠지도사 시험의 출제 범위에 맞추어, 선사시대, 부족사회, 삼국 및 통일신라, 고려, 조선의 고대 및 중세의 체육과 개화기, 민족시련기, 광복 이후부터 현대에 이르기까지 우리나라 체육사의 흐름을 새롭게 정리하였기 때문에 짧은 시간에 전반적인 내용을 정리하여 시험에 대비하려는 독자들에게 좋은 교재가 될 것이다. 또한 학문적 영역에서 한국체육사의 범주와 주된 흐름을 정리하고자 하는 학부생과 관련 전공자들에게도 큰 도움이 될 것이다.

아무쪼록 이 책을 통해 독자들이 한국체육사를 전반적인 흐름을 이해하고, 스포츠지도사 시험에 응시하여 좋은 성적을 거둠으로써 목적하는 바를 이룰 수 있기를 기원한다.

2020년 4월

저 자 씀

차 례

제❸장 중세의 체육

7

제 4 장 근대의 체육

9

제5장 광복 이후의 체육

제1장

한국체육사의 개관

01 체육사의 정의와 연구의 의의

체육사는 인간 체육의 역사이며, 체육을 본질적으로 이해하기 위한 학문이다. 따라서 체육사의 중요한 과제는 과거의 체육 관련 사실을 당시의 사상적 배경이나 사회적 여건과 비교하여 현재의 체육을 바르게 이해하고 미래의 체육을 이상적으로 추구해 나가는 일이다. 즉 체육사를 연구하는 의의와 목적은 체육의 역사적 발자취를 돌이켜봄으로써 현대체육의 사실을 바르게 인식하여 미래의 체육 발전에 기여하는 데에 있다.

흔히들 역사라고 하면 흘러 가버린 과거를 먼저 떠올리는 경향이 있다. 그러나 단순히 과거의 사실을 알려고 역사를 연구하는 것이 아니고, 과거를 통해서 현재와 미래를 제대로 알기 위한 것이다.

그러므로 체육사의 본질은 과거에 있는 게 아니라 현재와 미래에 그 초점이 있는 것이다.

인류가 지금까지 생존해 오는 동안 실제로 있었던 수많은 사건들 가운데 체육 · 스포츠의 역사는 인간만이 창조할 수 있었고, 다른 어떤 생명체도 놀이를 조직화하거나 기록으로 남기지 못했다. 따라서 체육 · 스포츠는 인류의 빛나는 문화유산 가운데 하나이다.

체육사를 어떻게 정의하느냐 하는 것은 학자마다 조금씩 다르다.

다음은 학자들이 내린 체육사의 정의와 연구의 의의 중에서 일부를 소개한 것이다.

❖ 과거의 체육적 사실을 정확하게 설명하고 해석하려는 학문이다.
❖ 체육과 스포츠를 역사적인 방법으로 연구하는 것이다.
❖ 신체운동 자체와 신체운동과 관련이 있는 문제들을 거시적으로 고찰하는 학문이다.
❖ 체육학의 하위영역 중 한 분야이다.
❖ 인간들이 고대로부터 수행해온 광의적 의미의 신체활동의 역사를 연구하는 학문이다.

❖ 과거에 체육이 어떻게 행해졌고, 그러한 사실들이 당시 사람들의 사상, 정치, 경제, 문화, 교육, 예술, 군사, 환경 등과 어떠한 관계가 있었던가를 밝혀, 미래를 현명하게 통찰하는 데에 그 연구의 의의가 있는 분야이다.

❖ 체육사 연구는 인간의 신체운동의 발전을 통해 생물적 · 사회적 · 문화적 의의를 밝히는 학문영역이다.

02 스포츠의 기원과 발전

스포츠라는 말 대신에 신체활동이라고 하는 편이 스포츠의 기원을 유추하는 데에는 더 편리할 것이다. 인간은 동물이기 때문에 인간의 기원과 신체활동의 기원이 같을 수밖에 없다.

그러나 대륙마다, 나라마다 또는 민족마다 인간이 살기 시작한 역사가 몇백 년에서 수천 년씩 차이가 나고, 태초의 인간들이 살아온 형태가 지형과 기후에 따라 크게 다르기 때문에 신체활동의 기원을 시대별로 정리하기는 쉽지 않다. 따라서 개괄적인 발전단계로 다룰 수밖에 없다.

인간 신체활동의 첫 번째 단계는 태고 시대의 인간이 살아남기 위해서 '먹이활동'을 하였던 것으로 추정할 수 있다. 즉 열매를 채취하고, 물고기나 짐승을 잡아먹고, 그리고 적과 싸우는 전투 활동에서부터 시작되었을 것이다. 이것을 그럴듯하게 표현한다면 "인간 신체활동의 첫 번째 단계는 '생존기술'로서의 신체활동"이라고 할 수 있다.

두 번째 단계는 생존기술로서의 신체활동에서 벗어나 유희의 단계로 발전하였다. 네덜란드의 문화사학자인 호이징거(Huizinga)가 인간을 '호모루덴스(homo ludens)'라 하여 인류 문화의 기원을 유희에서 찾았듯이, 인간은 유희를 하는 동물이기 때문이다.

▶ 그림 1-1   신체활동의 발전단계 생존기술 → 유희 → 스포츠

유희의 단계에서는 생존기술이라는 실용성을 넘어 창조성과 자유성을 발휘할 수 있게 된다. 생존기술로서의 신체활동은 살아남기 위해서 반드시 해야 하지만, 유희로서의 신체활동은 여가시간에 자유롭게 할 수 있는 활동일 뿐 아니라 창조성을 발휘해서 새로운 형태의 신체활동을 만들어낼 수도 있다는 의미이다.

돌을 던지던 것을 창을 만들어서 던질 수도 있고, 나무를 기어오르거나 헤엄을 치는 등 새로운 신체활동 기술(형태)을 만들어낼 수도 있게 된 것이다. 제례행사에서 춤을 추거나 제전경기를 했던 것들은 아직 스포츠로까지 발전된 것은 아니지만 유희단계의 신체활동이라고 할 수 있다.

마지막 세 번째 단계가 스포츠 단계이다. 스포츠 단계가 되면 합리화 · 조직화 · 제도화가 진행된다. 격투를 예로 들면 생존기술 단계에서는 상대가 짐승이든 적이든 관계없이 상대와 나 둘 중에 하나가 죽어야 끝난다. 그러나 유희 단계에서는 피를 볼 수도 있지만 승패가 가려지기만 하면 끝난다.

복싱 · 레슬링 · 태권도 · 이종격투기 등과 같이 스포츠 단계인 격투기 경기에서는 합리적으로 정해진 경기규칙을 지키면서 시합을 하고, 조직화되고 제도화되어 있기 때문에 세계 어느 곳에 가든지 똑같은 규칙 아래 똑같은 조건으로 경기를 할 수 있다.

03 역사 연구와 사관

일반적으로 역사에는 '과거에 있었던 사실로서의 역사'와 '조사되어 기록된 과거로서의 역사'라는 두 가지 의미가 있다.

과거에 있었던 사실로서의 역사만을 강조하면 역사가 무미건조하고 생동감을 잃게 될 것이다. 반면에 조사되어 기록된 과거로서의 역사만을 강조하면 역사를 자의적으로 해석해버린다는 문제점이 생긴다. 그래서 과거로서의 역사와 기술(記述)로서의 역사는 공존할 수밖에 없다.

이것을 영국의 역사학자 카(Carr, E. H.)는 "역사는 과거와 현재의 대화이다."라고 표현하였다. 즉 과거의 역사적 사실을 존중하면서도 현재적 관점에서 역사학자의 해석이 중요하다는 말이다.

이러한 관점에서 볼 때 역사학자가 과거의 사실을 취급하는 태도에 따라서 역사의 방향이 달라진다는 것이 분명하다. 이때 '역사학자가 과거의 사실을 취급하는 태도'를 '사관(史觀 : 역사를 보는 관점)'이라고 한다.

인류의 역사에 대한 여러 가지 사관들을 다음에 간략하게 소개한다.

- ❖ 역사의 과정은 국가의 성쇠가 반복되는 것이다. ─마키아벨리
- ❖ 역사의 발전은 순류(順流)와 역류(逆流)가 교체되는 것이다. ─비코
- ❖ 역사는 이성(理性)의 발전과정이다. ─헤겔
- ❖ 인류의 역사는 생산과 소유의 계급투쟁이다. ─마르크스
- ❖ **실증사관**······과거의 객관적이고 분명한 사실만을 역사로 인식하는 사관이다.
- ❖ **순환론적 사관**······사건 하나하나가 다르고 인물이 다르다 하더라도 그 기초에 있는 인간성에는 공통점이 있다는 사실에 기초하고 있으며, 역사는 반복된다는 사관이다.
- ❖ **문명사관**······인류역사는 직선적으로 발전하는 것이 아니라, 성장하다가 절정기를 맞고, 결국 쇠퇴하게 된다는 사관이다.

❖ **우연사관**······역사는 우연히 벌어진 어떤 사건에 의해 달라진다는 사관이다. 이 사관에서는 어떤 결과에는 반드시 그것을 초래한 필연적 원인이 있다고 보고, 그 시간적인 인과관계에 주목하지만, 실제로는 인과관계가 전혀 없이 '우연적으로 일어나는 일들도 많다'고 주장하는 사관이다.

❖ **영웅주의 사관**······역사는 우연히 등장한 영웅이 바꾼다는 사관이다.

■ 우리나라의 사관

우리나라에서는 역사 연구가 거의 없었기 때문에 특별히 무슨 사관이라고 칭할만한 사관이 없었다. 그러다가 일본을 통해서 근대 문명이 들어오면서 일본 학자들이 우리나라의 근대적인 역사 연구를 먼저 시작하였다. 그러다 보니 일본 사람들의 입장에서 한국의 역사를 자의적으로 해석해버렸고, 우리나라의 역사를 비하하고 비아냥거리는 것을 당연시하였다.

❖ **식민사관**······일본제국주의 국가가 우리나라를 지배하는 것이 당연한 것처럼 조작한 사관이다. 초기의 우리나라 역사학자들은 일본 사람들로부터 이 식민사관을 배웠기 때문에 그것이 옳다고 주장한 학자들이 많았고, 아직도 그 잔재가 남아 있는 것이 신친일주의(新親日主義)이다.

❖ **민족사관**······광복 이후에 식민사관에 대항하여 우리 민족의 우수성과 주체적 발전을 강조하는 사관이다. 식민사관은 기본적으로 우리 민족이 '외세의 지배와 영향을 많이 받았다'는 것과 '당파 싸움만 일삼았다'는 것을 강조한다. 그러나 민족사관은 '우리 민족 스스로가 일구어낸 역사'를 강조한다.

❖ **대륙사관**······우리 민족은 예부터 한반도에만 국한된 것이 아니라, 중국 대륙까지 영토를 넓혔다고 주장하는 사관이다.

04 한국체육사의 시대 구분

실제로는 끊임없이 계속적으로 흘러온 것이 '과거'이지만, 어떤 기준을 세워서 과거를 몇 개의 시대로 나누는 것을 '시대 구분'이라고 한다. 역사를 연구할 때 각 시대의 특징을 명확하게 구분해서 이해하기 쉽게 하려고 시대를 구분하지만, 시대 구분에도 역사가의 사관이 반영되어 있다는 것을 잊으면 안 된다.

우리나라의 역사는 왕조 중심으로 시대 구분을 하는 경우가 많았지만 그것이 식민사관의 잔재라는 비판을 받으면서 요사이는 거의 쓰이지 않는다. 그 대신 상대, 중세, 근세, 현대로 구분하는 경우가 많다. 상대는 원시 시대부터 통일신라 시대까지를 말하고, 중세는 고려와 조선 시대를, 근세는 개화기부터 해방 전까지, 그 이후를 현대로 구분하는 것이다.

그러나 우리나라는 유교와 불교의 영향을 많이 받은 나라이기 때문에 세시풍속과 군사수련 외에는 특별히 내세울만한 신체활동(체육)이 거의 없었다. 그래서 체육사는 일반 역사와 시대 구분을 다르게 한다.

나현성은 우리나라의 체육사를 갑오개혁(1894)을 기점으로 전통체육과 근대체육으로 이분(二分)하고, 근대체육을 표 1-1처럼 세분하였다.

전통체육은 무술, 제례행사, 귀족들의 수렵이나 유희오락, 일반인들의 세시풍속과 놀이를 합한 것이다. 근대체육은 주로 체조(도수체조, 병식체조, 의생체조)와 스포츠를 말한다.

노희덕은 우리나라의 체육을 선사 및 고대의 체육, 중세의 체육, 개항 이후의 체육으로 삼분(三分)하고, 표 1-2처럼 세분하였다. 현재는 노희덕의 분류가 더 힘을 받고 있는 실정이다.

▶ 표 1-1　　나현성의 한국체육사 시대 구분

구분	중심적 활동		시대 구분	
전통체육기	무사체육 시대	무예	원시부족사회 삼국 및 통일신라 고 려 조 선	
			1895	근대학교
태동·성장기	형식체조 중심 시대	병식체조 보통체조 학교체조	1910	한일합방
			1914	학교체조 교수요목
		스웨덴체조	1927	경기단체 결성
융성기	스포츠·유희 중심 시대		1941	제2차세계대전
암흑기	군사훈련 중심 시대(체육통제)		1945	해방
발전기	현대 체육활동 시대			

출처 : 나현성(1963). 한국체육사.

▶ 표 1-2　노희덕의 한국체육사 시대 구분

선사 및 고대의 체육	선사 시대의 체육 부족사회의 체육 삼국 및 통일신라의 체육
중세의 체육	고려 시대의 체육 조선 시대의 체육
개항 이후의 체육	개화기의 체육 민족시련기의 체육 광복 이후의 체육

출처 : 노희덕(2014). 세계체육사.

제2장

원시 및 고대의 체육

01 원시 시대(선사 시대)의 체육

❶ 우리민족의 기원

우리민족은 지난 2500년 동안 한반도, 만주, 연해주, 몽골고원, 중앙아시아, 동유럽까지 말을 타고 세계를 호령하던 북방 기마민족과 똑같은 DNA를 가졌기 때문에 '몽골족'이라고 부른다.

그 근거가 되는 것이 민족사관을 주창한 단재 신채호 선생이 "흉노는 우리나라와 동족이고, 고조선의 속민이다."라고 말한 것과, 중국의 《사기史記》라는 역사책에서 고조선과 흉노를 같은 나라로 기술한 것을 들 수 있다. 시대에 따라 흉노는 선비/돌궐/몽골/여진 등으로 불렸다. 실제로 흉노의 무덤, 유물, 생활관습 등이 우리와 유사한 점이 많다.

가장 동쪽인 연해주에서 가장 서쪽인 동유럽까지 뻗어 있는 산맥이 우랄알타이 산맥이다. 우랄알타이 산맥 부근에 사는 사람들의 언어가 비슷한 점이 많다고 해서 그 언어를 통틀어서 '우랄알타이어'라고 한다. 그래서 우리민족(韓民族)을 인종(人種)으로는 몽골족, 어족(語族)으로는 우랄알타이어족으로 분류한다.

중국의 황하(黃河)강가에서 작은 마을들을 이루며 살고 있던 한족(漢族=중국민족)들이 세력을 넓혀 거대하고 강력한 국가로 발전시켰던 것이 중국의 고대국가인 은(殷 : BC 1766~BC 1122)나라이고, 은나라가 망하자 세워진 나라가 주(周)나라였다.

왕이 실권을 갖고 있던 은나라와는 달리 주나라는 경제적·군사적 실권을 제후들이 갖고 있는 봉건국가였기 때문에 왕은 허울뿐이었다. 제후들의 세력다툼으로 전쟁이 그칠 날이 없었고, 전쟁에서 밀린 제후국(諸侯國)들이 점점 동

▶ 그림 2-1   우리민족의 기원(동이족)

쪽으로 이동해서 만들어진 나라가 동주(東周)이다.

동쪽으로 이동하는 한족들에게 밀린 동이족(東夷族=흉노족=匈奴族)이 지금의 만주와 한반도 북서 지방으로 이주해서 본래 그곳에 살고 있던 사람들과 합쳐진 것이 우리민족의 기원(起源)이다.

❷ 원시 시대의 문화와 체육

우리민족의 원시 시대에 해당하는 시기가 신석기 시대였던 것으로 추정된다. 돌칼이나 돌도끼 같은 도구를 이용해서 짐승을 사냥하거나, 맹수 또는 적과 싸웠기 때문에 신체활동이 생활수단이자 목숨을 보전하는 유일한 길이었다.

이러한 생활 속에서 계절이나 기후의 변화로 사냥감 등을 구하기 어려울 때가 많았기 때문에 수렵생활에서 농경생활로 전환되기 시작하였다. 수렵생활을 할 때에는 강건한 체력과 민첩한 움직임이 반드시 필요하였지만, 농경생활로 접어들면서 점차 격렬한 신체활동은 줄어들었다.

그러나 자연의 변화가 농사의 풍흉을 좌우한다는 것을 알게 되면서부터 자연에 감사하는 마음(토템사상)이 생김과 동시에 신이나 자연에게 풍년을 기원하는 제천행사가 생겨나게 되었다.

제천행사에서는 종교적 의식을 위한 무용과 노래가 성행되고, 주술사들이 주술행위를 하게 되었다. 이러한 가무활동의 체육사적 의의는 생활수단으로서의 신체활동에서 유희적 신체활동으로 발전하게 되었다는 데 있다.

원시사회에서는 자연적인 재난에 대처하고 외부의 적과 싸워서 살아남기 위해서는 집단의식의 발달과 단결이 필수적이었다. 그러기 위해서 종

▶ 그림 2-2   알타미라 동굴의 벽화

족의 지도자(족장), 주술사, 연장자 등이 나이 어린 아이들을 교육하기 시작하였다.

교육내용은 주로 음식물과 피난처를 구하는 기술, 자신과 종족을 지키기 위한 전투기술, 신에게 경의를 표하기 위한 종교의식 등이었다. 이때에는 개인보다는 종족 전체의 협동과 단결심이 강조되었다.

특히 소년이 어른이 되기 위한 통과의례로 치러진 성인식에서는 가혹한 신체적 시련을 통한 시험을 받았다. 가혹한 신체적 시련을 극복해냈다고 하는 성취감은 성인으로서의 의무를 다하고, 단체생활의 규범을 익히는 데에 큰 도움이 되었던 것으로 추정된다.

원시사회에서 행해지던 체육활동은 흉내내기놀이, 무용, 달리기, 던지기, 뜀뛰기, 기어오르기, 수영, 사냥 등이었다. 특히 무용을 통해서 인간과 신이 접할 수 있다고 생각했기 때문에 거의 모든 의례에서 무용이 행해졌다.

02 부족(읍락)국가 시대의 체육

❶ 고조선

우리민족이 최초로 세운 고대 부족국가가 고조선이다. 고조선은 청동기 문화를 바탕으로 만주 요령 지방과 한반도 서북 지역을 중심으로 여러 부족을 통합하여 생긴 국가이다. BC 2333년에 단군이 건국했다고 전해지지만, 그것은 단군신화를 근거로 추정한 것이기 때문에 실제 건국은 그보다 훨씬 늦은 시기인 것이 분명하다.

나라 이름이 본래는 조선이었지만《삼국유사》를 쓴 일연(一然)이 단군이 세운 조선(朝鮮)과 위만이라는 사람이 북쪽에 있는 연나라에서 내려와 당시

의 왕이었던 '준'을 몰아내고 스스로 왕이 된 위만조선(衛滿朝鮮)을 구분하려
고 '고조선'이라는 명칭을 처음 사용하였다.

　　그러나 지금은 단군이 건국한 조선과 위만조선
을 모두 합해서 고조선이라 한다. 이성계가 세운
조선과 구분하기 위해서 고조선이라는 이름을 더
많이 사용하고 있다.

　　위만이 집권한 이후 철기 문화를 수용하여 고
조선의 군사력이 강해졌다. 당시 한반도 남부 지
방에 있던 진국(辰國)과 중국의 한나라 사이에서
중계 무역을 해서 경제적으로 큰 이득을 얻는 것
을 중국의 한나라가 무척 탐냈다. 마침내 한나라
의 무제(武帝)가 대군을 보내 고조선의 도읍지인
왕검성을 공격하였다. 1년 동안을 버티면서 싸웠
으나 내부 분열로 결국 왕검성이 함락되어 고조선
은 BC 108년에 멸망하였다.

▶ 그림 2-3　　고조선의 영토

❷ 진국

　　진국(辰國)에 관해서는 우리나라 역사책(삼국사기 또는 삼국유사)에
는 전혀 기록이 없다. 그런데 중국의 역사책인《사기(史記)》,《삼국지(三
國志)》,《후한서(後漢書)》등의 기록에 의존해서 비정(比定)하기 때문에 여
러 가지 설이 있다. 비슷한 물건이나 여러 가지 정황을 비교해서 '이랬을 것이
다'라고 추정하는 것을 비정(比定)이라고 한다.

　　예를 들면 다음과 같은 설(說)이 있다.

❖ 삼한 각 부족국가의 명칭이 생기기 이전에 있었으리라고 비정되는 목
　　지국 진왕(辰王)이 다스리던 '부족연맹체'라는 설

❖ 고조선의 준왕이 위만에게 쫓겨나 지금의 전라북도 익산 일대에 자리 잡은 '부족국가'라는 설

❖ 요동(遼東)의 북진한(北辰韓)이 점점 남하해서 지금의 경상도 지방에 최종 정착지를 얻는 과정의 중간에 '일시적으로 한반도 중부 지역에 세워진 정치집단'이라는 설

분명한 것은 진국(辰國)은 청동기문화와 초기 철기문화를 배경으로 'BC 300~BC 200년경에 한반도 중남부지역에 성립되어 있던 정치집단'이라는 것뿐이다.

진국(辰國)의 대표적 분묘유적으로는 경상북도 경주시 외동읍 입실리 유적, 충청남도 당진군 소소리 유적, 부여군 합송리 유적, 전라북도 장수군 남양리 유적 등이 있다.

경주 입실리 유적에서 출토된 것은 일본이 빼앗아가 자기네 문화유물이라고 우기면서 도쿄국립박물관에 보관하고 있다. 나머지 유적지에서는 세형동검(구리로 가늘게 만든 칼), 동과(銅戈＝구리로 만든 찌르는 무기), 동모(銅鉾＝구리로 만든 창), 세문경(섬세한 무늬가 있는 거울), 철로 만든 도끼와 끌 등이 출토되었다.

역사이전[先史時代] ＝ 원시 시대	고조선	한사군(漢四郡)
	진국	삼한(마한, 진한, 변한)

❸ 한사군

BC 108년에 중국의 한나라가 고조선을 무너뜨린 뒤 그 영토를 지배하기 위해서 설치한 행정구역이 한사군이다. 낙랑, 임둔, 진번, 현도 등 4개의 군(郡)을 한나라가 설치했기 때문에 '한사군(漢四郡)'이라 한다. 고조선 유민들의 강력한 저항으로 진번 · 현도 · 임둔군은 BC 82년경에 없어졌지만, 낙랑군은 고구려의 공격으로 소멸될 때(AD 313년)까지 약 400년 동안 지금의 평양 지방

에 버티고 있었다.

최근에는 한사군을 한나라가 직접 지배하기 위해서 설치한 행정구역으로 보지 않고, 위만조선의 지배세력이 주화파(중국을 섬기려는 세력)로 바뀌면서 생긴 정치집단으로 본다. 실제로 위만조선의 주화파세력이 한사군의 후(侯)로 임명되었고, 한나라의 중앙정부에서 군을 관할하라고 파견한 태수(太守)는 현지에 부임하지도 않았다. 그러므로 실질적으로는 한나라가 한사군을 통제하지 못하였다.

❹ 삼한 ···

중국의 사서(史書)에 기록된 바에 따르면 진국(辰國)이 나누어져서 한반도 중남부 일대에 형성된 소국(小國)들의 연맹체인 마한, 진한, 변한을 통틀어서 일컫는 말이 '삼한'이다. 즉 편의상 마한, 진한, 변한이라고 분류하지만 실상은 '수많은 소국들이 난립하고 있었다'는 것이다.

삼한의 지리적 위치에 대해서도 여러 가지 설이 있으나, 일반적으로 마한은 현재의 경기/충청/전라도 지역에, 진한과 변한은 경상도 지역으로 비정한다. 마한은 54개 소국, 진한과 변한은 각각 12개 소국으로 구성되었다. 소국의 크기는 지금의 군 1~2개, 커봐야 몇 개 정도를 묶어놓은 수준에 불과하였고, 제대로 된 국가라기보다는 지역 연맹체에 가까운 형태였다.

삼한의 각 소국들을 '부족국가'라고 불러왔다. 그러다가 1970년대에 우리나라 고대국가의 기원을 재검토하는 과정에서 우리나라의 부족국가는 다른 나라에서 말하는 부족국가와는 성격이 전혀 달라서 종족 · 언어 · 습관 · 문화 등이 모두 같은 사람들이 거주하고 있는 지역에 따라서 각기 다른 소국의 형태를 취한 것이었기 때문에 '읍락국가(邑落國家)', '성읍국가(城邑國家)', '군장사회(君長社會)', '초기국가(初期國家)'와 같은 새로운 용어를 사용해야 한다는 데에 의견의 일치를 보았다.

각 소국의 존재와는 별개로 마한/진한/변한으로 구분하는 것은 소국들의 개별적인 성격의 차이나 문화의 차이에 근거한 것이 아니라, 소국들 사이에 형성된 유기적 역학관계를 반영한 것이다. 즉 거대 국가인 중국이나 한반도 북부 지역에 있는 나라(예 : 고구려, 부여, 옥저)들과 교류할 때 특정 소국을 주축으로 여러 개의 소국들이 정치·경제적으로 결속한 연맹을 마한, 진한, 변한이라고 하였다. 내부적으로는 소국들끼리 서로 싸워서 영토를 뺏고 빼앗기기도 하였다.

후에 마한은 백제에 병합되었고, 변한과 진한은 각각 가야와 신라로 발전하였다. 이러한 변화는 어느 날 갑자기 이루어진 것이 아니고, 몇 백 년 동안 서서히 변했기 때문에 소국들의 세력은 상당한 기간 남아 있었다.

예를 들어 신라가 건국할 때부터 현재의 경상도 지방 전체를 다스린 것이 아니다. 건국 초기에는 경주 부근에 있던 아주 작은 소국(사로국)이었다. 경주에서 가까운 울산이나 영천 지방에는 다른 소국이 있었다.

마찬가지로 '주몽'의 세력에 밀린 '온조'가 한강 유역에 자리를 잡은 것이 백제이다. 백제의 세력이 점점 커지면서 마한의 세력이 천안→익산→나주로 밀려나간 것이다. 다시 말해서 전쟁을 해서 어느 나라가 갑자기 망한 것이 아니라 작은 소국들을 하나하나 연합하고 복속시켜 나가면서 신라, 백제, 가야로 몸집이 커진 것이다.

❺ 읍락(부족)국가 시대의 문화와 체육

고조선은 초기 철기문화를 이루고 있었다. 그들이 남긴 유물에는 나무로 만든 농기구와 철로 만든 칼·창·마구(馬具) 등이 있다. 그 형태가 중국식이 아니고 스키토 시베리안(Schyto Siberian)식(式)이어서 몽골고원과 중앙아시아에 살던 기마민족이 동쪽으로 이동해서 고조선을 세운 것으로 추정된다.

한반도에 철기문화가 본격적으로 수입된 것은 한나라가 한사군을 설치하면서부터이다. 철기문명이 일반화되면서 고조선의 유민들이 부여, 고구려, 옥저, 동예 등의 초기 왕권국가를 세우게 되었다.

읍락국가 시대에는 유사시 모든 백성이 군사가 되어서 싸워야 했으므로 전투기술을 연마하는 것이 가장 중요한 체육활동이었다. 또한 성인식이나 제천행사 시에도 체육활동과 유희활동이 실시되었다.

삼한은 제사와 정치가 분리되어 있는 사회였다. '신지' 또는 '읍차'라고 불렸던 군장이 정치를 담당하였다. 그리고 '천군'이라고 부르는 제사장(오늘날의 무당에 가깝다)이 '소도'라고 불렸던 신성(神聖) 지역에 머물면서 종교의식(귀신이나 큰 나무 등에 제사를 지내는 것)을 주관하였다. 죄를 지은 사람도 소도로 도망해오면 돌려보내지 않았다.

삼한은 벼농사가 발달하였고, 5월과 10월에 제천행사를 하였다.

03 초기 왕권국가 시대의 체육

❶ 고구려

■ 고구려의 역사와 국호

중국에서는 부여와 고구려를 세운 사람들을 '맥족(貊族)', 부여와 고구려를 제외하고 북만주(北滿洲)와 한반도 북방지역 일대에 살던 나머지 사람들을 '예족(濊族)'이라고 불렀다. 그러나 고구려 사람들은 훗날 예족·맥족·한족(韓族) 등을 모두 합해서 '고구려인'이라고 불렀다.

고구려를 세운 사람들은 부여에서 내려온 사람들이 아니라 압록강 중류 지역에 토착해서 살아왔던 족속이었다. 그들은 요동 방면으로부터 청동기 문화의 영향을 받았다. BC 3세기경에 연(燕)나라가 요동군을 설치한 이후부터는 연나라로부터 철기문화를 받아들였다.

BC 37년에 주몽(朱蒙=鄒牟王)이 이끈 부여족의 한 갈래가 압록강의 지류(支流)인 '동가강(佟佳江)' 유역에 있던 '졸본성(국내성)'에 정착하여 고구려를 세웠다. 건국 초기에는 졸본성 인근의 험준한 산악 지역에 자리 잡은 탓에 농업 생산력이 부족해서 약탈경제로 연명했다.

건국 초기에는 서쪽과 남쪽에 한나라와 위나라의 군현(郡縣)이 버티고 있었기 때문에 그 방향으로는 팽창하지 못하고, 동남쪽으로 뻗어나가 옥저·동예 등 두만강 일대의 세력과 함경도·강원도 지역의 여러 세력들을 복속시켰다.

4세기 초에는 중국이 혼란한 틈을 타서 낙랑군과 대방군을 쫓아내고 한반도 북부 지역을 완전히 장악함으로써 고조선의 옛 영토를 모두 찾았다. 그러나 요령 지방에서 발흥한 '모용부 선비'를 저지하는 데에 실패한 뒤로 한동안 내우외환을 겪었다. 또 남쪽에 있던 백제가 크게 세력을 키워오자 고국원왕이 전사하는 등 수세(守勢)에 몰리기도 하였다.

5세기 초에 요동에서 모용부 선비 세력을 쫓아냈고, 남쪽으로는 백제를 격파해서 위례성을 빼앗아 충청도 중원 일대까지 세력을 넓혔다. 뿐만 아니라 신라에 침입한 왜구를 몰아내 신라를 구원함으로써 내정간섭을 하고 조공을 받는 등 전성기를 구가하게 되었다.

이후 고구려는 중국의 수나라, 당나라가 쳐들어오기 전까지 약 200년 동안 요동과 부여 일대를 독점적으로 점유하였다. 한반도의 중부 지방까지 영토를 확장한 뒤 수도를 졸본성에서 평양성으로 옮겨서 한반도 북부를 중심으로 한 국가로 변모하였다.

이로써 고조선이 멸망한 이래 흩어졌던 한반도 북부를 다시 통합함으로써 훗날 한국사에 고구려가 포함되게 되었다. 고구려는 요동과 한반도 북부를 장악한 광대한 영토를 가진 나라였던 만큼 요서 일대의 거란족이나 만주 일대의 말갈족을 통제했으며, 중국의 한족과 경쟁하는 등 고대 한민족의 방파제 역할을 하였다.

고구려의 나라 이름이 고리(高離), 고구려(高駒驪), 구려(句麗), 구려(駒驪), 졸본부여, 맥(貊) 등 여러 가지로 나타나고 있으나 '고구려(高句麗)'가 가장 많

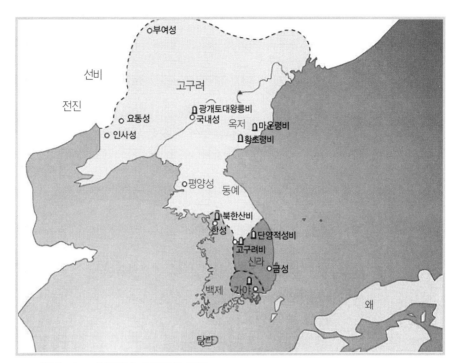

▶ 그림 2-4   3세기경 고구려의 영토

이 나타난다. '구려'는 읍(邑), 동(洞), 곡(谷=고을 또는 골) 등을 나타내는 말
이고, '구려' 앞에'크다' 또는 '높다'는 뜻의 '高'를 덧붙인 말이 '고구려'이다.
그러므로 '고구려'는 '큰 고을' 또는 '높은 성'이라는 뜻을 지닌 말이다.

　현재 역사학계에서는 장수왕 때 고구려가 국호를 고려(高麗)로 변경해서
멸망할 때까지 사용하였다는 것이 정설로 되어 있다. 그런데도 이 사실이 한
국사 교과서에도 실리지 않아 일반인들에게는 듣도 보도 못한 말로 여겨지는
경우가 많다. 즉 현재 우리나라를 나타내는 '고려(Korea)'는 '왕건이 세운 고
려' 때부터가 아니라 '주몽이 세운 고구려' 때부터 사용하던 이름이다.

■ 고구려의 정치와 군사제도

　《삼국사기》에 따르면 고구려의 중심 세력을 이루었던 다섯 부족은 계루(桂

婁)부, 환나(桓那)부, 연나(掾那)부, 비류나(沸流那)부, 관나(貫那)부였다. 그런데 중국의《삼국지》에 따르면 소노(消奴)부, 절노(絶奴)부, 순노(順奴)부, 관노(灌奴)부, 계루(桂婁)부 등이었다.《삼국사기》와 중국의《삼국지》에 나오는 이름이 다른 것은 중국인들이 고구려 사람들을 흉노족의 한 부족으로 보았기 때문이다. 다섯 부족의 부족장 중에서 선출된 연맹장이 고구려의 왕이 되었다.

초기에는 소노부에서 왕이 배출되었으나 동명성왕 이후부터는 계루부에서 세습하였고, 절노부에서는 대대로 왕비를 배출하였다. 왕과 왕비를 배출했던 소노부, 계루부, 절노부 등은 왕족으로 대우받으며 '고추가(古鄒加)'라는 칭호를 얻었다.

초기의 5부족은 그대로 행정구역으로 발전하였다. 계루부는 수도를 뜻하는 내부(內部), 소노부는 서부(西部), 절노부는 북부(北部), 순노부(順奴部)는 동부(東部), 관노부(灌奴部)는 남부(南部)라 했고, 5부 밑에는 성(城)이 있었다.

5부족의 장을 '가(加)'라고 불렀고, '가'들이 모여서 국사를 논의하던 회의를 '제가회의(諸加會議 : 여러 사람의 가들이 모여서 하는 회의라는 뜻)'라 하였다. 제가회의는 왕위 계승 문제, 대외 전쟁이나 정복 활동, 국가의 안위와 관련된 중대사를 심의 · 의결하는 최고기관으로 일종의 귀족회의였다.

초기 고구려는 중앙집권 체제를 갖추지 못하고 일종의 부족 연명체적인 성격이 강하였다. 그래서 초기 고구려의 왕들은 사실상 부족 연맹장의 성격을 강하게 띠었다.

고구려 초기에는 읍락의 공동체적 관계가 작용하고 있었기 때문에 관료조직을 통해서 일원적으로 지배할 수 없었다. 그래서 국가의 구조가 각종 자치체(自治體)들을 위계에 따라 상하로 쌓아올린 형태였고, 주요 정책의 결정과 집행은 제가회의(諸加會議)를 통해서 이루어졌다.

고구려의 군사제도는 국민개병제와 비슷한 형태였다. 즉 국왕을 최고 사령관으로 모시는 군사편제로, 3경(三京=국내성, 평양성, 한성)에는 상비군을 두었고, 변방에 순라군을 두었다. 상비군의 보충은 경당(扃堂)이라는 청년 단체가 실시하였고, 5부에서 병력을 차출하였다.

고구려가 국가로서의 관료조직을 갖추게 된 것은 소수림왕 때이고, 장수왕 때에 수도를 평양으로 천도한 후에 관료조직을 더 좋게 정비하였다. 광개토대왕 때 군사제도를 개혁하여 중앙군 통제하의 관군체제가 만들어졌다. 전에 있던 상비군이 관군체제로 흡수되었지만, 각 귀족마다 가지고 있던 사병집단은 계속해서 존속했다.

■ 고구려의 사회와 문화

고구려의 사회계급은 귀족, 평민, 노예로 구성되었다. 귀족은 왕족인 고씨(高氏)를 비롯하여 5부 출신으로 높은 관직을 세습하면서 국정 운영에 참여하였고, 전쟁이 나면 스스로 무장하고 앞장 서서 적과 싸웠다.

일반 백성은 평민으로 대부분 토지를 경작하면서 납세와 병역의 의무를 졌고, 토목공사에도 동원되었다. 고구려가 새롭게 정복한 지역의 지역민들을 '집단예민(集團隷民)'이라 불렀다. 집단예민은 평민과 천민의 사이에 끼어 있는 계급인 경우가 많았지만 점차적으로 평민이 되었다.

천민계층으로는 노비(奴婢)가 있었다. 노비는 포로, 죄인, 채무자, 귀화인 또는 몰락한 평민 등으로 구성되었다.

고구려가 발흥한 압록강 중류 지역은 비교적 토지가 척박하고 농경지가 적었으며, 서북쪽으로는 몽골고원의 초원 지대로 나아갈 수 있었고, 동북쪽으로는 삼림지대로 이어졌다. 그에 따라 고구려인은 기본적으로는 정착 농경민이었지만, 목축과 수렵도 생업에서 일정한 비중을 차지하였다.

요동 지방에는 대규모 철광이 있어서 철을 외국에 수출하기도 했다. 도로망이 잘 발달되고 수레를 잘 활용함으로써 각종 천연자원을 원활히 수출할 수 있었다. 특히 평양에는 수레가 대량으로 다닐 수 있는 고구려 시대의 다리 유적들이 많이 발견되기도 했다.

고구려는 초기부터 한자를 사용하였던 것 같다. 2세기 중반 고구려왕 휘하에서 실무행정을 주관하던 관리의 직명을 '주부(主簿)'라 하였다. 고구려의 국력이 성장하고 한자의 보급이 점차 확장됨에 따라 소수림왕 때에는 율령(律令)을 반포하고 태학을 세웠다. 따라서 한문은 관리의 필수 교양이 되었다.

불교의 공인과 함께 산스크리트어로 된 불경을 한자로 번역한 불경의 보급으로 한문 보급이 더욱 더 촉진되었다. 그러나 한문이 널리 사용되면 사용될수록 말과 문자가 일치하지 않는 현상이 점점 더 두드러지게 나타났다.

그러한 불편함을 덜기 위해서 한자의 음(音 : 소리)과 훈(訓 : 새김)을 빌어서 우리말을 기록하는 '차자표기법(借字表記法 : 남의 나라 글자를 빌어서 자기 나라 말을 적는 방법)'이 사용되었다. 그것이 이두(吏讀)인데, 훗날 이두가 신라에 전해져 더 진전된 형태로 발달하였다.

고구려인들은 돼지를 인간계와 영계(靈界)를 이어주는 신성한 동물로 여겨 하늘에 올리는 제사를 지낼 때 희생물로 썼다. 이런 풍속은 오늘날에도 각종 무속 제사에 돼지머리를 올리는 것으로 이어지고 있다.

고구려에서는 결혼 후 신부 댁에서 지어놓은 작은 집(婿屋=서옥)에 사위가 살면서 노동 봉사를 하다가, 첫아이가 태어나 어느 정도 자라면 처와 아이를 데리고 본가로 돌아가는 처가살이 풍속이 있었다.

고구려는 척박한 환경인데다 북방 국가와 자주 전투를 하다 보니 통치 질서와 사회 기강을 유지하기 위해서 형법을 매우 엄격하게 정해서 시행하였다. 반역을 도모하거나 반란을 일으킨 자는 화형에 처한 뒤에 다시 목을 베었고, 그 가족들은 노비로 삼았다. 살인을 저지른 경우에도 살인자를 죽이고 그 가족을 노비로 삼았고, 적에게 항복한 사람이나 전쟁에서 패한 사람 역시 사형에 처해졌다.

고구려에 불교가 전해진 초기에는 붓다의 설법 내용과 해탈을 위한 자신의 수행보다는 불탑(佛塔)과 부처님 사리의 영험에 의지하려는 기복적인 면과, 왕실 불교적인 면이 강했다. 즉 왕은 불교를 널리 퍼뜨리고, 승려들은 왕권의 존엄과 국가에 대한 충성심 함양에 적극적으로 복무하였다. 사찰에서는 외적으로부터 국가를 보호하다가 전사한 사람들의 영혼이 왕생극락하기를 기원하는 '백고좌회(百高座會)'와 '팔관재회(八關齋會)'와 같은 법회를 국가적인 행사로 개최하였다.

고구려가 불교를 수용한 이후 시간이 흐름에 따라 "모든 존재는 인연에 따라 일어나는 것일 뿐 독자적인 존재성이 없고, 만유(萬有)의 실상은 공(空)이다."라고 주장하는 '삼론학(三論學)'이 널리 퍼져나갔다. 삼론학에 조예가 깊은 승려 혜관(慧灌)은 왜국에 파견되어 삼론학을 가르침으로써 일본 삼론종(三論宗)의 시조가 되었다.

고구려 말기에는 "일체 중생은 누구나 부처가 될 수 있는 불성을 지녔다."고 주장하는 《열반경(涅槃經)》이 전해졌다. 열반경의 교리에 밝았던 승려 보덕(普德)은 도교를 장려하는 연개소문에 반발하여 백제로 가버렸다. 그의 제자들은 통일신라 시대의 불교계에 큰 영향력을 행사하였다.

불교의 확산과 함께 점차 불교적 윤리관도 퍼져나갔다. 즉 종전의 '계세적(繼世的) 내세관(來世觀)'이 '전생적(轉生的) 내세관'으로 점차 바뀌어졌다. '계세적 내세관'이란 "죽은 다음 내세에도 살아 있을 때와 똑같은 일상이 계속해서 이어진다."고 보는 내세관이다. 고구려 초기의 고분에는 무덤주인이 내세에 가져가 쓸 수 있도록 한다는 의미로 평소에 그가 쓰던 물건이나 돈·의복 등을 같이 묻었다.

그에 반하여 '전생적 내세관'에서는 "내세는 현세의 삶이 무대를 바꾸어서 계속 이어지는 것이 아니라, 죽은 자는 현세에서 저지른 자신의 업(業)과 쌓은 공덕(功德)에 따라 평가를 받으며, 그 평가 결과에 따라 내세의 삶이 주어진다."고 믿는 내세관이다. 고구려 후기 고분에는 사후세계에서도 4방신에 의해 가호를 받고자 하는 뜻으로 사신도가 많이 그려져 있다.

지배조직이 발달되지 못한 상태에서 국가적 통합력과 동원력을 확보하는 데에는 제가회의와 전통적인 제례의식(祭禮儀式)이 주요한 기능을 발휘하였다. 고구려에서는 매년 10월에 전국적인 규모로 동맹제(東盟祭)라는 일종의 추수감사제가 열렸다.

동맹제와 같은 제례의식의 진행을 주관하는 최고 사제는 왕이었다. 즉 왕은 인간들의 감사와 희망을 신들에게 전하고 신들의 약속을 인간들에 전하는 사제(司祭)였던 것이다. 동맹제 때 5부의 유력자들은 왕이 집전하는 제례의식에 모두 참여하였다. 왕이 집전하는 제사에 참석한다는 것은 곧 "왕의 권위에 승복한다."는 것을 의미하였다. 그러므로 왕은 제사를 통해 자신의 정치적 위상을 강화하였고, 지배층의 결속을 도모하였다.

동맹제가 수도에서 행해질 때 각 지방에서 사람들이 몰려들고, 물자교류가 행해지며, 기예를 다투는 각 종 놀이가 행해졌다. 그뿐 아니라 사람들 사이에 이러저러한 만남이 이루어져서 각 부의 주민들 간의 소통과 정서적 결속을 도모하는 데에 아주 큰 역할을 하였다.

전국의 지방에 경당을 설치하여 평민층을 대상으로 경전과 기마 · 궁술을 교육했고, 현대의 국립대학쯤 되는 태학도 존재했다. 태학은 소수림왕 때에 설립된 우리나라 최초의 교육기관이라는 데에 큰 의의가 있다. 태학 외에도 국자학이라는 학교도 존재했다.

이들 학교의 교육자는 태학박사와 국자박사라 불렸고, 태학과 국자학 모두 입학 대상이 귀족 자제였던 것으로 보아 관료양성기관으로 여겨진다. 경당은 지방의 큰 길에 세워져 있었다는 기록으로 보아 일정 규모 이상의 지방에 설치된 사립교육기관으로 추정된다.

고구려의 고분은 '적석총(積石塚 : 돌무지무덤)'과 '석실봉토분(石室封土墳 : 돌로 짠 관 위에 흙을 높이 쌓아올려서 봉분을 만든 무덤)'이다. 대부분의 석실봉토분이 평양과 집안 일대에 밀집되어 있고, 현재까지 약 90여 기(基)가 발견되었다. 유명한 벽화가 그려져 있는 석실봉토분으로는 각저총, 무용총, 쌍영총, 강서대묘, 강서중묘 등이 있다.

고분벽화의 소재(素材)는 생활풍속도, 장식문양도, 사신도(四神圖) 등으로 나눌 수 있다. 생활풍속도는 고구려 초기의 무덤에 그려져 있고, 묘주의 인물도, 묘주의 가정생활 모습, 외출할 때의 행렬도, 사냥하는 모습, 전투도 등을 통해서 당시 생활상을 전해준다. 장식문양도는 고구려 중기의 묘에서 발견되고 연꽃무늬, 거북의 등무늬, 왕자무늬 등 불교와 관련된 그림들이다. 사신도는 고구려 말기 고분에서 주로 발견된다. 여기에는 동서남북 4방위를 상징

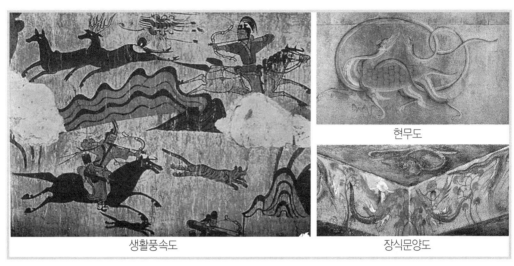

현무도

생활풍속도

장식문양도

▶ 그림 2-5   고구려의 고분벽화

하는 현무(玄武=거북=北), 주작(朱雀=붉은 새=南), 백호(白虎=호랑이
=西), 청룡(靑龍=푸른 용=東)이 4벽에 그려져 있고, 중앙을 뜻하는 천정에
는 황룡(黃龍)이 그려져 있다.

　고분벽화에는 음악ㆍ춤ㆍ교예(곡예) 등에 관한 내용이 그려져 있어서 고
구려 문화의 일단을 엿볼 수 있다. 각저총, 무용총, 안악3호분 등 고구려 초기
에 만들어진 고분벽화는 각저(角觝=씨름)와 수박(手搏=주먹으로 싸우기)과
같은 잡희(雜戲)가 대부분이다. 그러나 고구려 후기 고분벽화에는 다양한 재
주와 곡예를 주 내용으로 하는 백희기악도(百戲伎樂圖)가 그려져 있다.

② 부여

■ 부여의 역사

　부여의 기원에 관하여 중국의 고대 기록인 《논형》과 《위략(魏略)》에는 "시
조인 동명(東明)이 북쪽 탁리국(橐離國)에서 이주해서 건국하였다."고 기록

되어 있다.

부여는 만주의 송화강 유역에 세워졌다. 이곳은 비옥한 평야 지대여서 농사짓기에 적합했으며, 넓은 초원에서는 목축도 이루어져 부여의 특산물은 말과 모피였다.

부여는 대평원 지대에 자리 잡고 있어서 외침을 방어하는 데 취약점이 있었다. 또한 삼림민/유목민/농경민이 서로 교차하는 중간 지대에 있어 주변세력의 변화에 따른 영향을 민감하게 받았다.

부여는 남으로부터 고구려의 위협과 서쪽 유목민인 선비족의 압박을 받고 있었기 때문에 이들에 대항하기 위해 요동에 있던 중국의 진(晉)나라 세력과 연결을 꾀하였다. 진(晉)나라 측도 선비족과 고구려의 결속을 저지하고 제압할 때 부여의 무력을 이용하기 위해 부여와 긴밀한 관계를 유지하였다.

부여의 중심 지역인 '부여성(扶餘城)'의 위치에 대해서는 오늘날의 장춘과 농안 부근으로 비정하는 설과 길림시(吉林市) 일대로 비정하는 설이 있었다. 최근에는 길림시 지역이 부여 초기의 중심지였고, 농안 부근은 후기 중심지였다고 여기는 견해가 제기되고 있다.

서기 285년에 선비족 '모용씨(慕容氏)'에 의해 수도가 함락되었고, 만여 명이 이 포로로 잡혀갔다. 이때 국왕 '의려'는 자살했고, 부여왕실은 두만강 유역의 북옥저 방면으로 피난하였다.

이어 '의라(依羅)'가 왕위를 계승한 뒤 진(晉)나라의 군사적 지원을 받아 선비족을 격퇴하고 나라를 회복하였다. 이때 북옥저로 피난했던 부여인들 중 일부는 본국으로 돌아갔으나, 일부는 그대로 머물러 토착하였다.

그 뒤 쇠약해진 부여는 마침내 고구려에 복속되었다.

■ 부여의 정치제도

부여는 1세기 초에 이미 '왕(王)'이라는 호칭을 썼고, 왕 아래에는 가축의 이름을 따서 '마가(馬加)', '우가(牛加)', '저가(猪加)', '구가(狗加)'라고 부르는 족장들이 있었으며, '대사자', '사자'와 같은 관리도 있었다. 지방 족장의 이름에 말, 소, 돼지, 개와 같은 가축 이름이 쓰인 것을 보아 목축이 성행했음을 짐작할 수 있다.

부여는 전국을 5개 지역으로 나누어 통치하였다. 중앙 지역은 가장 강력한 부족인 왕이 다스렸다. 지방을 동 · 서 · 남 · 북 4개 구역으로 나눈 것을 사출도(四出道)라 하였다. 사출도 중의 한 도를 장악하고 다스리는 부족장을 '가(加)'라고 하였으며, 이들이 부족연맹을 형성하였다.

가들은 각자의 읍락들을 자치적으로 이끌어가고 있었으므로 중앙정부의 통제력은 강하지 못하였고, 초기의 부여 정치체제는 부족연맹체적인 성격을 강하게 지니고 있었다.

왕과 가(加)들이 모여서 하는 회의를 '제가회의(諸加會議)'라 하였다. 초기에는 제가회의에서 왕을 선출하고 국가의 중대사를 결정하는 등 강력한 권한을 행사했다. 왕은 주술적인 능력을 지닌 제사장의 성격도 짙게 띠고 있었다. 예를 들어 날씨가 고르지 못해서 흉년이 들면 허물을 왕에게 돌려 죽이거나 교체하였다.

그러나 왕권이 점차 강해지면서 왕은 세습화되고, 가(加)는 귀족화되어 국가를 지배하는 신분층이 되었다. 전시에는 가들이 휘하의 부대를 이끌고 왕의 기치 아래 모여 참전하였다.

■ 부여의 사회와 문화

부여 사람들은 농업을 영위해 오곡을 생산하였고, 목축도 성행해서 말 · 소 · 돼지 · 개 등을 많이 길렀다. 특히 부여의 대평원에서 생산되는 말은 유명하였다. 농경민이면서도 기마 풍습이 일반화되어 있었고, 훌륭한 말을 길렀으므로 상대적으로 우월한 전투력을 지닐 수 있었다.

부여 사람들은 흰색을 숭상해서 흰옷을 즐겨 입었고, 혼인을 할 때에는 남자 집에서 여자 집에 혼납금(婚納金)으로 소와 말을 보냈다. 형이 죽으면 동생이 형수를 취하는 취수혼(娶嫂婚)이 널리 행해졌다. 이것은 당시 부여사회에서 친족집단의 공동체적 성격이 강하게 유지되고 있었음을 반영해주는 것이다. 당시 고구려에서도 취수혼이 성행하였는데 부여의 상황과 비슷한 면을 지녔다.

부여의 법으로는 4조목이 전해지고 있는데, 그 내용은 고조선의 8조법과 비슷하였다.

❖ 살인한 사람은 죽이고, 그 가족은 노비로 삼는다.

❖ 도둑질한 자는 12배로 갚아야 한다.

❖ 부채를 갚지 못하거나 변상을 하지 못하는 자는 노예로 삼는다.

❖ 간음한 자나 투기가 심한 부인은 모두 죽인다.

부여에는 왕이 죽으면 많은 사람들을 함께 묻는 순장 풍습이 있었고, 노예는 전쟁포로 출신뿐 아니라 형벌노예와 부채노예도 있었다.

부여의 풍속으로는 '영고'라는 제천 행사가 있었다. 본격적인 사냥철이 시작되는 12월에 축제를 거행하는 것은 공동수렵을 행하던 전통을 계승한 것이다. 축제기간 중 밤낮으로 술 마시고 노래하며 춤을 추고 즐기면서 서로의 결속을 도모하였다. 이때 죄수들에 대한 재판과 처벌을 단행했고, 일부 가벼운 죄를 범한 자들은 석방하였다.

수도에는 전국의 가(加)들이 모여 왕을 중심으로 하늘에 제사지내고 지난 한 해를 결산하며 주요 문제를 토의하여 국가의 통합력을 강화했던 것으로 여겨진다. 지방 각지의 읍락들을 지배하고 있던 가(加)들의 자치세력이 강하던 상황에서 행한 제천 행사인 영고는 민속적인 행사일 뿐만 아니라 정치적인 통합기능도 매우 컸었다.

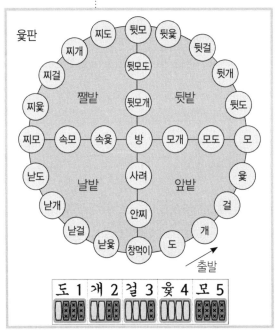

▶ 그림 2-6   윷놀이

우리민족의 전래 오락 중 가장 오래된 윷놀이는 부여에서 시작되었다. 윷판의 모양은 중앙정부와 사출도의 모양과 똑같고, 도-돼지, 개-개, 걸-양, 윷-소, 모-말은 부여의 관직 이름에서 연유한 것이다.

❸ 옥저와 동예

■ 옥저

옥저(沃沮)와 동예(東濊)에 관한 가장 오래된 기록은 3세기 후반 진(晉)나라에서 편찬한 《삼국지위서동이전》이다. 옥저(沃沮)는 기원전 3세기부터 1세기까지 지금의 함경도, 연변, 연해주에 이르는 광범위한 영역에 퍼져 있던 부족국가 집단이다. 남옥저, 북옥저, 동옥저가 있었다는 3옥저설과 남옥저, 북옥저가 있었다는 2옥저설이 있다.

옥저는 위만조선에 복속된 이래 한사군의 군(郡)·현(縣)과 고구려 등 주변 강대세력의 지배를 받아 왔으므로 내부적으로 강력한 정치권력이 성장하지 못하였다. 그래서 3세기 중반경에도 여러 읍락들을 통합하여 다스리는 왕이 없었고, 각 읍락마다 독자적인 통치자가 있었다.

각 읍락의 통치자들은 스스로를 '삼노(三老)'라 불렀고, '부조현(夫租縣)'에는 낙랑군(郡)에서 현장(縣長)을 임명하여 파견하였던 것으로 보인다. 4세기 이후부터 옥저는 고구려의 간접 지배를 받다가 결국에는 고구려에 편입되었다.

한반도 동해안의 예족(濊族)들이 이룬 사회를 함흥과 그 북쪽 지역의 주민들은 '옥저(沃沮)', 함흥 남쪽의 주민들은 '동예(東濊)'라고 불렀다.

옥저의 주된 생산기반은 농업이었다. 두만강 유역과 함흥평야는 토지가 비옥하여 오곡이 잘 자랐고, 동해 바다와 접해 있는 해안 지역에서는 해산물이 풍부하였다.

옥저 지역에는 구석기 시대부터 주민들이 거주해 왔다. 신석기 시대와 청동기 시대에는 동북 지역 선사문화의 중심지로 발달하여 무문토기 시대의 유적이 많이 출토된다. 그러나 BC 400~300년경 고조선이 요동 지역에서 대동강 유역으로 중심지를 옮김에 따라 옥저 지역은 고조선의 '세형동검(細形銅劍 ; 칼날이 가늘고 긴 구리로 만든 칼)문화'와 본격적으로 접촉하게 되었다.

청동기의 철기유물이 가장 많이 출토되고 분포가 밀집된 곳은 성천강 하류의 함흥시와 함주군 일대이고, 그중에서 가장 두드러진 곳은 이화동 유적이다. 이화동 유적으로부터 500~800m 거리에 치마동과 지장동 유적이 있는 것으로 보아 이 일대에 부조현의 치소(治所 ; 다스리는 장소)가 있었던 것으로 비정된다.

평양시 낙랑토성 근처에서 발견된 정백동(貞柏洞) 2호 무덤에서는 '夫租長印(부조현장의 도장)'이라고 새겨진 은으로 만든 도장이 발견되었는데, 이것은 부조현장(夫租縣長)을 지냈던 '고상현'의 무덤으로 밝혀졌다. 고상현 묘는 漢나라의 목곽분(木槨墳 ; 나무상자로 만든 관)의 무덤양식을 따르고, 한나라 식 유물이 많이 부장되어 있다. 그러나 함께 부장된 세형동검, 동검자루 장식, 그리고 화분 모양의 토기는 위만조선 지배계급의 문화 특징을 고스란히 간직하고 있어서 한나라와 위만조선 문화의 영향을 동시에 강하게 받은 것으로 추정된다.

AD 50년경에 옥저가 고구려에 복속되면서 부조현의 지배자들은 고구려 관직인 '사자(使者)'에 임명되어 고구려 '대가(大加)'의 지시를 받았다. 대가는 세금을 거두어들이고, 포(布)·물고기·소금 이외에도 각종 해산물들을 바치도록 요구하고 미인을 징발하여 노비나 첩으로 삼았다.《삼국지》에서는 고구려 사람들이 옥저 사람들을 노복(奴僕)처럼 대한다고 기록하고 있다.

옥저와 고구려는 전통적인 문화기반이 서로 다른 종족이라는 것을 장례와 혼인 풍속을 통해서 알 수 있다.

옥저에서는 사람이 죽으면 한쪽에 문을 둔 큰 나무상자(목곽)에 넣어 가매장했다가 살이 다 썩으면 뼈만 추려서 곽 속에 안치하는 골장제(骨葬制)를 지낸 풍속이 있었다. 또 신랑 집에서는 혼인을 약속한 여자를 데려다 장성하도록 기른 후 여자가 성인이 되면 다시 본가로 돌려 보낸 후 신부의 가족들이 신랑 집에 돈을 요구하면 돈이 지불된 다음에 신랑 집으로 다시 돌아가는 '민며느리제(예부제/預婦制)' 풍속이 있었다.

압록강 중류 및 혼강, 독노강 유역에 있던 고구려에서는 사람이 죽으면 강돌을 쌓아 만든 '돌무지무덤'에 장사지냈다. 또 신랑은 혼인 후 여자의 집 옆에 지어놓은 작은 집에 살면서 각종 노동력을 제공하다가 첫아이가 태어나면 처와 아이를 본가로 데려가는 '데릴사위제(서옥제/壻屋制)' 풍속이 있었다.

중국 흑룡강성 동녕현에서 옥저인들의 주거생활을 보여주는 유적들이 다수 발굴되었다. 대표적인 유적인 '단결(團結)주거지'는 장방형(긴 4각형) 반수혈식(움집) 주거지로, 주춧돌을 사용하여 기둥을 세웠다. 실내에는 부뚜막과 아궁이가 있고, 흙으로 쌓은 벽 위를 돌로 덮은 길이 11m, 폭 50cm, 높이 30cm 가량의 터널 형태의 온돌이 있다. 이로써 현재 우리민족의 온돌문화가 옥저인들의 주거문화에서 전승된 것이라는 것을 알 수 있다.

■ 동예

본래는 나라 이름은 '예(濊)'였으나 민족 이름인 '예(濊)'와 구별하기 위해 현대의 역사가들이 '동(東)'자를 붙여서 '동예'라고 부르게 되었다. 즉 '예'라는 종족이 만주 · 연해주 · 한반도 북부에 걸쳐서 광범위하게 살고 있었는데, '예족'이 세운 여러 나라 중 하나의 이름이 '예'였기 때문에 구분하려고 '동예'라고 하였다는 것이다.

동예(東濊)는 BC 300년부터 AD 300년까지 오늘날 함경남도 원산 부근에서부터 강원도 강릉시 지역까지 걸쳐 살던 부족국가집단이다. 포항시 신광면 마조리에서 예백 읍락의 우두머리(예백장/濊伯長) 중 한 사람이었던 '진솔선(晉率善)'의 유물이 출토된 것으로 미루어보아 신라가 발원한 경주시에서 그리 멀지 않은 포항까지도 동예의 세력이 진출해 있었던 것으로 추정된다.

동예는 북으로는 고구려와 옥저, 남으로는 진한에 접하였다. 위만조선 멸

▶ 그림 2-7　옥저와 동예

망 후 한사군 중 임둔군의 일부가 현도군과 합쳐졌고, 나머지 7현은 낙랑군에 흡수되었다. 후에 한사군이 폐지되면서 7현 중 부조현은 옥저로, 나머지 6현은 동예로 귀속되었다. 동예가 언제 어떻게 멸망하였는지에 관한 기록은 없고 여러 가지 설이 있을 뿐이다. 시기는 불분명하지만 동예와 옥저가 모두 고구려의 땅이 된 것은 분명하다. 산과 하천을 경계로 읍락이 구분되었으며, '삼로(三老)'라고 부르는 읍락의 장이 각각의 읍락을 다스렸다.

동해안을 끼고 있어서 해산물이 풍부하고, 단궁(檀弓 ; 박달나무로 만든 활), 키가 작은 조랑말(果下馬 ; 과수나무 아래에서도 타고 지나갈 수 있는 말이라는 뜻), 물표범 가죽(海豹皮) 등이 특산물이었다. 산악 지형이 대부분인데도 불구하고 토지가 비옥하여 농경이 주업이었고, 직조기술이 발달하여 명주(비단)와 삼베 등의 특산물도 있었다.

동예 사람들은 산천(山川)을 중요시하여 산과 내마다 각기 구분이 있어서 함부로 들어가지 않았다. 산과 내는 목재의 공급, 야생동물의 사냥, 야생열매의 채집, 어로활동 등 경제활동의 중요 자원이었다. 따라서 각 읍락마다 활동 구역을 정하여 서로 침범하지 않았다. 만약 이를 어길 경우에는 노비 · 소 · 말로 물어주는 '책화(責禍)'라는 풍습이 있었다.

동예 사람들은 같은 부족 사람끼리는 혼인하지 않는 '족외혼(族外婚)' 풍습을 철저히 지켰다. 살인자는 사형에 처한다는 원시 형법이 사용되었으며, 도적이 적었다. 그밖에 질병에 걸리거나 죽은 사람이 생기면 그 집을 버리고(불태우고), 새집을 짓는 등 금기(禁忌)가 많았다. 새벽에 별자리를 관찰하여 그 해의 풍흉을 점쳤다고 전해지는 것을 보아 농사가 중요한 생산기반이었음을 알 수 있다.

매년 10월에 '무천(舞天)'이라는 제천행사가 열렸다.

④ 초기 왕권국가 시대의 체육 ·······························

　우리민족은 대체로 산동반도(山東半島)와 황화 유역에서 살다가 점차 만주와 한반도로 이주해와 살게 되었다. 우리 선조들은 불을 발견하여 사용하였고, 타제석기를 연모로 삼아 수렵생활을 하였다.

　우리 조상들은 약 6천 년 전에 고조선이라는 최초의 국가를 세웠다. 당시는 청동기문화와 신석기 시대의 생활상을 보였다. 한(漢)나라의 침략으로 고조선이 멸망한 후 철기문화가 급속하게 보급되었다. 사회적으로는 씨족공동체가 무너지고 부족연맹체가 성립되면서 고구려, 부여, 옥저, 동예, 삼한 등 여러 초기 국가들이 탄생하게 되었다.

　부족사회는 농경사회로 천신·태양·산악 등의 자연을 숭배하는 원시신앙이 중요한 생활양식이었다. 5월의 파종과 10월의 추수가 끝나면 군중이 모여 천신에게 제사를 지내는 풍속이 있었다. 이는 부족에 따라 영고, 무천, 동맹, 10월제 등으로 불렀으나 거의 같은 성격의 제전이었다.

　《삼국지》의 위지에 "부여 사람들은 정월(12월)에 천제를 지내고 군중대회를 열어 연일 술을 마시며 노래와 춤을 즐겼는데, 이를 영고라 한다." 하였다. 《후한서》에는 "예 사람들은 항상 10월에 천제를 지내고 술을 마시며, 노래와 춤을 즐겼는데, 이를 무천이라 한다." 또 같은 책에 "고구려 사람들은 10월에 천제대회를 하였는데, 이를 동맹이라 하고, 마한 사람들은 5월에 파종이 끝나면 천신에게 제사 지내고 노래와 춤을 춘다. 또 추수가 끝난 10월에도 역시 그리하였다." 라고 기록되어 있다.

　제전을 중심으로 음주를 베풀고 밤낮 즐기면서 노래와 춤을 추던 것은 지금의 농악에서 그 자취를 엿볼 수 있다. 또한 여흥으로 즐기던 온갖 유희와 오락이 오늘날까지 전해온 것이 세시풍속이다. 이와 같은 제천행사와 유희·오락을 통해서 부족의 전통을 재확인함과 동시에 부족원들의 결속을 강화하였다.

　초기 국가에서는 왕위가 세습되지 않았고, 부족장 중에서 용맹하고 무예가 뛰어난 자가 연맹의 대표로서 그 나라를 영도하였다. 각 부족장들은 각기 따로 자기 구역을 다스렸기 때문에 왕권은 아직 미약한 단계였다. 부족국가들은 재물이나 세력을 획득하기 위하여 다른 종족을 정복하기도 하고, 종족끼리 연합하기도 하면서 왕국 형성과정을 밟게 되었다.

부족국가 시대에는 생활을 위하여, 자연이나 맹수와 싸우기 위하여, 부족 간 또는 부족 내의 세력다툼을 위하여 무예를 닦았다. 이에 따라 무예를 중심으로 한 체육이 행해졌는데, 당시 체육의 목표는 강한 전투력을 기르는 것이었다. 도구가 점차적으로 발전하게 되자 단순한 신체활동이 아니라 보다 더 기술적이고 협동적인 동작도 필요하게 되었다.

한편 금속제무기의 사용으로 부족국가 간에 정복과 교류가 끊임없이 계속되는 부족전쟁의 시기에 봉착하게 되었다. 따라서 부족국가의 국민들은 모두 전투에 대비해 강한 체력과 협동정신을 갖추어야 했다.

전투능력의 양성을 목표로 한 부족국가 시대의 체육에서는 달리기, 뛰기, 던지기, 격투, 헤엄치기 등 기초적인 운동능력의 양성이 중요시되었다. 부락민들은 자신의 생활을 개척하거나 외적의 침입을 막기 위해 자발적으로 무예와 싸움을 연습하였으므로 자연발생적인 농병일치의 개병제도가 성립되었다.

부족 또는 국가 간의 전투에서 활, 화살, 칼, 방패, 큰 방패 등을 사용했다는 기록으로 보아 부족원들은 모두 궁술과 검술과 같은 무예로 군사훈련을 하였을 것이다.

부족국가 시대에는 병의 진찰과 치료는 무당과 주술 등에 의존하였다.《삼국유사》에 임금이 백성을 다스리는 일 가운데 하나로 '병 다스림'이 있었다는 것으로도 당시의 병 치료는 무당이나 신비력에 의존하였다는 것을 짐작할 수 있다.

그리고 이 시대 사람들은 다치거나 병에 걸리거나 농사가 흉작이 되는 것을 모두 신의 노여움 또는 악마의 소행이라고 믿었다. 따라서 그것들을 모면하는 방법의 하나로 천신에게 제사를 지내고, 태양·토신·곡신·산악 등 여러 형태의 신들에게 제사를 지냈던 것이다.

04 삼국과 통일신라 시대의 체육

❶ 삼국의 성립

철기문화의 보급과 농업 생산력의 증대를 기반으로 고대 부족국가 또는 초기 왕권국가들이 성장·발전하게 되었다. 이때 우세한 집단의 족장을 왕으로 추대하였고, 추대된 왕은 자기 집단 내부의 지배력을 강화하는 동시에 다른 집단에 대한 지배력을 키워나갔다.

우리나라에서는 고구려, 백제, 신라가 고대(초기)국가로 성장하였다. 지방의 족장 세력은 자기가 다스리던 지역에 대한 영향력은 유지할 수 있었으나 점점 중앙의 왕권에 복속되어갔다. 왕권이 강화됨에 따라 율령을 반포하여 통치체제를 정비하였다. 또 중국에서 전해들어온 불교가 백성들을 하나로 통합하는 정신적인 뒷받침을 하였다.

■ 고구려

고구려는 부여에서 내려온 유·이민과 압록강 유역의 토착민집단이 결합하여 이루어진 국가였다. 이들 부족은 중국 문화와 북방의 유목문화에 접한 경험이 비슷하기 때문에 결속력이 강하고 정복국가의 체제를 확립할 수 있었다.

태조대왕 때 함경도 지방에 있던 옥저를 정복하고, 낙랑을 압박하여 만주 지방으로 세력을 확대시켰다. 이와 같은 대외적 발전에 힘입어 고(高)씨에 의한 왕위의 세습이 이루어지게 되었고, 중앙 집권적 관료조직이 갖추어지기 시작하였다.

고구려는 3세기 중반 위나라의 침입을 받아 한때 위축되기도 하였다. 그러나 미천왕 때에 중국 내부의 혼란을 틈타 낙랑군을 완전히 몰아내고, 압록강 중류 지역을 벗어나 남쪽으로 진출할 수 있는 발판을 마련하는 등 대외 팽창을 꾀하였다.

소수림왕 때에는 율령의 반포, 불교의 공인, 태학의 설립 등을 통해 지방에 산재한 부족세력을 효율적으로 통제하면서 중앙집권국가로 체제를 강화하였다.

■ 백제

백제는 고구려 주몽의 둘째아들 온조가 남하하여 한강유역의 하남 위례성을 도읍으로 정하여 세운 나라였다. 고구려계통의 유·이민세력은 우수한 철기문화를 보유한 반면에 한강유역의 토착세력은 그렇지 못해서 유·이민세력이 지배권력을 행사하였다.

백제는 3세기 중엽 고이왕 때에 확대된 영토와 통치조직을 갖추고 중국의 선진문물을 받아들이면서 중앙집권국가로서의 기틀을 잡아갔다. 이때 백제는 한성을 중심으로 대외적으로는 중국의 한 군현과 항쟁하였고, 대내적으로는 새로운 관제를 마련하고, 관리의 복색을 제정하는 등 지배체제를 정비하였다.

■ 신라

경주 지방의 사로국에서 발전한 신라는 박혁거세에 의해 건국되었다. 신라가 건국된 지역은 북쪽과 서쪽이 산맥으로 가로막혀 있어 유·이민의 집단적인 이주가 활발하지 못했기 때문에 유·이민들은 토착세력에게 흡수·동화되었다.

신라는 한반도 동남부에 치우쳐 있어 삼국 중 발전이 가장 늦었다. 초기에는 박·석·김의 세 부족이 연맹하여 왕(이사금)을 선출하였으나 곧 이어 6부족연맹체로 발전하였다. 주변의 여러 소국을 정복하여 경북 지방 일대의 큰 나라로 성장한 신라는 4세기 후반 내물왕 때에 이르러서 중앙집권국가로 발전하였다.

이때 신라는 영토를 낙동강 유역까지 확장하였고, 내부적으로는 체제정비를 단행하였다. 박·석·김의 3성이 번갈아 오르던 왕위를 김 씨가 단독적으

▶ 그림 2-8　삼국 시대 초기

로 세습하게 되었다. 신라는 왜구를 물리치는 과정에서 고구려의 도움을 받았기 때문에 고구려의 간섭을 많이 받아왔으나, 백제와 동맹을 맺어 고구려의 간섭을 배제하게 되었다.

　고구려, 백제, 신라는 각기 다른 시기에 왕권국가로 탄생하였다. 그러나 AD 370년 이전은 모두 초기(부족)국가 시대로 보고, 고구려의 소수림왕, 백제의 근초고왕, 신라의 내물왕 때가 겹치는 AD 370년경부터를 '삼국 시대'로 보는 것이 역사의 정설이다. 그러므로 삼국 시대라고 하면 'AD 370년경부터 신라에 의해서 삼국이 통일된 AD 675년까지'의 시기를 말한다.

❷ 삼국의 변천

고구려, 백제, 신라의 3국은 국가의 발전과정에서 서로 동맹하여 협조하는 경우도 있었고, 서로 경쟁하고 싸워서 패권을 다투기도 하였다. 처음에는 고구려가 가장 우세하였으나 백제가 해상으로 진출하면서 국력을 축적하여 고구려보다 우세한 경우도 있었다.

삼국 간의 경쟁은 대략 3기로 구분할 수 있다. 제1기는 고구려와 백제가 주도권을 잡은 5세기이고, 제2기는 신라가 영토를 확장하여 한강유역까지 진출한 6세기이며, 제3기는 신라가 수·당과 연결하여 삼국을 통일하게 된 7세기이다.

■ 고구려

고구려의 광개토대왕은 요동 지방을 비롯하여 만주 지역을 확보하는 한편 백제를 공격하여 한강 이남으로 몰아냈다. 장수왕이 수도를 평양으로 옮겨 백제와 신라에 대한 압박을 본격화하자 백제와 신라가 동맹을 맺어 고구려의 세력팽창을 견제하였다.

6세기 중반에 백제와 신라가 힘을 합하여 고구려를 밀어내고 한강유역을 다시 탈환하였다. 그러나 회복한 지역을 신라가 일방적으로 자기 나라 영토로 편입시킴에 따라 나제동맹이 깨졌다.

■ 백제

백제는 4세기 중반 근초고왕 때에 크게 발전하였다. 이때 백제는 마한을 정복하여 그 세력이 전라도 남해안에 이르렀으며, 북으로는 황해도 지역을 놓고 고구려와 대결하였다. 또 낙동강유역의 가야에 대해서도 지배권을 행사하였다.

백제는 정복활동을 통하여 축적된 군사력과 경제력을 바탕으로 수군을 정비하여 중국의 요서 지방으로 진출하였다. 이어서 산동 지방과 일본의 규슈 지방까지 진출하는 등 활발한 대외활동을 벌였다. 침류왕 때에는 불교를 공인하여 중앙집권체제를 정신적으로 뒷받침하였다.

5세기 후반 백제는 고구려의 남진정책에 의해서 큰 타격을 받아 한강유역을 빼앗기고 도읍을 한성에서 금강 유역의 웅진으로 옮기게 되었다. 웅진은 고구려의 공격을 피하기 위한 일시적 수도였으므로 정치적으로 안정되자 성왕은 사비로 천도하여 백제의 중흥을 도모하였다.

▶ 그림 2-9   삼국 시대 후기

백제는 제도를 정비하여 중앙정부의 권력과 지방에 대한 통제를 강화하였고, 중국과도 활발한 교류 관계를 유지하면서 불교 진흥을 꾀하였다.

■ 신라

신라는 5세기 초에 백제와 동맹을 맺어 고구려의 간섭에서 벗어나려 하였다. 5세기 말 지증왕 때에는 6촌을 6부의 행정구역으로 개편하는 등 정치제도를 정비하였다. 국호를 신라로 바꾸고, 왕의 칭호는 마립간에서 왕으로 고쳤다. 대외적으로는 금관가야를 정복하고, 우산국(울릉도)을 복속시켰다.

신라는 6세기 법흥왕 때에 이르러 병부의 설치, 율령의 반포, 공복의 제정(신하들이 입는 옷의 색깔과 모양을 직급에 따라 다르게 정한 것) 등을 통하여 중앙집권국가로서 체제를 완비하게 되었다.

불교를 국교로 정해서 불교정신을 바탕으로 내부 결속을 다지며 통치체제를 정비하고, 나아가 국력강화의 사상적 기반을 마련하였다. 금관가야의 마지막 왕인 구형왕의 후손인 김유신 등을 진골 귀족으로 편입시키는 등 골품제도를 정비하여 가야계의 반발을 무마하였고, 새롭게 성장하는 6두품 세력을 포섭하고자 하였다. 한편 건원이라는 연호를 사용함으로써 자주국가로서 위상을 높였다.

❖ **6두품**……신라에서 성골이나 진골과 같은 왕족을 제외하고 가장 높은 지배계층이다. 그들은 학식과 능력이 아무리 뛰어나더라도 정부의 직급상 6번째로 높은 '아찬(지금의 차관급에 해당되는 벼슬)'까지만 진급할 수 있었기 때문에 불만을 품는 경우가 많았다. 신라에 의해서 멸망한 고구려와 백제의 귀족들도 6두품에 편입되었다.

❸ 신라의 삼국통일

법흥왕의 뒤를 이은 진흥왕은 국가 발전을 위한 인재를 양성하기 위하여 화랑도를 국가적인 조직으로 개편하고, 불교 교단을 정비하여 사상적 통합을 도모하였다. 진흥왕은 554년 관산성 전투에서 백제 성왕을 전사시킴으로써 한강 유역의 패권을 장악하였고, 동북쪽으로는 함경남도 지역까지 영토를 확장시켰다.

고구려가 수·당과 혈투를 전개하는 동안 신라는 백제를 공격하여 대야성(大耶城, 현재의 합천)을 비롯한 40여 성을 함락시켰다. 이후 신라는 당나라(고구려를 침략했다가 실패한 이후 다시 침략할 수 있는 기회만을 엿보던)와 동맹을 맺어 백제를 정복하고, 이어 고구려를 협공하려는 전략을 세웠다.

소정방(蘇定方)이 이끄는 당나라 군대는 백강(白江, 지금의 금강)에 상륙하고, 김유신(金庾信)이 이끄는 신라군은 탄현(炭峴, 대전의 동쪽)을 넘어서 백제를 공격하였다. 황산벌 전투에서 백제의 계백(階伯)이 '5천 결사대'로 맞서 싸웠으나 분패하고, 백제의 수도인 사비성이 함락되었다. 이에 백제의 의 자왕은 신라에 항복하고, 660년에 멸망하였다.

　백제 멸망 후 백제 유신(遺臣)에 의한 부흥운동이 각지에서 크게 일어났다. 왕족 복신(福信)과 승려 도침(道琛)은 주류성(周留城)에 웅거하고, 흑치상지 등은 임존성(任存城)에 웅거하면서 군사를 일으켜 200여 성을 회복하기에 이르렀다. 그러나 나·당연합군이 다시 침략하고, 부흥군의 내부 분열로 주류성이 함락되자 부흥운동은 실패로 끝났다.

　백제를 멸망시킨 신라의 태종무열왕은 당나라와 연합하여 고구려를 공격하였으나 연개소문의 강력한 저항으로 뜻을 이루지 못하였다. 연개소문이 죽자 그의 동생과 아들들 간의 권력 쟁탈전으로 고구려의 세가 급격히 쇠락해졌다.

　이를 틈타 당나라는 고구려 정벌에 나서고, 이에 호응하여 신라군도 남쪽에서 공격하니 고구려는 1년간 항쟁을 계속하다가 668년(보장왕 27년)에 멸망하고 말았다.

　당나라가 신라와 연합하여 백제와 고구려를 멸망시킨 것은 신라를 이용하여 삼국의 영토 전체를 당나라에 편입시키려는 야심 때문이었다. 당나라는 백제를 멸망시킨 지역에 5도독부(五都督部)를 두는 한편, 신라를 계림대도독부(鷄林大都督府)로 삼고 문무왕(文武王)을 계림주대도독으로 임명하였다. 또 고구려를 멸망시킨 지역에 9도독부(九都督府)를 둠과 동시에 평양에 안동도호부(安東都護府)를 두어 한반도 전체를 총괄하게 하였다.

　이에 격분한 신라는 고구려와 백제의 유민과 연합하여 당나라와 정면으로 대결하는 나당전쟁을 일으켰다. 신라는 고구려의 검모잠(劒牟岑) 등이 일으킨 부흥운동을 지원하여 당나라 군대의 축출을 꾀하는 한편, 옛 백제 땅에 군대를 출동시켜 당나라 군대를 격파하였다.

　신라는 671년(문무왕 11년)에 당나라가 세운 5도독부가 있는 사비성을 함락시킴으로써 백제의 옛 땅에 대한 지배권을 완전히 장악하였다. 이에 당나라는 문무왕의 동생인 김인문(金仁問)을 신라의 왕에 임명하고, 신라를 침공하였다.

　신라는 675년에 당나라의 20만 대군을 매소성에서 격파하여 나당 전쟁의 주도권을 장악하였다. 이어서 676년 11월에 금강 하구의 기벌포에서 당나라의 수군을 섬멸하여 당나라의 세력을 완전히 몰아냈다.

이로써 신라는 대동강에서 원산만(元山灣)까지를 경계로 한반도 남부의 통합을 달성하고, 그 지역에 대한 지배권을 확립했다.

위와 같은 역사적 사실을 보통은 '신라의 삼국통일'이라고 부르지만, 옛 고구려의 영토였던 한반도 북부와 만주 일대로 진출하지 못하였을 뿐만 아니라 유민들도 합류시키지 못하였기 때문에 완전한 삼국통일이라고는 할 수 없다.

실제로 약 30여 년의 공백기를 거친 뒤에 신라가 차지하지 못했던 고구려의 옛 영토에 발해가 들어섰다. 신라와 발해가 공존한 시기를 남북국 시대라고 부른다. 그래서 '신라의 삼국통일'이라는 말은 잘못된 표현이고, '신라의 삼국 해체' 또는 '신라의 한반도 남부 통합'이라고 고쳐 불러야 한다는 주장도 있다.

❹ 통일신라의 변천

통일 이후 신라는 강화된 경제력과 군사력을 토대로 왕권을 전제화하였다. 태종무열왕 때부터 그의 직계자손이 왕위를 세습하고, 왕명을 받들고 기밀사무를 관장하는 시중의 기능을 강화하였으며, 귀족세력의 이익을 대변하던 상대등의 세력을 약화시켰다.

신문왕은 중앙정치조직·군사조직·지방행정조직을 완비하였고, 관리들에게 관료전을 지급하는 반면에 귀족들의 경제적 기반이었던 녹읍은 폐지하였다. 나아가 유학사상을 강조하고, 유학교육을 위하여 국학을 설립하였다. 국학에서 공부한 관리들로 구성된 6두품세력은 학문적 식견을 바탕으로 왕의 정치적 조언자 역할을 하거나 행정실무를 맡아 보았다. 이에 따라 진골 귀족세력은 상대적으로 약화되었다.

그러자 귀족세력의 반발로 전제왕권이 흔들려서 녹읍이 부활되고, 사원의 면세전이 늘어나면서 국가재정도 압박을 받게 되었다. 오랫동안 평화가 지속되자 중앙의 귀족은 자신들의 특권적 지위만 유지하려 하였다. 또한 불교나 화랑도에서 강조해오던 호국정신을 온대간데없이 사라져버렸고, 귀족들의 사치로 백성들의 삶이 피폐해져서 패망의 길로 들어섰다.

❺ 발해의 건국과 멸망

발해는 고구려가 멸망한 지 30년이 지난 뒤인 AD 698년에 건국되어 AD 926년까지 한반도 북부와 만주·연해주에 존속하였다. 발해는 통일신라와 함께 남북국 시대를 이루었던 고대 국가이다.

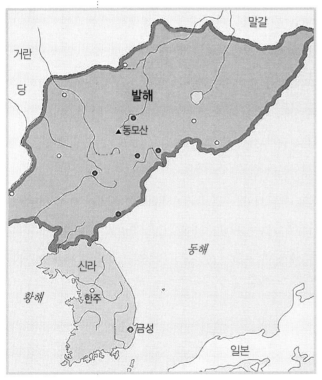

▶ 그림 2-10 남북국 시대

AD 696년에 요서(遼東) 지방의 영주(營州)에서 일어난 거란족의 반란이 실패로 돌아가자, 당시 영주에 살던 고구려의 유민 대조영이 말갈 추장인 걸사비우(乞四比羽)와 함께 고구려 옛 땅인 요동으로 탈출해서 동모산(東牟山)에 세운 나라가 발해이다.

건국 집단은 고구려 유민과 말갈족으로 구성되었으나, 지배집단은 대부분 고구려 유민이 차지하였다. 발해는 주변에 흩어져 살던 고구려 유민과 말갈족을 흡수하면서 세력이 빠르게 불어났다. 처음에는 국호를 '진국(振國)'이라 했지만, AD 713년에 국호를 '발해(渤海)'로 바꾸었고, 대조영을 '高王'이라고 불러서 고구려의 후예임을 스스로 밝혔다.

발해는 2대 무왕(武王)과 3대 문왕(文王) 때에 세력이 크게 부흥하여 독자적인 연호를 사용하기 시작하였고, 수도를 동모산에서 현주(顯州)로 옮겼다. 고구려와 부여의 옛 땅을 대부분 회복하고, 북쪽과 동쪽의 말갈 땅도 복속시켰으며, 남쪽의 대동강과 원산만 방면으로도 진출하여 신라의 경계심을 불러 일으켰다.

문왕이 장기간 통치한 뒤에 친척인 대원의가 왕위에 오른 후 내분이 잦아서 왕과 도읍이 여러번 바뀌었다. AD 818년 10대 선왕(宣王)이 즉위하자 내분이 진정되면서 중흥을 이룩했다. 선왕이 정복 활동을 통해서 영토를 넓힌 결과 처음에 '사방 2천 리'였던 영토가 '사방 5천 리'로 크게 확대되었다.

발해의 마지막 왕인 대인선(大諲譔)이 통치하던 시기의 중국은 당나라가 멸망하여 각 지방의 절도사들이 자신의 영지를 다스리는 상태였다. 한반도에서는 신라가 후삼국으로 분열되었다. 이 틈을 타서 북방에서 발흥한 '거란'이 중원으로 진출하기 위한 발판을 마련하고자 배후세력인 발해를 먼저 공격해서 926년에 멸망시켰다.

❻ 삼국과 통일신라 시대의 문화와 체육

삼국 시대에는 불교와 유교가 정치·교육·문화 등 국가의 전 영역에 큰 영향을 미쳤다. 고구려는 중국의 문화를 수용하여 백제와 신라에 전달하였고, 백제는 중국과의 교역을 통하여 경제적 번영을 누리면서 중국의 귀족 문화를 받아들였다. 신라는 한반도의 가장 남쪽에 위치해 있고, 소백산맥이 가로막고 있어서 중국의 문명을 가장 늦게 받아들임으로써 비교적 독자적인 문화를 창출할 수 있었다.

■ 삼국과 통일신라 시대의 사회와 경제

고구려는 왕족인 고 씨와 5부 출신의 귀족들이 연합하여 지배계층을 이루어 정치를 주도하였다. 귀족계층인 족장이나 성주들은 모두 자기들의 병력을 거느리고 있었으나, 그 병력을 국가에서 동원할 때는 대모달, 말객 등의 군관으로 하여금 지휘하게 하였다.

일반 백성들은 대체로 농민들로서 자영농민이 많았으나, 토지를 잃고 몰락한 농민들도 있었다. 그래서 가난한 농민을 구제하기 위해서 춘궁기에 곡식을 빌려 주었다가 추수한 뒤에 갚게 하는 진대법을 실시하였다.

고구려에서는 통치질서와 사회기강을 확립하기 위해 율령을 제정하였다. 그 내용은 반역자는 화형에 처하고, 살인자나 전쟁에 패한 자도 사형에 처하였으며, 남의 물건을 훔친 자는 12배를 물게 하고, 소와 말을 죽인 자는 노비로 삼는다는 것이다.

백제는 왕족인 부여 씨와 8성의 귀족으로 지배층이 이루어졌다. 일반백성의 대부분은 농민이었으며, 천민과 노비도 상당수가 있었다. 사회체제를 유지하기 위해서 율령을 제정하여 엄하게 시행하였다. 살인자·반역자·전쟁에서 패한 자는 모두 사형에 처하였고, 간음한 자는 노비로 삼았으며, 남의 물건을 훔친 자는 유형에 처함과 동시에 훔친 물건의 2배를 물게 하였다.

신라는 중앙집권국가로 발전하는 과정에서 김 씨가 왕위를 세습하게 되었고, 왕권을 강화하면서 골품제도를 만들어 통치기반을 구축하였다. 골품제도는 씨족사회에서 각 족장들의 세력을 통합한 것이다. 세력의 크기에 따라 4, 5, 6 두품의 신분을 주었으며, 성골과 진골은 왕족이었다.

골품은 개인 신분뿐만 아니라 그 친족의 등급도 표시하였다. 골품에 따라 거주하는 가옥은 물론 입는 옷의 색(복색)이나 수레까지 제한하였다. 이것은 화백과 화랑도와 같은 제도를 만드는 기반이 되었다. 화백이란 한 집단 안에서 회의할 때에 모두가 찬성해야 결정하는 만장일치 제도로서 집단 내의 부정을 막고, 집단의 단결을 강화하는 역할을 하였다.

통일신라 시대에는 향(鄕), 소(所), 부곡(部曲)이라는 특수한 지방행정 구획이 있었다. 향·소·부곡이 어떻게 해서 생겼는지 확실하지 않다. 대개 옛날의 전쟁 포로나 역모죄인의 유족들이 모여서 살던 곳, 또는 반란이 거듭 일어난 향읍(鄕邑), 기타 어떤 특수한 물건을 생산하는 노비들이 집단으로 살던 곳이었을 것으로 추정된다. 그 지역에 사는 사람들을 향 · 소 · 부곡민이라 하여 평민과 노비의 중간층에 해당되었고, 조선 중반까지도 존재하였다.

■ 삼국과 통일신라 시대의 문화

삼국 시대에는 불교의 영향으로 문화의 폭이 넓어졌고, 국민사상이 통합되어 국력을 강화할 수 있었다. 나아가 시가나 음악뿐만 아니라 새로운 문화의 세계를 열어나갈 수 있었다.

고구려는 중국과 대결하는 동안에 중국 문화에 대한 비판능력을 가질 수 있었기 때문에 중국 문화를 보다 개성 있게 받아들였다. 그 결과 고구려 예술에는 패기와 정열이 넘치고 있다.

백제는 중국 문화의 수입과 전달에 큰 활약을 하면서 세련된 문화를 이룩하였다. 백제의 예술은 귀족적 성격이 강하여 우아하고 미의식이 세련되었으나, 반면 지방의 토착문화를 발전시키지는 못하였다. 정치적 불안정으로 자체 문화를 잘 보존하지는 못하였으나 백제 문화는 거의가 일본에 전래되어 일본 문화, 즉 아스카문화(飛鳥文化)를 육성시켰다.

신라는 소백산맥에 막혀 삼국 중 대륙문화를 가장 늦게 받아들임으로써 민족적 전통의 유대가 강력하였다. 초기의 대륙문화 수용태세는 후진적이었으나, 문화 수용 이후는 이를 잘 섭취 · 발전시켜 독창적인 문화유산을 남겼다.

그래서 신라의 문화에는 소박한 옛 전통이 남아 있다. 뒤에 고구려와 백제의 영향을 받아 문화적 기반을 넓혀가면서 조화미 속에 패기를 담을 수 있었다. 그래서 신라 토기나 토우에서 볼 수 있는 바와 같이 소박한 형태의 미술품이 있는가 하면, 금동미륵보살반가사유상과 같이 미적 감각이 아주 뛰어난 미술품도 있다.

신라는 삼국을 통일한 뒤 새로 확대된 사회 · 경제적 기반 위에서 각기 개성을 가지고 발전되어 온 고구려와 백제의 문화를 융합하여 문화의 폭을 넓힘으로써 민족문화의 토대를 마련하였다.

■ 삼국과 통일신라 시대의 교육

화랑도는 옛 씨족사회의 사상을 바탕으로 유교 · 도교 · 불교 사상을 모두 조화시켜 지도층인 귀족 출신의 소년들을 훈련시키던 일종의 소년무사단으로 국선도, 풍월도, 풍류도, 원화도라고도 불렀다. 여기에 들어간 낭도들은 화랑의 인솔 하에 수백 내지 수천 명씩 무리를 지어 산천의 명승을 찾아다니면서 풍류와 체력단련을 하며, 국가 유사 시에는 무사로 출전하였다.

교육내용은 노래와 풍류를 통한 정서의 훈련, 산천을 찾아다니면서 국토에 대한 관념과 지식의 함양, 체력과 의지의 단련 등이 주였다. 화랑도의 정신 속에는 절대적 애국심과 고상하고 결백한 예의와 용감성을 엿볼 수 있다. 소년 화랑들은 예의와 도의를 닦아서 도덕과 지조를 도야하고, 무예 · 노래 · 음악으로 사기와 정서를 함양하고 심신을 단련함으로써 신비력을 지니게 되었다.

▶ 표 2-1　삼국의 교육제도

학습 단계	특징	필요한 주의력
고구려	태학	귀족의 자제들을 교육하여 국가의 관리를 양성하던 기관
	경당	평민층 자제를 대상으로 활쏘기와 경전을 가르침.
백제	박사 제도	모시(毛詩)박사-한시에 능통한 사람 의(醫)박사-병을 잘 다스리는 사람 역(易)박사-역학에 능통한 사람 오경(五經)박사-오경에 능통한 사람 고흥박사- 한자로 역사를 기록하기 시작 왕인박사-일본에 천자문과 논어를 전수
신라	화랑도	집단 활동과 신체적 단련을 통해서 청소년들의 도덕적 품성을 함양하고, 무예를 가르치던 교육기관이다. 평소에는 사회의 지도자적 인물을 기르는 것이 목적이지만 전시에는 전사를 양성하는 역할을 하였다.
	국학	귀족의 자제들을 대상으로 유학을 가르쳐서 관리를 양성하던 교육기관이다.

이것으로 보아 당시의 무예교육이 신체적으로는 물론 지적 · 정서적 도야까

지도 목표로 하였음을 알 수 있다. 진흥왕 때에는 화랑도를 국가적 조직으로 확대하여 훈련을 더 강화시켰으며, '세속 5계'를 가르쳐 높은 의기를 길렀다.

표 2-1에서 볼 수 있는 바와 같이 고구려에는 태학과 경당이라는 교육기관이 있었고, 백제에는 시ㆍ의학ㆍ역학ㆍ오경에 밝은 사람들에게 벼슬을 내리는 박사제도가 있었다.

신라 화랑도의 훈련 방법, 세속 5계 및 불국토사상은 다음과 같다.

❖ **입산수행**……산 속에 들어가 신체적 고행을 통해서 신체와 정신을 튼튼히 하고 영적인 힘을 얻고자 했던 수련 방법

❖ **편력**……명산대천을 두루 돌아다니며 화랑도들에게 시와 음악을 가르쳤던 일종의 야외 교육활동이다.

❖ **세속오계**……문무를 겸비한 인재를 양성할 목적으로 화랑도들에게 가르쳤던 5가지 정신교육이다.

- 사군이충(事君以忠) ; 충성으로 임금을 섬긴다.
- 사친이효(事親以孝) ; 효도로 부모를 섬긴다.
- 교우이신(交友以信) ; 믿음으로 친구를 사귄다.
- 임전무퇴(臨戰無退) ; 전장에서 물러서지 않는다.
- 살생유택(殺生有擇) ; 산 것을 죽일 때는 가림이 있어야 한다.

❖ **불국토(佛國土)사상**……고구려와 백제는 왕족과 귀족이 먼저 불교를 믿고, 그것이 일반 백성들에게 전해졌기 때문에 불교가 민간신앙으로 뿌리를 내리는 데에 별 저항이 없었다. 그러나 신라는 불교가 전래될 당시에 왕권이 확립되지 못하였고, 큰 산이나 나무를 믿는 토착신앙이 강했기 때문에 불교를 받아들이는 데에 어려움이 많았다. 그래서 승려들이 백성들에게 "신라가 본래 부처님의 땅이었다."는 사상을 심어주려고 한 것이 불국토사상이다.

통일신라 말기에는 '독서삼품과(讀書三品科)' 또는 '독서출신과(讀書出身科)라고 부르는 관리 선발제도가 있었다. 국학(國學) 졸업생과 재학생을 대상으로

논어와 효경 등 5경과 3사(三史)에 관한 시험을 보아서 학식이 높은 정도에 따라 상·중·하 3품과 특품으로 나누어서 관리로 채용하였다.

골품제의 제약과 진골귀족들의 관리 독점에 의해 독서삼품과가 큰 효과는 거두지 못하였지만, 무치주의에서 문치주의로 관리체계를 바꾸는 계기가 되었다. 이것은 훗날 고려와 조선 시대에 과거제도를 도입하는 씨앗이 되었다.

■ 삼국과 통일신라 시대의 무예와 오락

세 나라가 서로 싸워서 영토를 뺏고 뺏기던 삼국 시대는 항시 전쟁 준비를 하고 있어야 했다. 고구려와 백제에서는 모든 국민을 병사로 활용할 수 있는 국민개병제를 실시하였다. 반면 신라에서는 젊은 청년 중에서 무예에 능통하고 몸이 튼튼한 사람을 뽑아서 병사로 사용하는 징병제를 채택하여 무예를 적극 장려하여 정병 육성에 힘을 기울였다.

끊임없이 교전하던 삼국과 통일신라 시대에는 훌륭한 무사가 곧 유능한 지도자였기 때문에 귀족들은 보다 훌륭한 무사가 되어야 했다. 귀족들의 무술수련은 곧 자기 자신의 신변 및 권력을 지키는 통치자로서의 수련이기도 하였다. 그러므로 귀족들의 무술수련은 지·덕·체가 고루 요구되는 조직적이고 발전된 교육적 성격을 띠고 있었다.

고구려는 평소에 기마전투 훈련을 장려하기 위하여 수렵으로 무사의 군사적 훈련을 실시하였다. 또한 국왕이 친히 참가한 가운데 대규모 수렵경기대회를 열었다. 이러한 행사를 통하여 무술과 담력을 수련하는 동시에 소박하고 용감한 인간성과 정신생활을 추구하였다. 백제도 고구려보다는 다소 뒤지지만 숭무정신과 정련된 기마전술을 중요시하였다.

신라의 숭무정신은 무사들에게만 한정된 것이 아니고 모든 국민들에게 용맹한 기풍을 교육해서 배양하려고 하였다. 특히 신라는 통일 시기에 들어와 문물제도를 더욱 정비하였고, 학문과 예술이 발흥(勃興)하면서 무예도 점차 발전하였다.

　　그러나 나라의 기틀이 안정되고 유교가 도입된 이후부터 국학의 설치, 독서삼품과의 시행 등 문치 중심의 체제로 이행됨에 따라 강건한 민족의식과 무예체육은 상대적으로 약화되었다. 신라 말기에 이르러서는 지배층의 안일과 문약(文弱)으로 인하여 통일의 원동력인 화랑도가 흩어지면서 무예와 더불어 체육도 쇠퇴하였다.

　　궁술에는 말을 타고 달리면서 활을 쏘는 기사(騎射)와 서서 쏘는 보사(步射)가 있었는데, 삼국은 두 가지 모두를 중시하였다. 고구려에서는 경당(扃堂)에서 청소년들에게 궁술을 가르쳤고, 백제에서는 일반인들까지도 모아서 활쏘기 연습을 시켰으며, 신라에서는 화랑들에게 활쏘기를 가르쳤다.

　　삼국 시대의 활은 활체가 굽어져 있고, 활고재(활고자, 弓弰 ; 활의 두 끝)가 활체의 반대쪽으로 굽어진 만궁(彎弓)이어서 활의 길이가 짧고 힘이 강해서 특히 기사(騎射)에 유용하였다.

　　고구려와 신라의 벽화에 모두 말을 타고 활을 쏘는 장면이 나오는 것으로 보아 삼국이 모두 기사(騎射) 훈련을 많이 시켰고, 그것을 인재등용의 방법으로 이용한 것을 알 수 있다. 또한 활 쏘는 장면을 그린 벽화에 사희(射戱)라는 문자가 새겨져 있는 것은 활쏘기가 경기(競技)의 성격도 띠고 있었음을 의미한다.

　　삼국과 통일신라 시대에는 무술적인 무예가 유희ㆍ오락화된 경향이 짙다. 예를 들면 군사적인 사냥, 궁술대회 등이 그것이다. 또 당시는 봉건적 계급성이 강하였기 때문에 민속유희나 오락에서도 계급성이 강하게 나타났고, 대중적인 민속오락은 불교행사나 무천행사 등과 같은 의식이 끝난 다음에 이어지는 여흥으로 행해졌다. 정월 보름, 오월 단오, 팔월 추석 등에는 전국적으로 민속오락이 행해졌다.

　　삼국과 통일신라 시대의 민속ㆍ오락에 대하여 남아 있는 각종 기록은 다음과 같다.

❖ 매년 3월 3일과 8월 15일이면 임금이 무술경기대회(전렵) 등을 열어서 친히 관람하였다.

❖ 고구려에서는 해마다 3월 3일에는 왕을 따라서 많은 신하와 오부의 군

사들이 사냥하여 잡은 돼지와 사슴으로 하늘 및 산, 천신에게 제사를 지냈다.

❖ 신라에서는 8월 15일이 되면 왕이 음악을 베풀고 벼슬아치로 하여금 활을 쏘게 하여 말을 상으로 주었다.

❖ 유리 이사금왕은 7월 16일부터 날마다 큰 대궐 안에 여자들을 모아 두 패로 나누어 길쌈을 하였는데, 8월 15일에 이르러 진 편에서는 음식을 마련하여 이긴 편에 사례하고 노래와 춤 등 온갖 놀이를 하였다. 이를 가위라 하였다.

❖ 백제의 아신왕은 장성하매 호탕하고 인품이 뛰어났으며, 매사냥과 말 타기를 즐겼다.

❖ 고구려 사람은 위기, 투호의 놀음을 좋아하고 축국(공차기)을 잘 했다.

❖ 고구려에는 추천의 놀음이 있었다.

❖ 백제 풍속에 투호, 저포, 악삭, 농주의 놀음이 이었다.

❖ 유신이 춘추 공과 축국(공차기)을 하다가 춘추 공의 옷끈을 밟아 떨어 뜨렸다.

❖ 여아(女兒)가 죽마와 피리를 불며 놀더니 하루아침에 눈이 멀었다.

❖ 경주의 부자들이 사절유택(四節遊宅)에서 유상(遊賞)하였다.

❖ 장성 안에 노래 부르는 소리가 낮과 밤으로 끊이지 않았다.

이러한 기록으로 보아 신라 전성기에는 상류층에서는 계절별로 별장에서 시와 음악을 비롯하여 수렵, 축국, 투호, 기사, 쌍륙 등을 하며 놀았고, 하류층 에서는 무도, 음악, 씨름, 수박, 추천, 죽마, 설마, 풍연, 위기 등이 성행하였음 을 알 수 있다.

❖ **수렵(사냥)**……왕이 참가해서 무예를 장려하고 군사력을 시위하는 성격 의 수렵, 군사훈련의 성격을 띠는 수렵, 레저 또는 오락으로 하는 수렵 등이 있었다.

❖ **축국**……가죽주머니에 겨 또는 공기를 넣어 만든 공을 발로 차면서 노

는 일종의 게임으로, 주로 상류층에서 즐겼다.

❖ **석전**……집단 간에 돌팔매질을 하면서 놀던 놀이 성격의 석전과 군사 훈련의 성격을 띤 석전이 있었다.

❖ **각저(씨름)**……각저총에 있는 벽화(각저도)에는 오늘날의 씨름과 동일한 형태로 심판까지 옆에 서있는 모습이 그려져 있다.

❖ **투호**……화살 같이 생긴 막대기를 일정한 거리에 있는 항아리에 던져 넣는 경기로 여성들이 주로 행했고, 놀이 성격과 인격 수양의 성격을 띠었다.

❖ **수박**……무용총과 안악 3호 고분에 상대와 일정한 거리를 두고 겨루는 자세를 그린 수박도가 있다. 주먹으로 때려 상대를 제압하는 경기로 태권도의 원형으로 추측된다.

❖ **쌍륙(악삭, 농주)**……쌍륙판에 정해진 숫자의 말을 정해진 위치에 배치한

축국

쌍륙

수박(고구려의 고분벽화)

각저총 씨름도

▶ **그림 2-11** 삼국 시대의 놀이와 벽화

다음 2개의 주사위를 동시에 던져서 나오는 눈 수만큼 말을 옮겨서(행마) 먼저 궁에 입성하는 편이 이기는 게임이다. 2개의 주사위가 모두 6이 나오면 가장 유리하기 때문에 쌍륙이라는 이름을 붙였다. 행마법이 복잡하고 머리를 써야 하는 놀이이기 때문에 상류층에서만 즐기던 놀이이다.

❖ 죽마……어린이들이 잎이 달린 대나무를 가랑이에 끼고 말을 탄 것처럼 끌고 다니는 놀이

❖ 기타 놀이……저포 – 윷놀이, 방응 – 매사냥, 풍연 – 연날리기, 추천 – 그네뛰기, 위기 – 바둑이나 장기, 마상(곡마) – 말 위에서 재주를 부리는 것

■ 삼국과 통일신라 시대의 제천행사 및 민간신앙

제천행사(祭天行事)는 '하늘에 제사를 지내는 행사'라는 뜻으로 하늘을 숭배하고 제사하는 의식이다. 대부분 농업지역에서 행해지며, 씨를 뿌린 뒤 농사의 풍요를 하늘에 기원하고 곡식을 거둔 뒤 하늘에 감사하는 행사이다.

수렵 경제에서 농업 경제로 넘어오면서 집단적인 부족회의와 공동적인 제전으로 제천의식을 열고, 생명의 근원인 창조신과 더불어 곡신(穀神)을 제사지냈다. 이때 각 부족이 모여 단체적으로 가무를 하고, 천신지기(天神地祇 ; 하늘과 땅의 귀신)에게 제사를 지냈다. 오늘날까지 이어지는 명절 가운데 단오와 추석은 고대 사회의 제천 행사에서 유래된 것이다.

고조선 시대부터 삼국 및 통일신라 시대까지 열렸던 제천행사는 다음과 같다.

❖ 부여의 영고(迎鼓)……해마다 12월에 행하던 제천행사로, 온나라 백성이 모여 하늘에 제사를 지내고 회의를 열어 며칠을 연이어 술 마시고 노래하고 춤추었다. 추수감사제의 성격을 띠고 있었다. 다만 다른 사회에서는 추수기인 10월에 행하는 데 부여에서만 유독 12월에 행한 것은 원시 수렵 사회의 전통을 이어 왔기 때문인 것 같다. 그밖에 이 날에는 재판을 하고 죄수를 석방하였다고 한다.

❖ 동예의 무천(舞天)······음력 10월에 하늘에 제사 지내고 높은 산에 올라가서 즐겁게 노는 행사였다.

❖ 삼한······남쪽의 삼한에서는 농사를 시작하는 5월과 농사를 끝맺는 10월에 계절제를 열어 제사를 지내고, 많은 사람이 떼를 지어 노래 부르고 춤추며 술을 마셔 밤낮을 쉬지 않았다.

❖ 고구려의 동맹(東盟)······매년 10월에 열리던 행사로, 하늘에 제사지내고 여러 사람이 가무를 즐겼다. 고구려의 추수감사제이자 제천 행사이며 원시 종합예술이었다. 《삼국지 위지 동이전》에 기록된 바에 따르면 "고구려 백성은 노래 부르기와 춤추기를 좋아하며, 나라 안의 모든 읍(邑)과 촌락에서는 밤이 되면 많은 남녀가 모여서 서로 노래하며 즐겨 논다. 10월에는 하늘에 제사를 지내는데, 온나라 사람들이 크게 모여서 '동맹'이라 부르고 있다." "10월에 국중대회(國中大會)를 열고 수신(隧神)을 제사 지낸다."

  • 국중대회(國中大會)······고구려와 부여에서는 동맹과 영고라는 제천행사가 읍락에서도 열렸지만, 왕이 주관하는 대규모의 행사가 수도에서도 열렸기 때문에 이를 '국중대회'라고 표기했던 것이다.

    고구려에서는 국중대회에 계루부를 비롯해 각 나부의 대표들이 참석해서 계루부 왕실의 시조를 고구려 전체의 공동시조로 받아들이고, 계루부 왕권에 대한 복속을 약속하던 정치적 제의로서의 기능을 지녔다. 부여에서는 국중대회에 사출도(四出道)를 통솔하던 대·소가(大·小加)들이 참석하여 제가회의(諸加會議)를 개최해 국가 중대사를 의결하는 한편, 주요 범죄자를 처결하고 죄수를 사면하였다.

❖ 신라의 팔관회······팔관회는 불교적인 색채는 거의 띠지 않았고, 천령(天靈 ; 하늘 신)·5악(五岳 ; 5개의 큰 산)·명산(名山)·대천(大川)·용신(龍神) 등 토속신에게 제사를 지내던 의식이다. 음력 10월 15일은 서경에서, 11월 15일은 개경에서 팔관회를 지냈고, 술·다과와 놀이를 즐기고 나라와 왕실의 안녕을 빌었다.

▶ 그림 2-12   팔관회

삼국과 통일신라 시대에도 모든 질병과 액운은 신의 노여움 때문이라고 하는 원시 민간신앙을 믿었기 때문에 신에게 제사를 지내서 그러한 재앙을 면하려고 했다.

한의학이 전래되어 한의술에 의한 치료도 있었고, 당시에 전래된 불교의 영향을 받아 불교적인 치병관도 병행되었다. 삼국이 모두 불교를 기복불교(祈福佛敎 ; 현세의 복을 비는 불교), 호국불교(護國佛敎 ; 나라를 지키는 불교)로 받아들였다. 따라서 독경(讀經 ; 불경을 읽는 것)과 기도를 통해서 무병(無病)과 장수(長壽)를 기원하였다.

다음은 삼국과 통일신라 시대의 민간신앙에 대한 기록들을 모아놓은 것이다.

❖ 고구려는 불법(佛法)을 믿으며 귀신을 제사하는 사당이 많다.

❖ 백제의 왕은 음력 2월, 5월, 8월, 11월에 하늘과 5신에게 제사를 지낸다.

❖ 신라 흥덕왕이 병환으로 편안하지 못해서 도승 150명이 불공을 드렸다.

❖ 신라 선덕여왕 5년에 왕이 병이 들어 의사를 불러 약을 쓰고 기도를 하

였으나 효력이 없으므로 황룡사에 백고좌를 베풀고 중들을 모아 인왕
경을 읽었다.

- 백고좌(법회)……내란과 외우를 방어 · 제거하여 안전하고 태평한 국
  가를 만들 목적으로 100개의 불상, 100개의 보살상, 100개의 사자좌
  (師子座)를 마련하고, 100명의 법사를 초청하여 《인왕반야경》을 강
  독하는 의식이다.

❖ 신라에는 왕과 왕족 및 고위 관리의 진료를 위하여 궁중 의료기관인 약
전(藥典)이 설치되었다. 약전에서 근무하는 관리에는 공봉의사(供奉
醫師)와 의박사(醫博士)가 있었다.

❖ 백제에는 내관 중의 하나로 약부(藥部)가 있었고, 약부에는 '의박사'와
'채약사(採藥師)'라는 직제가 있었다.

■ 발해의 문화와 체육

발해의 왕실에는 성왕(聖王), 기하(基下), 노왕(老王), 태비(太妃), 황후(皇
后), 귀비(貴妃), 부왕(副王), 왕자(王子) 등과 같은 호칭 규정이 있었고, 존호
(尊號)와 시호(諡號)도 규정에 따라 시행했다.

국가의 주요 업무는 3성(三省) 육부(六部)에서 처리하였고, 관료는 1품
(品)에서 9품까지 등급이 있었다. 등급에 따라서 옷의 색깔(服色)과 대(袋)가
달랐다. 지방에는 5경(京), 15부(府), 62주(州) 및 다수의 현(縣)을 두어 3단
계 행정 체계를 갖추었다.

군사제도에는 10위(十衛)가 있었고, 각 위에는 대장군(大將軍) 1인과 장
군(將軍) 1인을 두었다.

발해 사회는 소수의 고구려계와 다수의 말갈계로 구성되어 있었고, 고구려계
가 대부분의 지배계층을 차지했었다. 왕은 대(大)를 성으로 삼았고, 유력한 성씨
로는 고(高), 장(張), 양(楊), 하(賀), 오(烏), 이(李) 씨 등이 있었다.

일본의 역사책인 《유취국사(類聚國史)》에 "발해는 매우 추운 지역이라서

논농사[水田]에 적합하지 않다."는 기록과, 《신당서》 '발해전'에 나열되어 있는 특산물로 보아 발해는 농업, 방직업, 목축업, 어업, 광업 등이 주된 산업이었음을 추정할 수 있다.

발해는 다섯 개의 주요 대외교통로를 통하여 당나라·일본·거란·신라 등과 교류하였지만, 구체적인 교류 내용을 알 수 있는 것은 당나라 및 일본과의 관계이다. 발해는 당나라에 조공을 하고 당나라로부터 책봉을 받았다. 일본과의 교류는 처음에 정치적·군사적 성격을 띠고 있었지만, 뒤에는 점차 상업적으로 변했다.

발해는 건국 초기부터 유학의 영향을 받았지만 문왕의 문치정책 이후부터 유학이 발해 사회에 뿌리를 깊이 내리게 되었다. 발해에는 건국 초기부터 불교가 있었다. 발해의 불교는 당나라의 영향을 받기보다는 과거 고구려의 전통을 계승한 측면이 많았다.

제3장

중세의 체육

01 고려 시대의 체육

① 고려의 역사

통일신라 말기에 일부 귀족들이 자신들의 뜻대로 왕을 세우고 화려한 생활을 하면서 백성들을 수탈하는 것이 심해지자 전국 곳곳에서 반란이 일어나 나라가 크게 혼란스러웠다.

지방에서는 스스로를 성주라고 칭하면서 성을 쌓고 군사를 모아 백성을 다스리는 일이 자주 생겼다. 그중에서 한 지방을 다스릴 정도로 세력이 커진 사람들을 호족이라 불렀으며, 호족 중에서 견훤과 궁예가 나라를 세웠다.

신라의 군인으로 서남해안을 지키던 견훤(867~936)은 AD 892년에 반란을 일으켜 무진주(광주)를 점령한 다음 스스로 왕위에 올랐다. AD 900년에 완산주(전주)에 도읍을 정하고 백제의 부흥을 내세우며 후백제를 건국하였고, 세력을 키워 전라도·충청도·경상도 서쪽까지 영토를 넓혔다.

신라의 왕족 출신인 궁예는 어렸을 때 왕실에서 쫓겨나 승려가 되었다. 그는 북원(원주)을 지키던 양길의 부하가 되었다가 세력을 확대하여 양길을 누른 다음 스스로 왕이라 칭하고, 송악(개성)을 수도로 정하고 AD 901년에 후고구려를 세웠다. 이후 나라의 체제를 갖추고 경기도·황해도·충청도·강원도 일부까지 영토를 넓혔다.

신라는 영토가 줄어들어 경주 근처만을 다스리며 간신히 나라를 유지하게 되었는데, 당시 한반도에 있던 이 세 나라를 '후삼국'이라고 한다.

통일신라 시대 말기 송악의 토호이자 대지주였던 왕건은 후고구려의 군주였던 궁예의 휘하 장수로 들어갔다. 그러나 궁예가 국호를 마진→태봉으로 바꾸고, 수도를 송악에서 철원으로 옮기고, 미륵신앙과 관심법으로 백성·승려·신하 등을 살해하면서 폭정을 휘두르자 AD 918년에 궁예를 축출하고 왕으로 즉위하였다.

　　왕건은 국호를 고려, 연호를 천수라 하고, 불교를 건국이념으로 삼았으며, 수도를 철원에서 송도로 천도하였다. 고려는 거란족의 침입으로 멸망한 발해의 잔존 유민들을 받아들이고, 신라의 경순왕(김부)이 스스로 투항하고(935), 고창 전투에서 승리하여 후백제(936)를 병합하여 후삼국을 통일하였다.

　　신라의 경순왕(김부)이 항복해 오자 신라국을 없애고 경주라 하였다. 김부로 하여금 경주의 사심(事審)이 되어 부호장 이하의 관리들을 임명할 수 있게 하였다. 이에 여러 공신들이 이를 본받아 각기 자기 출신 지역의 사심이 되었다.

　　태조 왕건은 지방 향리의 자제들을 서울(개경)에 데려다가 볼모로 삼고 지방 행정의 고문 역할을 하게 함으로써 지방 호족들을 경계하는 정책도 폈는데, 이것을 기인(其人)제도라고 한다. 그밖에 지방 호족들의 딸과 본인이 결혼함으로써 호족들을 통합하려는 정책도 폈으나, 훗날 왕위 계승 다툼의 불씨가 되기도 했다.

　　고려 초기에는 중앙 집권 세력에 비하여 지방 토호 세력이 강력하였다. 광종 때 노비안검법과 과거제를 시행하면서 왕권 체제와 중앙 집권 체제가 강화되었고, 대외적으로는 중국과 일본뿐만 아니라 아라비아나 페르시아와도 교역 활동을 하였다.

❖ 노비안검법(奴婢按檢法)……고려 초기 광종 때 양인이었다가 억울하게 노비가 된 사람을 풀어주어 양민으로 만든 법이다.

　　당시 호족들은 ① 후삼국들끼리 싸우는 와중에 포로가 되었거나 ② 빚을 갚지 못해서 노비로 전락해버린 사람들을 많이 소유하고 있었다. 당시에는 노비를 재산으로 취급했기 때문에 호족들은 지키려 했고, 왕은 노비의 수를 줄여서 호족들의 세력을 약화시키려고 했다. 그래서 광종이 "신라-고려의 왕조 교체기를 통하여 혼란했던 사회적 신분 질서를 바로잡는다."는 명분을 내걸고 노비를 양민으로 만들어버린 법이다.

　　현종 때에는 거란족이 세운 요나라의 침입을 받기도 하였으나, 강감찬이 귀주대첩을 통해 거란군을 물리쳤다. 의종 때에는 권력 투쟁과 내분이 격화되다가 끝내 무신정변이 일어나게 되었다. 이에 왕권이 약화되어 병권을 가진 무신들에 의해서 국권이 지배되는 무신정권이 도래하게 되었다.

원종 때 몽골제국이 세운 원나라의 침입을 받아 원 간섭기가 시작되었다. 공민왕 때에는 왕권을 다시 세우고 원나라의 배척에 성공하였으며, 이와 더불어 왕권을 강화시키려고 하였지만 모두 수포로 돌아갔다. 결국 공민왕은 시해되었고, 왕권이 급격하게 악화되어 갔다.

이후 위화도 회군과 폐가입진(廢假立眞)이라는 두 차례의 쿠데타를 일으킨 이성계와 그의 오른팔 역할을 한 정도전이 주도하는 정치 세력에 의해서 1392년에 멸망하였다.

❖ 위화도(威化島) 회군(回軍)……고려 말기(우왕 14년)에 요동을 정벌할 목적으로 군사를 이끌고 압록강 하류의 위화도까지 북상했던 우군도통사 이성계가 군대를 되돌려서 개경 인근에서 전투를 벌여 고려 중앙군과 최영을 패배시키고 조정을 장악한 사건

❖ 폐가입진(廢假立眞)……가짜 왕을 몰아내고 진짜 왕을 세운다는 뜻이다. 고려 말기에 이성계 등이 창왕과 우왕은 공민왕(王氏)의 후손이 아니라 난리를 일으켰던 중 신돈의 아들이라고 주장하면서 폐위하고 공양왕을 옹립한 사건

고려는 그림 3-1처럼 5개의 시기로 구분할 수 있다.

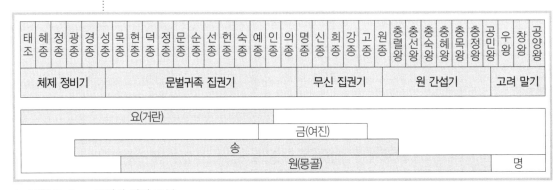

태조	혜종	정종	광종	경종	성종	목종	현종	덕종	정종	문종	순종	선종	헌종	숙종	예종	인종	의종	명종	신종	희종	강종	고종	원종	충렬왕	충선왕	충숙왕	충혜왕	충목왕	충정왕	공민왕	우왕	창왕	공양왕
체제 정비기					문벌귀족 집권기													무신 집권기					원 간섭기								고려 말기		

▶ 그림 3-1   고려의 시기 구분

➔ 체제 정비기

❖ 지방의 호족 세력과 신라 6두품 세력이 사회적 지배 세력으로 대두된다.

❖ 신라의 폐쇄적 골품제도에서 개방적인 신분제도로의 개혁을 시도한다.

❖ 유교적인 정치이념이 정립되고, 교육제도와 과거제도를 정비하는 등 행정적인 기능이 강화된다.

➔ 문벌귀족 집권기

❖ 건국 초기 집권 세력들은 성종 이후 점차 기반이 확립되면서 귀족 계층으로 정착되며, 점차 보수적인 문벌귀족으로 발전한다.

❖ 문벌귀족의 유형으로는 지방호족 출신, 개국공신 계열, 과거를 통해 관료가 된 계열, 신라 6두품 계통 등이 있다.

❖ 음서제도, 공음전 등의 특권을 누리던 문벌귀족들은 정치권력을 독점하고, 국가 토지를 불법으로 겸병하여 농장을 경영하는 등 폐단을 일으켰다.

❖ 문벌귀족 사회의 모순과 폐단이 드러나면서 이자겸의 난(1126), 묘청의 서경천도 운동 등이 일어났다.

➔ 무신 집권기

❖ 문벌귀족 지배체제의 모순이 심화되면서 고려의 숭문천무정책으로 어려움을 겪던 무신과 군인들의 불만이 고조되었다.

❖ 의종이 베푼 연회를 계기로 정중부와 이의방 등이 문신들을 죽이고 권력을 장악하는 '정중부의 난(1170)'이 발생한다.

❖ 문벌귀족 사회가 붕괴되고 무신들이 독재정치를 실시한다.

❖ 무신들 사이의 권력쟁탈이 자주 일어나서 국가의 통제력이 약화되고, 백성을 수탈하는 행위가 심해진다. 전국 각지에서 농민과 천민의 대규모 봉기가 발생한다.

➜ 원 간섭기

* 여몽협약(1219) 이후 몽골 사신 저고여가 피살되면서(1225) 양국 국교가 단절되어 몽골의 침략이 시작된다.
* 오랜 전란으로 국토가 황폐해지고, 백성들은 도탄에 빠졌으며, 초조대장경 · 황룡사 9층 목탑 등 수많은 문화재가 소실된다.
* 몽골 귀족과의 혼인을 통해 또는 몽골어에 능숙하여 출세하는 사람들이 증가한다. 친원적 권문세족
* 원의 간섭 아래에서 충선왕/충숙왕/충혜왕/충목왕 모두 개혁 정치를 시도하였지만, 모두 실패한다.

➜ 고려 말기

* 14세기 중반 중국에서 명이 성장하며 원-명 교체기를 맞이하는데, 공민왕은 이러한 정세를 이용하여 반원 자주 개혁 정책을 전개한다.
* 하지만 개혁은 원의 방해와 친원파 권문세족의 반발로 실패하고, 정치 기강이 더욱 문란해지면서 백성들의 삶이 극도로 피폐해진다.
* 과거를 통해 중앙 정계에 등장한 신진 사대부들은 권문세족의 횡포에 맞서고, 신흥 무인 세력과 정치적 협력 관계를 맺는다.
* 이들은 위화도 회군(1388)과 과전법(1391)을 통해 정치적 · 경제적 실권을 장악하였으며, 이성계가 왕위에 오르면서 고려 왕조가 막을 내리게 된다.

❷ 고려의 정치와 군사제도

태조가 고려를 건국한 이후 추진한 정책은 다음의 세 가지로 요약할 수 있다.
① 백성의 생활을 안정시켜 생업에 힘쓸 수 있게 하였다.
태조는 즉위하자마자 백성에 대한 과도한 수탈을 금지하였으며, 공신과 호

족들의 횡포를 금하는 조서를 내렸다. 또 노비안검법을 만들어 전란 중에 억울하게 노비가 된 자를 풀어주기도 하였다. 그리고 태조는 백성들이 믿는 불교와 풍수지리설을 존중하였다. 민심을 얻고 불교와 재래의 관습을 중시하는 뜻을 보이기 위해 연등회와 팔관회를 성대히 거행하였다.

② 새로운 사회를 건설하기 위한 개혁정치를 추진하였다.

통일국가의 기반을 확충하기 위한 정책을 계속적으로 추진함으로써 지방세력의 흡수와 통합에 적극적인 자세를 보여 지방 호족세력의 힘을 약화시켰다.

③ 북진정책을 추진하여 고구려의 옛 영토를 회복하고자 하였다.

태조 말년에는 청천강에서 영흥만에 이르는 선까지 영토를 넓혔다.

한편 고려 4대 광종은 공신의 자제들을 우대하여 시험을 거치지 않고도 관직에 나아갈 수 있는 음서제(蔭敍制)를 억제하고 과거제도를 도입하였다. 이를 통하여 유학을 익힌 신진인사들을 등용하여 신구 세력의 교체를 도모하였고, 관료의 기강을 바로 세우고자 관리의 '공복제도(공적으로 입는 옷)'를 실시하였다.

이러한 광종의 개혁을 기반으로 성종 때에는 중앙관제를 정비하고 본격적인 지방통치체제를 구축하게 되었다. 성종은 당의 제도를 모방하여 중앙관제의 중요 기구를 3성 6부, 중추원, 삼사 등으로 개편하였다. 그 후 이 제도는 점차 정비되어 문종 때에 이르러 완성되었다.

3성이란 당의 제도를 본떠서 만든 국가정치의 핵심이 되는 중서성·문화성·상서성을 말한다. 고려에서는 중서성과 문화성이 통합되어 중서문화성이라는 단일기구가 백관을 통솔하고 국가의 중요 결정을 의결하는 기능을 가졌으며, 그 장관인 문화시중이 수상이 되었다. 고려에서는 2성6부제를 시행하였다.

한편 이(吏), 호(戶), 예(禮), 병(兵), 형(刑), 공(工)의 6부는 상서성의 하부기구로서 실제적인 행정업무를 담당하였다. 6부는 아래로는 중앙의 여러 관청을 통괄하고, 위로는 국왕에게 보고하는 중앙 행정의 중심역할을 하였다.

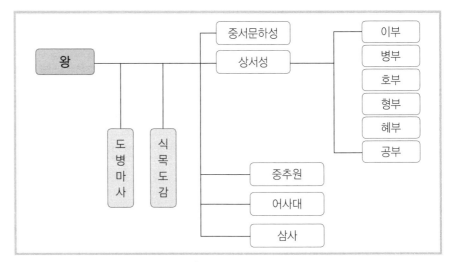

▶ 그림 3-2   고려의 중앙행정 조직

▶ 그림 3-3   고려의 지도

중추원은 중서문화성과 함께 국정을 맡은 중요 기구로, 군국기무와 왕명출납의 일을 관장하였다. 중추원과 함께 송의 제도를 모방한 삼사가 있었으나, 송과는 달리 단순한 회계기관에 불과하였다.

고려의 지방제도는 성종 때 12목이 설치된 이후 몇 차례의 변화 끝에 정비되어 군현제도를 근간으로 중앙에서 지방관을 파견하는 중앙집권체제를 이루었다. 즉 전국을 5도와 양계(북계, 동계)로 나눈 다음 그 아래 3경(개경, 서경, 동경)과 도호부를 비롯한 군·현·진 등을 설치하였으며, 후에는 3경 중 동경(경주)을 남경(한양)으로 바꾸었다.

도호부는 군사와 국토방위의 중심 역할을 맡은 곳이었다. 동계와 북계의 양계는 북방의 외침을 막기 위한 군사행정구역으로, 도병마사가 관장하였다.

고려의 군사조직은 중앙군과 지방군의 2원적 조직으로 구성되었다. 중앙군은 왕의 친위군인 2군과 수도 경비와 국경의 방어 임무를 가지는 6위로 편성하고, 상장군·대장군 등의 무관을 두어 지휘하게 하였다. 무관들의 합좌기관인 중방에서는 군사문제를 의논하였는데, 이는 무신정변 이후 권력의 중추기구가 되기도 하였다.

지방에는 주현군과 주진군이 있었는데, 주현군은 대체로 자기 토지를 경작하면서 지방의 방위와 노역에 동원되었다. 그러나 양계는 국경지대였으므로 남쪽의 주현군과는 달리 주진군으로 편성되었다. 주진군은 국방의 주역을 담당한 상비군으로, 그 최고지휘관을 도령이라 하였다.

③ 고려의 교육 및 과거제도

고려가 불교 국가였음에도 불구하고 태조 왕건은 '유교'를 통치이념으로 채택하였다. 그 이유는 ① 불교는 자기 자신을 수양하는 수신(修身) 사상이었는 데 반하여, ② 유교는 상하(上下) 간의 질서를 강조하여 백성들을 다스리는 데에 더 적합한 이념으로 생각하였기 때문이다.

유교가 고려의 통치이념으로 채택되었기 때문에 역대 왕들은 문물제도 특히 교육제도의 완비를 국가의 최우선적 과제로 인식하였다. 고려의 교육은 '과거제도'와 따로 떼어서 생각하기 어렵다.

광종 때 중국으로부터 도입된 과거제도는 유교적 소양을 지닌 인재를 관리로 선발하고, 귀족들 간의 경쟁관계를 조성함으로써 호족들의 세력을 약화시키기 위한 목적으로 실시되었다. 과거제도는 교육제도의 뒷받침없이는 원활하게 운영될 수 없었기 때문에 역대 왕들이 교육제도의 확충에 힘썼다.

고려의 과거제도에는 3종류의 과거시험이 있었다.

❖ **제술업**……현재의 논술고사와 비슷한 것으로, 시 쓰기나 글짓기 시험으로 선발하였다. 합격자는 진사라고 불렸으며, 고급관리로 등용하였다.

❖ **명경업**……유교의 경전 내용을 시험으로 보았고, 합격자는 중급관리가 되었다.

❖ 잡업……기술관을 뽑는 시험이었다. 현재의 법관, 의사, 통역, 과학자를 선발하는 시험이었다.

고려 시대의 교육기관은 관학과 사학으로 나눌 수 있다. 이들 모두 공자와 맹자의 유교사상을 주로 가르쳤다. 교육의 목적은 과거에 급제하는 것이었으며, 교육방법도 주입식·암기식이었기 때문에 학문의 발달과는 거리가 먼 교육이었다. 우리나라 사람들의 잘못된 교육관도 이때부터 생긴 것으로 추정된다.

관학으로는 중앙에 국자감과 학당(동서, 5부)이 있었으며, 지방에는 향교가 있었다. 사학으로는 고등교육기관인 공도와 초등교육기관인 서당이 있었다.

■ 국자감

국자감은 성종 때 설립되었고, 고려의 대표적인 관학이자 당시 최고학부였다.

국자감에는 문묘와 학생들에게 강의하기 위한 학당이 별도로 있었다. 이는 문묘가 학당 안에 부설되어 있었던 통일신라의 국학과는 전혀 다른 점이고, 훗날 조선의 성균관은 고려의 국자감을 본뜬 것이다.

❖ 문묘……공자나 맹자 같은 중국의 유명한 유교학자와 우리나라의 유명한 유교학자들의 위폐를 모셔놓고 봄·가을로 제사를 지내던 곳이다. 학생들이 본을 보아서 공부를 열심히 하라는 뜻으로, 당시의 국자감과 향교에 설치하였다.

국자감에는 6개의 학교가 있었다. 각각의 학교에 입학할 수 있는 학생의 자격은 4단계의 등급으로 엄격하게 나누어져 있었는데, 이것을 '6학4급(六學四級)'이라고 한다. 국자학은 3품 이상의 자손, 태학은 5품 이상의 자손, 사문학은 7품 이상의 자손, 기술학과(율학, 서학, 산학)는 8품과 서민의 자손이 입학하였다.

국자감의 교원은 박사와 조교라 불렸고, 직급은 국자박사 – 정7품, 태학박사 – 종7품, 사문박사 – 정8품, 율학박사 – 정8품, 서학 및 산학박사 – 종9품이었다.

예종 4년(1109)에 국자감을 '국학'으로 개칭하고, 7재(齋)를 설치하였다. 7재는 7개의 전공반(專攻班)을 의미하는 것으로 주역, 상서, 모시, 춘추 등 유학을 전공하는 6재와 무술 전공인 강예재(7재)가 있었다. 즉 법률, 서예, 산술과 같은 기술학부가 없어지고 무예학부인 강예재가 생긴 것으로 고려에만 있었던 아주 독특한 제도이다.

고려 말 충렬왕 때에 국학을 성균관으로 개칭한 것이 조선까지 계속 연결되었다.

국자감의 설치 이외에 고려의 조정에서 학생들을 교육하기 위해서 펼친 정책에는 다음과 같은 것들도 있었다.

❖ 지방교육의 질을 높이기 위해서 12목에 '권학관(勸學官 ; 배움을 권장하는 관리)'이라고 불렸던 경학박사와 의학박사를 파견하다.

❖ 예종 14년(1119)에는 장학재단인 '양현고(養賢庫 ; 인재를 양성하기 위한 금고)'를 설치하였다.

❖ 문신월과법(文臣月課法 ; 지방 관리들에게 한 달에 3편씩 시를 지어 제출하도록 강요한 법)을 실시하여 관리들의 자질 향상을 도모하였다.

❖ 성종은 유경습업제(留京習業制 ; 지방 관리들의 자제 중에서 선정된 학생들을 개경에 머물면서 유교적 교양을 쌓도록 하는 제도)를 실시하고, 서경에 수서원(修書院 ; 도서관)을 두어 도서를 수집케 하였다.

▶ 표 3-1   고려의 교육기관

구분	경사 6학	입학자격	정원	수업연한	교육내용
유학 3학	국자학	문무관 3품 이상의 자제	300명	9년	유교경전
	태학	문무관 5품 이상의 자제	300명	9년	
	사문학	문무관 7품 이상의 자제	300명	9년	
잡학 3학	율, 산, 서	문무관 8종 이하의 자제 및 평민 자제	약간명	6년	기술학

■ 공도

고려 문종 이후에 개경에 12개의 사립 고등교육기관이 생겼는데, 그것을 12공도(十二公徒)라고 한다. 공도를 설립한 사람들은 과거 시험문제 출제자였거나 과거에 급제해서 높은 벼슬까지 올라갔던 사람들이었고, 공도의 교육목표는 과거에 급제하는 것이었다. 그래서 오늘날의 대입학원처럼 맞춤식 교육을 했기 때문에 학생들이 국자감보다는 공도를 선호하였다.

특히 목종 8년(1005년)에 실시된 과거시험에 수석으로 합격했던 최충(崔沖)이 벼슬을 마친 후 AD 1053년에 세운 '문헌공도(文憲公徒)'는 과거 급제생을 가장 많이 배출한 명문 학원으로 유명했다.

문헌공도는 기숙사 시스템의 학원이었으며, 학생의 수준별로 9개의 커리큘럼을 편성하였기 때문에 구재학당(九齋學堂)이라고도 불렸다. 특히 한여름에 시원한 사찰에서 실시한 하과(夏課)는 대단히 인기가 높았다. 하과는 유명한 학자 또는 관리를 초빙해서 특강을 듣거나, 직전에 실시된 과거에서 급제한 사람들을 초청해서 시험공부를 어떻게 했는지 경험담을 듣는 일종의 합숙 과외였다.

■ 지방의 초등교육기관

향교는 지방에 있던 국립 초등교육기관으로, 군 단위까지 있었다. 향교에서는 유교의 경전을 주로 가르쳤고, 8품과 서민을 입학시켜 유학을 전파하고 지방민을 교화할 목적으로 설립하였다.

지방에 있는 향교에서 그 지방사람 중에서 효(孝)·제(悌)·충(忠)·신(信)하고 예의를 좋아하는 사람을 봄과 가을에 모셔다가 서로 인사하고, 술 마시고, 활을 쏘고, 노래하며 즐기던 행사를 '향사례(鄕射禮)'라고 한다. 마을 사람들과 학생들에게 존경심을 길러주고 본받게 하려는 것이 목적이었다.

학당은 국자감의 부속학교 형태였으므로 문묘를 설치하지 않았다. 개경에

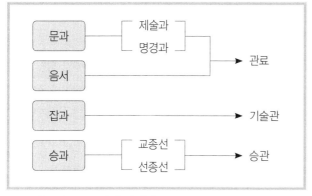

▶ 그림 3-4   고려의 과거제도

동부학당과 서부학당이 있었는데, 이것은 지방에 있는 향교와 같은 수준의 초등교육기관이었다. 즉 개경에 사는 서민들의 자손들을 공부시키려고 만든 학교이다. 고려 말에는 동부/서부/남부/북부/중부 5부 학당을 설립하려 했으나 북부학당은 끝내 설립하지 못하였다.

지방에 있는 사립 초등교육기관으로는 서당이 있었다. 서당은 고구려의 지방 사립학교였던 경당이 이어진 것으로 추정된다.

❹ 고려의 사회 및 경제제도

■ 신분제도

신라의 골품제도의 폐해를 잘 알고 있던 왕건은 호족과 유교적 지식을 가지고 있는 문벌귀족들을 새로운 지배계층으로 받아들였다. 호족과 문벌귀족들은 왕실과 또는 자기들끼리 서로 연척관계(혼인관계를 통하여 맺어진 친척)를 맺어 정치·경제·사회 등 각 분야에서 배타적인 특권을 누렸다.

고려는 신분제 사회로서 귀족, 중류층, 양민, 천민으로 구성되었다. 귀족은 왕족을 정점으로 하여 5품 이상의 고위관리에 오른 문무양반만을 의미하였다. 문치주의를 표방하였기 때문에 양반 귀족은 자연히 문반 중심으로 구성되었다.

지배층이지만 양반 귀족에 포함되지 못하는 계층이 중류층이었다. 그들은 중앙관청의 실무관리인 서리, 지방행정의 실무를 맡았던 향리, 그리고 하급 장교들과 같은 하급관리들이다. 양민에는 농민과 상공업에 종사하고 있는 사람들이 포함되어 있었고, 상인과 수공업자는 농민보다 천시되었다. 이들 양민층이 국민의 대부분을 이루었다.

사회의 최하층인 천민에는 공·사 노비와 함께 특수 행정구역인 향·소·부곡민이 포함되어 있었다. 향과 부곡의 주민도 농사에 종사하는 일반 양인과 다름이 없었지만, 관직 진출에 제한을 받았고 일반 농민보다 천한 대우를 받았다. 소의 주민은 수공업에 종사하였는데, 이들 역시 천한 대우를 받았다. 이밖에 화척(도살업자), 진척(뱃사공), 재인(광대) 등도 천민에 속하였다.

고려의 신분제도는 엄격하여 조상의 신분이 그대로 자손들에게 세습되었지만, 신분계층이 변동되는 일도 부단하게 일어났다. 예를 들어 향리가 과거에 급제하여 문반에 오르거나, 군인이 공을 쌓아 무반으로 출세하는 경우처럼 신분이 상승하기도 하고, 양민이 죄를 짓거나 빚을 갚지 못해서 천민으로 하락하는 경우도 있었다.

■ 본관제도

고려는 농업에 경제적 기반을 둔 사회였기 때문에 농민들이 거주지를 떠나서 유랑하는 것을 막으려고 하였다. 그래서 군·현 단위의 거주지를 자신의 성씨 앞에 밝히게 하는 제도를 도입하였는데, 그것을 '본관제도'라 한다. 오늘날 자신을 소개할 때 '전주 이 씨 아무개' 또는 '안동 김 씨 누구'라고 말하는 것이다.

농민들은 원칙적으로 자신의 본관인 지역을 떠나면 안 되고, 그 지역에서 집성촌을 이루며 살도록 하였다. 자연히 한마을에 이름이 한 글자만 다른(친, 4촌, 6촌) 형제들이 여러 명 있게 되었다. 구별하기 쉽게 하려고 어렸을 때에는 '준아!' 또는 '석아!'처럼 틀리는 글자 한 자만 부르고, 결혼을 하면 '○○ 양반' 또는 '○○ 댁'처럼 신부가 살던 마을 이름을 '택호'로 부르게 된 것이다.

■ 토지제도

고려 시대는 농업이 경제활동의 기반이었기 때문에 농민경제의 안정이 국가재정의 확립과 밀접한 관계가 있었다. 따라서 고려 시대 전체를 통하여 농업진흥과 농민경제 안정을 위한 정책이 시행되었다.

고려의 농민들이 공전(公田) 또는 사전(私田)을 경작하고, 땅 주인(국가 또는 개인)에게 '토지 수확물의 일부를 바치는 것'을 전조(田租), '세금이나 물품을 바치는 것'을 공부(貢賦), '노력봉사를 하는 것'을 '역역(力役)'이라 하였다.

흉작일 경우에는 조세를 감면하였고, 밭을 개간한 농민에게는 1~2년 동안 전조를 면제해 주었다.

➜ 전시과(田柴科)

고려의 대표적인 토지제도는 '전시과'이다.

태조 때 개국공신들에게 그 공로에 따라 일정한 면적의 토지를 나누어준 것을 '역분전(役分田)'이라 한다. 5대 경종(景宗) 1년(AD 976)에 현직 관리나 군인·공신(功臣) 또는 공공기관에게 토지(土地=田)와 땔나무를 댈 임야(林野=柴)를 나누어 준 것을 '전시과(田柴科)'라고 한다.

국가로부터 받은 밭과 임야는 ① 소유권이 있고, ② 세습이 가능한 것, ③ 3대까지만 세습할 수 있는 것, ④ 그 직책에 있는 동안만 소작인에게서 토지 임대료를 받을 수 있는 권리(수조권/收租權)가 있는 것 등 종류가 많았다.

그밖에 왕실 소유의 땅, 사찰 소유의 땅, 공공기관에서 필요한 경비를 조달하기 위한 땅, 개인이 개간해서 사용하는 땅, 특별히 하사한 땅 등 종류가 대단히 많았다.

고려 조정에서 권농정책을 펼침에 따라 농업기술도 점차 향상되었다. 소를 이용해서 밭을 깊게 갈아서 농사를 짓는 방법(牛耕深耕法)이 널리 행해졌고, 2년 3작의 윤작법도 보급되어 갔다. 공민왕 때 문익점이 목화씨를 들여와 무명실로 짠 면포(綿布)가 생산됨으로써 의생활에 일대 혁신을 가져왔다.

▶ 표 3-2   고려의 토지제도

전시과	» 관리에게 관직에 복무하는 대가로 지급(일종의 월급) » 관리 등급에 따라 수조권(조세를 거두어 들일 수 있는 권리) 지급 (토지 소유권 X, 수조권 O) » 종류 : 전지(토지) + 시지(임야, 땔감)		
	태조	역분전	» 인품 + 논공행상(공로의 과소를 기준)
	경종	시정 전시과	» 인품 + 관품(전·현직 관리 대상)
	목종	개정 전시과	» 인품 + 18등급 전·현직 관리 » 문신 우대, 무신 차별
	문종	경정 전시과	» 18등급의 현직 관리 » 무반에 대한 대우가 좋아짐 » 공음전(5품 이상 관료에게 지급해 세습 가능)
	원종	녹과전	» 개경 환도 이후 녹봉으로 지급할 전지, 시지 부족 경기 지역의 새로운 개간지 → 수조권 분급 » 부족한 녹봉제 보충
	공양왕	과전법	» 위화도 회군으로 이성계가 권력 장악 후 실시(1391) » 농민에 대한 무질서한 수탈을 제한 » 대토지를 소유하고 있던 권문세족들의 기반 약화, 신진관료들의 경제적 기반 확충 » 종류 : 사전(私田⋯⋯개인이 수조권 지님) 공전(公田⋯⋯왕실이나 국가가 수조권을 지님)

고려에서는 농민의 생활 안정을 위한 여러 가지 제도와 빈민구제시설도 마련되어 있었다. 그중에서도 평시에 곡물을 비축하였다가 흉년에 빈민을 구제하던 '의창(義倉)'은 대표적인 빈민구제기관이었다. 또 개경, 서경, 그리고 12목에 '상평창'을 설치하여 곡식과 베의 값이 내렸을 때 사들였다가 값이 오르면 싸게 내다 팔아서 물가안정을 도모하는 제도도 시행하였다.

■ 형벌제도

고려의 형벌제도는 당나라의 제도를 참작하여 만들어졌다. 중요한 사건만 개경의 상부기관에 올려 보내고, 일상생활에 관계되는 것은 대부분 전통적인 관습법을 따라 지방관이 처결하였다.

형벌에는 태·장·도·유·사의 5종이 있었고, 각 종류마다 죄의 경중에 따라 3등급이 있었다. 태형(笞刑)은 가는 몽둥이로, 장형(杖刑)은 굵은 몽둥이로 볼기를 때리는 형벌이고, 도형(徒刑)은 강제노역을 시키는 형벌이다. 유형(流刑)은 거주지를 먼 섬이나 벽지로 제한하는 형벌이고, 사형(死刑)은 목을 매거나 목을 잘라 죽이는 형벌이다.

그밖에 큰 형벌을 장형으로 감해주는 '절장법(節杖法)', 재물을 내고 형벌을 면제받는 '수속법(收贖法)', 그리고 도둑질한 물건을 취득한 범죄에 대하여는 장물의 양에 따라 형량을 정하는 '관당법(官當法)' 등도 있었다.

❺ 고려의 문화

■ 유학

고려 시대에는 일찍부터 유교를 정치이념으로 받아들였다. 광종 때에는 과거제도를 실시하여 유학에 능한 사람을 관료로 등용하였고, 성종 때에는 유교사상을 사회개혁과 새 문화 창조를 위한 치국의 근본사상으로 삼으려 하였다.

해동공자라는 칭송을 들었던 '최충'은 고려의 유학을 한 차원 높게 발전시킨 인물이다. 그는 관직에서 물러난 후에 '9재학당'이라는 사학을 세워 유학교육에 힘썼다. 이후 고려 중기에는 보수적 유학이 성행하였지만 무신정변이 일어나 문벌귀족세력이 몰락함에 따라 유학이 크게 위축되었다.

충렬왕 때 '안향'에 의해서 성리학이 고려에 소개되었고, 고려 말 이색, 권근, 정도전 등이 성리학을 발전시켰다. 고려에 수용된 초기의 성리학에서는 형이상학적인 면보다는 일상생활에 관계되는 실천적 기능을 강조하였기 때문에 예속(禮俗)을 바로잡기 위해 소학이 중시되었고, 주자 가례가 권장되었다. 또 정도전을 비롯한 일부 성리학자들은 불교사상 자체가 현실과는 유리된 허황된 것이라 하여 불교 자체를 공박하기도 하였다.

성리학의 수용으로 고려의 정신적 지주였던 불교는 쇠퇴하고, 성리학이 불교를 대신하여 새로운 국가 사회의 지도이념으로 부상하게 되었다.

■ 사서의 편찬

고려 시대에는 유학이 발달하고 유교적인 역사 서술체계가 확립되어 일찍부터 많은 사서(史書)가 편찬되었다. 12세기에는 인종의 명을 받아 김부식 등이 《삼국사기》를 편찬하였다.

▶ 그림 3-5   해인사 대장경판

고려 후기에 와서도 역사 연구와 저술활동은 활발하게 이루어졌다. 특히 무신정변 이후 사회적 혼란과 몽고침략의 위기를 경험한 지식인들에 의해 민주적 자주의식을 바탕으로 전통문화에 대한 올바른 이해가 있어야 한다는 움직임이 일어났다. 이는 각훈의 《해동고승전》, 이규보의 《동명왕편》, 일연의 《삼국유사》, 이승휴의 《제왕운기》 등에 기록되어 있다.

특히 《삼국유사》는 불교사를 중심으로 고대의 설화나 야사를 수록하여 우리의 고유문화와 전통을 중시하였으며, 단군을 우리 민족의 시조로 보는 자주의식을 나타내고 있다. 《삼국유사》는 《삼국사기》와 함께 고대사 연구의 대표적인 사서로 꼽히고 있다.

이밖에 《제왕운기》도 우리나라의 역사를 단군으로부터 서술하면서 우리역사를 중국사와 대등하게 파악하는 자주성을 나타냈다. 이규보가 지은 《동명왕편》은 고구려 건국의 영웅인 동명성왕의 업적을 칭송한 일종의 영웅서사시이다.

■ 과학기술

과학기술은 유학과 한문학에 비하여 비교적 소홀히 취급하여 잡학(雜學)이라고 불렀다. 그러나 국정운영이나 현실생활과 밀접한 관련이 있었기 때문에 국자감에서도 율학·서학·산학 등이 교육되었다. 과거에서도 기술관 등용을 위한 잡과시험이 실시되었기 때문에 과학기술이 발전할 수 있었다.

고려 시대에는 농사를 위한 천체운행과 기후관측이 필요하였기 때문에 천문학과 역법이 특히 발달하였다. 그래서 천문관측과 역법계산을 맡아 행하던 관청으로 사천대(뒤의 서운관)가 설치되었다.

과학기술에서 가장 괄목할만한 것은 인쇄술의 발달이다. 건국 초기부터 개경과 서경에 도서관을 설치하여 많은 책들을 수집·보관하였을 뿐만 아니라 새로이 책을 인쇄하였다. 그 결과 자연히 인쇄술이 발전하게 되었고, 현재 해인사에 소장된 8만 대장경판은 세계에 자랑할 수 있는 목판(木版)인쇄의 걸작이다.

고종 때에는 금속활자로 《상정고금예문》을 인쇄하였는데(1234), 이는 서양에서 금속활자가 사용된 것보다 200여 년이나 앞선 것이다.

의학도 상당한 수준으로 발달하였다. 고려 초기부터 지방학교에 의학박사를 파견하였다. 중앙의 태의감에서는 의생을 교육하였으며, 이들을 대상으로 과거시험인 의과를 시행하였다.

고려 중기의 의학은 당·송 의학의 수준에서 한 걸음 더 나아가 우리 실정에 맞는 자주적인 의학으로 발달함으로써 현존하는 우리나라 최고의 의학서적인 《향약구급방》을 비롯해서 많은 의서가 나오게 되었다.

또한 개경과 서경에는 일찍부터 동서대비원(東西大悲院)을 설치하여 의료사업과 의탁할 곳이 없는 사람들의 구제를 맡았다. 예종 7년에는 혜민국(惠民局)을 설치하여 백성들에게 의약을 보급하는 등 국가적인 의료사업을 시행하였다.

▶ 그림 3-6　　최무선이 만든 신기전

고려 말에 최무선은 원나라에서 화약 제조법을 배워 와서 우왕 3년(1377년)에 화통도감(火㷁都監)을 설치하고, 각종 화약과 화포를 제작하여서 왜구를 격퇴하여 그 위력을 과시하였다.

■ 예술

▶ 그림 3-7   경천사 10층석탑

▶ 그림 3-8   고려청자

고려 시대의 예술은 귀족사회의 특성이 반영되어 귀족적이며 불교적인 색채가 강하였다. 건축에서는 개경의 궁궐을 비롯하여 현화사 · 흥왕사 등 사찰을 많이 건립하였지만 전란 중에 모두 불타 버렸다. 현존하는 목조건물로는 봉정사 극락전, 부석사 무량수전, 수덕사 대웅전 등이 있다.

한편 고려 시대 미술 분야에서 가장 발전을 보인 분야는 공예이다. 고려의 공예는 귀족들의 생활도구와 불교의식에 사용되는 불구 등을 중심으로 크게 발전하였다. 그중에서도 가장 뛰어난 것은 자기공예였다.

고려자기는 신라 토기의 전통 위에 송의 자기 기술을 받아들여 더욱 발달하였다. 10세기 전반기에 자체적으로 자기를 생산하면서 본격적인 발전을 위한 전기를 마련하였다. 고려청자는 연한 하늘색인 비색의 아름다움과 함께 그릇의 각종 모양과 장식이 조화를 이루는 우아한 형태를 하며, 상감법에 의한 독특한 무늬가 어우러져 세련된 아름다움과 고려 문화의 독창성을 창출해냈다.

고려 후기에 왕실과 귀족들이 회화를 즐겨 그리면서 감상하고 수집하였으며, 도화원을 설치하였다. 음악은 국가의례나 풍속교화의 측면에서 국가가 관심을 가지고 지원함으로써 발달하게 되었다. 우리나라 고유 음악인 향악은 속악(俗樂)이라고도 하며, 악기로는 거문고, 비파, 가야금, 대금, 장고 등이 있다.

한편 송나라에서 수입된 중국 고전음악인 대성악이 궁중음악으로 발전하여 아악(雅樂)이라고 일컬어지게 되었다. 아악은 오늘날까지도 격조 높은 전통음악으로 전해지고 있다.

고려 초기에 무인을 무시하고 문인을 우대하는 제도를 시행하다가 무인들이 쿠데타를 일으켜 정권을 장악하자, 일부 문인들은 출세를 단념하고 초야에 은거하며 음주와 시가(詩歌)를 즐기는 경향을 나타냈다.

무신정권 아래서 문인들은 문필과 행정사무의 기능인으로서 벼슬을 구하거나 그 문객(門客)이 되어 정권을 쥐고 있는 무인의 환심을 사기 위해서 시나 문장을 짓기도 하였다.

무신정권의 기반이 확고해진 이후 문인들은 무신들이 주도하는 현실에 순응하면서도, 억눌린 현실로부터 무언가 변화를 꿈꾸었다. 이러한 가운데 경기체가(景幾體歌)라는 새로운 유형의 문인 시가(詩歌)가 등장하여 고려 후기와 조선 전기에 걸쳐 유행하게 된다.

6 고려 시대의 무예와 체육

문무 겸비를 중시했던 통일신라 시대에 비하여 고려 초기에는 숭문천무의 정책에 따라 문신들이 무신들을 멸시하고 차별대우가 극심했다. 비근한 예로 거란과 여진의 침략을 물리치는 데 큰 공을 세운 서희 장군, 강감찬 장군, 윤관 장군 등은 모두 무관이 아니고 문관이었다. 즉 대장군의 자리도 무관이 아닌 문관이 차지했다.

그러나 고려는 건국 초기부터 거란 · 여진 · 몽고 등 북방민족의 침략을 잇달아 받았고, 말기에는 왜구에게 시달렸기 때문에 군사적인 면을 중시하지 않을 수 없었다. 따라서 무사체육은 지도자 양성 차원이 아니라 나라를 지키기 위해서 백성들에게 무술을 가르치는 형태였다.

백성들 전체에게 무술을 가르쳤기 때문에 무예 전반에 걸쳐서 경기적인 요소가 가미되기 시작했다. 그 예로 기마술은 격구로 발전하게 되었고, 궁사에는 내기[賭]가 유행하였으며, 수군(水軍)의 수련인 수희나 무사의 개인기(個人技)인 수박은 귀족의 관람용 경기로 시범되었다.

성종 이후 유교를 숭상하는 문예정치의 폐단이 나타나기 시작하면서 불만을 품고 있던 무신들이 난을 일으켜서 문신들을 죽이고, 의종을 폐하여 명종을 세워 무신정권 시대가 시작되었다.

무신정권 하에서는 권세있는 무신들이 정권쟁탈을 목적으로 사병을 양성하면서 무예를 훈련시키는 데에 몰두할 수밖에 없었다. 따라서 침체되었던 무예가 다시 활발하게 발달하기 시작하였다.

《고려사》를 중심으로《동국세시기(東國歲時記)》와《목은시고(牧隱詩藁)》등의 기록을 종합해서 '고려 시대에 행해진 무술 또는 스포츠 행사'들을 살펴보면 다음과 같다.

❖ 수박……일종의 격투기로 관람을 위한 경기로 행해졌으며, 무인들에게 적극적으로 권장되었다. 경기에서 이긴 사람에게 관직을 주기도 했다.

❖ 궁술……삼국 시대의 전통이 이어져 왔다. 무인은 물론이고 문인도 심신수양과 인격도야의 한 방법으로 중하게 여겼다.

❖ 마상재……말을 타고 여러 가지 자세나 재주를 보여주는 것으로, 말타기는 6가지 예절 중 하나인 어(御)로 군자의 덕목 중 하나였다.

❖ 격구……페르시아의 폴로에서 유래되었다고 하나 우리나라에서는 신라 시대부터 이미 행해진 것으로 알려져 있다. 고려 시대에는 말타기를 익히기 위한 수단으로 장려되었고, 무인과 귀족들이 말을 타고 넓은 구장에서 경기를 했다.

▶ 그림 3-9   고려 시대의 격구

이러한 기록들은 고려에서 무사의 무예수련을 장려하였을 뿐만 아니라 수박·마상재·격구 등이 유희적인 성격을 지나서 스포츠로 행하여졌다는 것을 알려주고 있다.

❼ 고려 시대의 민속과 오락

고려는 항상 북방민족의 위협을 받고 있었지만, 대륙의 문화를 받아들여 문물제도가 잘 정돈되어 비교적 안정되고 향락적인 생활을 할 수 있었다. 향락적인 생활에는 가무음주와 유희오락이 뒤따르기 마련이다.

격구는 고려 시대의 국기라 할 정도로 두루 즐겼던 운동이었다. 기록에 의하면 매년 단오절에는 국왕과 백관이 임석하고 귀부인과 공자들도 나와서 인산인해를 이루는 가운데에 격구 경기를 하였다고 한다. 희종(1208)은 장군 최우의 집에 행차하여 견룡들에게 격구를 명하여 구경하였다.

충렬왕(1282)은 공주에 행차하여 갑자기 적응방을 두 패로 나누어 격구를 시켜 승리한 자에게 은으로 만든 병을 시상하였고, 공민왕(1376)은 봉선사 송강까지 걸어가서 격구를 보았다. 이러한 기록들은 격구가 관람적인 스포츠로 널리 보급되어 일반화되었음을 알 수 있다.

격구는 궁중뿐만 아니라 일반국민들에게도 파고들어 널리 성행되면서 구장의 규모, 기술이나 방법 등이 높은 수준에 도달하였다. 그러나 격구는 경기장이 넓고 말(馬)이 필요했기 때문에 일반 서민들은 할 수 없었고, 대신에 '축국'을 즐겼다.

이렇게 발전하여 오던 격구가 출장하는 사람들의 사치와 음탕하고 난잡한 풍습 등으로 금지되었으나, 임금과 신하들은 절간 등에서 국민의 눈을 피해가며 암암리에 격구를 즐겼다.

《고려사》와 《동국세시기》를 중심으로 고려 시대에 일반서민과 귀족들이 행하던 각종 유희를 살펴보면 다음과 같다.

❖ 활쏘기(궁사/弓射)

❖ 투호(投壺)……손으로 화살을 던져서 항아리 안에 넣는 경기. 왕실과 귀족사회의 놀이였다.

❖ 축국(蹴鞠)……발로 공을 차는 경기. 오늘날의 축구와 유사하다.

❖ 씨름(각저/角抵)……삼국 시대부터 행해져오던 민속경기. 각력, 상박, 각희 등으로 불렸다. 충숙왕은 매일 궁중에서 잡무에 종사하는 아이들과 씨름을 하여 상하의 예의가 없었다는 기록이 있다.

❖ 그네타기(추천/鞦韆)……단오절에 주로 서민들이 하던 놀이였다.

❖ 연날리기(風鳶)……삼국 시대부터 군사적 목적이나 놀이로서 행해져 왔다.

❖ 돌팔매 싸움(석전/石戰)……척석희라고도 한다. 5월 단오에는 무뢰한들의 무리가 큰 길거리에 모여 좌우대로 나누어 깨진 기와 조각과 돌을 손에 들고 서로 치거나 혹은 섞여서 짧은 막대기를 가지고 승부를 결정하는데, 이를 석전이라고 한다는 기록이 있다.

❖ 쌍륙(雙六)……2개의 주사위를 던져서 하는 놀이

❖ 널뛰기(도판희/跳板戲)……옛 풍속에 정월 초하룻날부터 시작하여 젊은 부녀들이 널뛰기 놀이를 하는데, 이 풍속이 고려 때부터 전하여 왔다는 기록이 있다.

❖ 매사냥(방응/放鷹)……신라 시대부터 행해졌고 고려 시대에는 아주 성행하였다. 왕이나 귀족들의 오락 겸 스포츠였다. 공민왕이 '적응방'이라는 관청을 설치하면서 말하기를 "내가 매를 기르는 것은 사냥하려는 것이 아니고 그 기세가 사납고 뛰어남을 사랑할 뿐이다." 하였다. 이승훈 등이 "적응방이 서로 다투어 내빈을 모아 잔치를 베풀고, 금을 깎아 꽃을 만들며, 실로 봉을 만들어 지나치게 사치를 하고, 일시의 오락에 미쳐 쓸데없는 낭비를 한다."고 말한 것으로 보아 '매사냥'이라는 오락을 하려고 '적응방'이라는 관청까지 설치하고, 너무 사치에 흘렀음도 알 수 있다.

삼국 시대나 통일신라 시대보다 고려 시대에 유희 · 오락이 성행하게 된 까닭은 상원(음력1월15일)과 중동(음력11월15일)에 실시한 팔관회와 연등회, 사월초파일에 실시한 봉축회, 칠월백중(7월15일)에 실시한 영산재 등 전국적인 규모의 각종 불교행사와 설·단오·한가위(가배/嘉俳) 등 세시명절에 민간풍속의 온갖 유희를 임금과 신하가 함께 즐겼기 때문으로 추정할 수 있다.

❽ 고려 시대의 위생사상과 의료제도 ·····························

　고려 시대에는 부처님께 기도하고 제물을 받치면 병을 치료할 수 있다는 종교적 치병관(治病觀)과, 무당의 가무에 의하여 재앙과 악신을 물리칠 수 있다는 무속적(巫俗的) 치병관이 공존하였기 때문에 무당이 궁중에도 출입하였다.
　불교적 치병관에 대한 기록들을 살펴보면 다음과 같다.

❖ 경종 12년 4월 5일에 왕이 편하지 못하여 산호전으로 옮겼으나, 건강이 회복되지 않아 15일 다시 거처를 법운사로 옮기고, 24일 여러 신하들이 절에서 기도하였다.

❖ 예종 4년(1109) 12월 전염병을 없애기 위하여 관리에 명하여 송악 및 여러 신의 사당에 제사를 지냈다.

❖ 인종 6년(1128) 왕이 편하지 못하여 재상과 신하들은 종묘, 사직, 산과 내, 절 등 천지사방에 기도하였다.

　위와 같은 기록들은 고려 시대에도 삼국 시대처럼 종교적 치병관과 무속적 치병관이 주를 이루고 있었음을 말해 주고 있다. 고려 시대에는 불교와 더불어 한학이 물밀듯이 밀려들어왔고, 그와 함께 한의학도 수입되어 의술에 의한 병의 치료도 상당한 진전을 보였다.

　다음은 고려 시대에 중앙과 지방에 설치된 의료기관에 관련된 내용들을 모아서 정리한 것들이다.

❖ 고려는 건국 초에 병자·고로(孤老 : 늙고 고독한 사람)·기인(飢人 :

밥을 굶는 사람) 등을 구제하고 치료하는 관서로 도성의 동서 두 곳에 '대비원(大悲院)'을 설치하였고, 서경(西京=평양)에는 '대비원분사(大悲院分司)'가 있었다.

❖ 목종 때에 의약과 질병치료를 관장하는 '태의감(太醫監)'이라는 관서를 두고, 감(監)·소감(少監)·승(丞)·박사(博士)·의정(醫正) 등의 관원을 두었다.

❖ 목종 때 왕의 식사와 약을 관장하는 관서로 사선서(司膳署)를 두었다.

❖ 문종 때에는 태의감에 조교(助教), 주금박사, 의침사(醫針史), 주약(注藥), 약동(藥童), 주금공(呪噤工) 등을 추가로 배치하였다.

❖ 왕의 어약조제(御藥調劑)를 관장하는 관서로 상약국(尙藥局)을 두었고, 관원으로는 판사, 감, 소감, 승, 박사, 의정 등을 두었다.

❖ 문종 때 대도호부(大都護府)에 의사 1인(9품), 방어진(防禦鎭)과 지(知)·주(州)·군(郡)에 의학을 각 1인 두었다. 즉 지방행정조직에 의약직(醫藥職)을 두었다.

❖ 광종 9년부터 과거제도의 잡과에 '의과'를 설치해서 의약직(醫藥職) 관리를 뽑았다.

❖ 광종 14년(963)에 사회구제 재단인 '제위보(濟危寶)'를 설치하였다. 제위보는 '가난한 백성과 밥을 굶는 사람을 구제하기 위하여 준비된 재원을 보관하고 사용하는 일'을 관장하는 부서였다.

❖ 송나라 의관인 모개 등이 홍성군에서 의생을 가르쳤다.

❖ 성종 6년(987) 의학박사를 12목에 각각 한 사람씩 두어 힘써 가르쳤다.

❖ 성종 8년(989)부터는 의술의 혜택을 받지 못하는 자가 많은 것은 심히 딱하게 여겨 '문관 5품과 무관 4품 이상의 환자'에게는 시어의·상약직장·대의의정 등으로 하여금 약을 가지고 가서 치료하게 하였다.

❖ 예종 7년(1112)에는 혜민국(惠民局)을 설치하여 빈민 환자를 치료하게 하였다. 관원으로는 판관(判官) 4명을 두었으며, 본업(本業 : 醫官)과 산직(散職)을 교대로 보내어 일을 담당하게 하였다. 조선 시대에는

혜민서(惠民署)로 이름을 고쳤다.

❖ 인종 23년(1145)에는 군대에도[兵制中에] 약원(藥員)을 두었다.

❖ 한편 민간에서도 구제사업에 힘쓰는 사람들이 있었다. 채홍유의 '활인당(活人堂)'과 성석인의 '위생당(衛生堂)'은 그당시에 유명한 사립 의료기관이었다.

02 조선 시대의 체육

❶ 조선의 역사

조선(1392~1897)의 역사는 건국에서 임진왜란(1592~1598)까지를 전기, 그 후 패망까지를 후기로 나누는 것이 일반적이다. 그런데 체육사를 다룰 때에는 건국에서 갑오개혁(1894)까지를 '조선 시대', 갑오개혁 이후 한일합병(1910)까지를 '개화기'로 나누어서 살펴보는 것이 더 합리적이다.

14세기 말 고려는 권문귀족 세력과 신진 사대부들로 구성된 정치세력이 대립하여 내부적으로 매우 혼란스러웠다. 밖으로는 홍건적과 왜구의 약탈에 시달렸으며, 원나라가 망하고 명나라가 새로 탄생하는 교체기의 혼란으로 더욱 더 어려움을 겪고 있었다.

중국에서 원나라 세력이 약해지고 명나라가 발흥하는 틈을 타서 공민왕은 고려에서 득세하고 있던 친원파를 제거하고, 원나라의 영토였던 철령(금강산과 원산의 중간 지점에 있는 고개) 북쪽 지역을 점령해버렸다.

그러자 명나라는 이 지역이 원나라의 영토였으므로 자신들의 영토라고 주장하면서 반환을 요구했고, 고려는 거기에 맞서 군사를 일으켜 요동 정벌을 추진하였다. 그러나 요동 정벌군의 부사령관이었던 이성계가 요동 정벌을 반대하면서 위화도(압록강이 서해와 만나는 지점에 있는 섬)에서 군대를 돌려 개경으로 진격한 다음 군사 쿠데타를 일으켜 최영 세력을 숙청하고 정권을 장악해버렸다.

정권을 잡은 이성계는 우왕을 폐위한 뒤 창왕을 왕위에 올렸으나, 이듬해에는 창왕과 우왕은 '왕씨'가 아니라 신돈의 자식이라고 주장하면서 창왕을 폐하고 공양왕을 왕위에 올렸다.

정권과 군권을 장악한 이성계는 정도전 등 신진 사대부들과 손잡고 과전법(科田法)을 공표하는 등 여러 가지 개혁을 단행하여 경제적인 실권까지 장악하였다. 이성계의 5남 이방원이 정몽주를 제거함에 따라 1392년 음력 7월 17일에 공양왕으로부터 왕위를 물려받아 새 왕조를 개국하였다.

1393년 음력 2월 15일에는 나라의 이름을 고려에서 '조선(朝鮮)'으로 고치고, 1394년 음력 1월에는 수도를 개경에서 한양으로 옮겼다. 태조 이성계는 고려 때에 큰 폐단이 되었던 불교 대신 유교를 존중하여 이를 정치·교육의 근본이념으로 삼았다. 명나라에 대해서는 사대정책을 써서 국호를 고칠 때에도 명나라의 승인을 받았다.

태조는 막내(7번째) 왕자인 방석을 왕세자로 삼았으나, 개국 당시 공이 컸던 5번째 왕자 방원이 방석을 죽이고 형을 왕위(2대 정종)에 올려놓는 '첫 번째 왕자의 난'과, 정종을 위협하여 왕위를 이어받는 '두 번째 왕자의 난'을 일으켜서 '태종(3대)'으로 등극함에 따라 정치적인 혼란도 끝났다.

태종의 뒤를 이은 세종은 국가의 기틀이 되는 주요 제도들을 정립하고, 고유의 민족 문화를 최고조로 발달시켰으며, 훈민정음을 창제하였다. 한편 여진족들을 압록강과 두만강 너머로 쫓아 보내고, 4군 6진을 개척하여 지금의 '한반도 영토'를 완성하였다.

성종 대에 이르러서는 제도적인 측면에서 고려보다 더 세련되고 강화된 관료제 국가의 모습을 갖추었다. 이런 과정에서 공을 세운 공신들은 넓은 공신전을 소유하게 되었다. 이들 공신들과 그 자손들로 이루어진 정치세력을 '훈구파' 또는 '관학파'라고 한다.

15세기 말부터 정치세력으로 대두되기 시작한 지방의 '사족(士族 ; 지방의 같은 서원에서 공부한 사람들로 이루어진 세력집단)이 연산군의 거듭된 실정을 빌미로 중종반정을 일으켜 조정의 실권을 잡았다. 이후 기득권 세력인 훈구 세력과 신흥 세력인 사족 세력의 대립은 물론이고, 사족 세력이 동인과 서인으로 나뉘어 붕당정치가 시작되었다. 훈구, 동인, 서인 3세력 간의 다툼으로 정쟁(政爭)과 반란(反亂), 사화(士禍)와 옥사(獄事 ; 많은 사람들이 한꺼번에 옥에 갇히는 일)가 이어졌다.

➔ 사화(士禍)

조선 시대에 관직에 있던 신하나 유학을 공부한 선비들이 파당을 지어 서로 반목 · 대립 · 논쟁하다가 패자는 반역자로 몰려 지위를 빼앗기거나 목숨을 잃게 된 것을 '선비들이 화를 입은 일'이라는 뜻으로 '사화'라고 하였다.

한 파가 승리하면 이에 대하여 새로운 반대파가 생겨나고, 그것이 또 다른 사화를 야기하는 악순환이 거듭됨으로써 통일된 국론은 바랄 수 없었고, 한없는 국론분열만 이어졌다.

조선은 개국 200년 만에 이웃 일본의 대규모 침략을 맞게 되었다. 즉 100여 년 동안 분열되어 있던 일본을 통일한 '도요토미 히데요시'가 20만에 육박하는 대군을 동원해서 한반도를 침략하였다. 한양성에 이어 평양성까지 파죽지세로 점령한 일본군에 밀려서 선조는 평안도 의주까지 도망쳐야 했다. 그러나 이순신을 필두로 한 수군의 활약, 각지에서 일어난 의병의 봉기, 재정비된 육군의 반격, 그리고 명나라 지원군의 협력 등에 힘입어 마침내 일본군을 패퇴시키고 조선이 전쟁에서 승리하였다.

그러나 농토의 황폐화 등 전쟁 피해가 막심하였는데도 불구하고 당쟁은 더욱 더 극심해졌다. 다시 왕권을 강화하려는 광해군의 폭정에 더 이상 견디지 못한 사족들이 인조반정을 일으켰다. 인조반정으로 중앙정부를 장악한 사족들과 일부의 훈구파들이 합세하여 '여당=서인, 야당=남인'이 서로 공존하는 형태의 붕당정치가 구현되었다.

한편 중원의 지배자였던 명나라가 농민반란 등으로 내리막길을 걸으면서 만주 지방에 흩어져 살던 여진족들이 '후금'을 세워 명나라를 위협하였다. 반정을 통해 정권을 잡은 인조는 사대부들이 주장하는 '대명의리론(명나라에 의리를 지켜야 한다는 논리)'에 따라 '친명배금(親明排金 ; 명나라와 화친하고, 금나라를 배척한다)' 정책을 표방하였다.

조선의 친명배금 정책에 화가 난 후금이 조선을 침략하였다(정묘호란). 조선 각지에서 일어난 의병들이 후금군의 배후를 공격하고 군량미를 조달하는 등의 활동 때문에 후금군은 평산 이북으로 철병하는 대신에 "조선과 후금은 형제의 나라가 된다."는 평화조약을 맺고, 전쟁은 일시적으로 중지되었다.

그러나 중원의 대부분을 점령한 후금은 국호를 청나라로 바꾼 뒤 13만 대군을 투입하여 조선을 다시 침략하여 굴복시켰다(병자호란). 국왕인 인조는 삼전도에서 청의 황제에게 '삼궤구고두례'를 표하는 수모를 겪으면서 군신의 관계를 맺게 되었고, 다수의 백성들이 노예로 붙잡혀 갔다. 청나라의 내정 간섭은 물론이고 매년 막대한 공물을 바쳐야 하는 신세가 되었다.

➜ 삼궤구고두례(三跪九叩頭禮)

명령에 따라 무릎을 꿇고, 양손을 땅에 댄 다음에 머리를 땅바닥에 짓찧어서 이마에서 피가 흐르도록 절을 3번 하고 일어서는 것을 삼궤구고두례라고 한다. 이마에서 나는 피의 양과 이마를 땅에 박을 때 나는 소리의 크기를 보고 절을 한 것으로 인정할 것인가 말 것인가는 절을 받는 사람 마음대로 정한다. 이와 같은 행동을 3회 반복해서 총 9번 절을 해야 한다.

병자호란 이후 조선은 다시 평화기에 접어들었으나, 갑작스러운 기후변화[小氷河期]로 기온이 내려가고, 대규모 가뭄으로 인한 기근과 전염병의 창궐로 두 번에 걸친 호란의 후유증을 극복하는 데에 시간이 걸렸다.

특히 청에 공물을 바치기 위해서 농민이 그 지방에서 생산되지 않는 물품을 공납해야 할 경우, 농민으로부터 대가를 받고 아전과 상인이 이를 대신 납부해 주는 '방납(防納)제도'를 실시하였다. 이때 관리와 결탁한 상인들이 더 많은 이익을 챙기기 위해서 방납의 대가를 터무니없이 비싸게 징수하는 폐단이 생기자 농민들의 원성이 자자했다. 훗날 광해군 때 공납을 모두 쌀로 받는 대동법을 실시해서 방납의 폐단을 제거하는 데에 성공하였다.

삼궤구고두례를 통해서 당한 나라 망신은 당시의 집권세력인 사림파들에게 큰 정신적 충격을 주어서 "언젠가는 오랑캐들에게 당한 굴욕과 원망을 갚아주겠다."는 '북벌론'으로 이어졌다. 그러나 청이 명을 멸망시켜버리고 중원을 완전히 장악한 후에는 "북벌론은 실현 불가능한 정치적 구호일 뿐이고 오히려 청의 발달된 문물을 배워야 한다."는 '북학운동'이 전개되기도 하였다.

인조반정 이후 계속 유지되어 오던 서인과 남인의 공존 체제는 예송논쟁(禮訟論爭 : 겉으로는 예법에 맞는 가에 대한 논쟁이지만, 속으로는 왕의 정통성에 대한 논쟁이었기 때문에 피비린내나는 옥사로 이어졌다)을 통해 금이 가기 시작했다.

두 차례에 걸친 예송논쟁 끝에 숙종 집권 초 만년 야당이던 남인이 서인을 몰아내고 정권을 장악했지만, 숙종의 개입으로 세 차례의 환국이 일어났다. 환국정치를 통해 왕권은 크게 강화되었고, 각 당의 인재를 동등하게 고루 등용한다는 탕평정치 시대가 왔다.

➔ 환국(換局)

환국이란 시국 또는 판국이 정반대로 바뀐다는 뜻이다. 남인이 논쟁에서 이겨 서인을 몰아내면서 서인의 우두머리들을 죽일 때까지 가만히 있었는데, 갑자기 왕이 나서서 '서인의 잘못이 아니고 남인의 잘못'이라고 하면서 남인의 우두머리들도 죽여버렸다. 이와 같은 환국이 반복되면서 남인과 서인의 우두머리들은 물론이고 선비들 대부분이 죽어 없어졌기 때문에 왕권만 강화되었다.

영조 후반기와 정조 시기에 왕이 집권당의 세력을 견제하기 위한 수단으로 탕평책을 사용하면서 사실상 붕당정치가 해체 단계에 들어갔다. 즉 탕평이라는 미명하에 이미 실권을 상실한 남인과 소론을 적극적으로 기용함으로써 집권당인 노론 세력을 견제하고, 세자의 장인인 김조순과 같은 척신(왕비의 친척)들을 근위세력으로 내세웠다.

그러나 정조가 숨을 거두고 어린 순조가 즉위하자 정순왕후가 수렴청정을 맡게 되었다. 정순왕후의 지원을 등에 업은 노론 벽파(강경파)가 시파(온건파)들을 숙청했다. 정순왕후가 죽자 노론 시파가 벽파에 반격을 가함으로써 붕당이 완전히 소멸되어 버렸다.

홍경래의 난 이후 순조가 크게 낙심하여 정사 돌보기를 포기해버린 후부터 김조순을 중심으로 하는 안동김씨 족벌들이 모든 권력을 장악하고 '세도정치'를 시작하였다. 붕당이 있을 때에는 상대 정파를 비판이라도 할 수 있었지만, 붕당이 이미 없어졌기 때문에 왕을 허수아비로 세워놓고 독재정치를 할 수 있었던 것이다.

안동김씨 족벌집단이 국가의 장래나 유지에는 전혀 관심없이 가렴주구에만 몰두했기 때문에 정치기강이 해이해지고 삼정이 문란해지면서 농촌사회는 극도로 피폐해졌다. 가난과 무거운 세금을 감당할 수 없게 된 농민들은 농토를 버리고 유리걸식하거나 화전민이 되기도 하였고, 일부는 도시나 포구 등에 나가 품팔이를 하거나 남의 물건을 훔치는 도적이 되었다.

세도정치의 폐단과 탐관오리의 부정부패를 참지 못해서 일어난 것이 홍경래의 난과 임술 농민봉기이다. 평안도의 몰락한 양반 출신 홍경래를 주축으로 '세도정치의 폐단과 평안도를 중심으로 한 서북 지역에 대한 차별대우'에 항거하여 일어난 농민봉기가 '홍경래의 난(1811)'이다. 그리고 진주 지역의 농민들이 '탐관오리와 토호들의 탐학'에 저항하여 봉기한 것을 시작으로 북으로는 함흥에서부터 남으로는 제주에 이르기까지 전국적으로 퍼져나간 것이 '임술 농민봉기(1862)'이다. 농민봉기가 진주에서 시작되었다는 뜻으로 '진주 농민봉기'라고도 한다.

임술 농민봉기를 계기로 농민들의 요구를 받아들여 '삼정이정청'을 설치하기도 하였으나 별다른 효과를 거두지 못하게 됨으로써 마침내 조선의 통치체계가 무너지기 시작하였다.

이후의 역사는 개화기에서 설명한다.

➔ 삼정이정청(三政釐整廳)

조선 철종(哲宗) 13년(1862)에 3가지 중요한 정책[三政]에 대한 폐단을 개혁해서 바로잡기 위하여[이정/釐整] 임시로 설치하였던 관아[廳].

삼정(三政)이란 전부(田賦 ; 논밭에 매기는 세금), 군정(軍政 ; 군대에 관한 정책), 환곡(還穀 ; 나라에서 봄에 백성에게 곡식을 빌려주었다가 가을에 약간의 이자를 보태어 받아들이던 제도)을 말한다.

❷ 조선의 정치제도

태조 이성계는 즉위하자마자 국호와 법률제도를 종전대로 따를 것을 선언하였다. 그러나 한편으로는 고려 말 이래의 각종 법령 및 판례법과 관습법을 수집하여 1397년(태조 6)에 '경제6전(經濟六典)'을 제정하여 시행하였다. 그림 3-10에서 볼 수 있듯이 조선의 중앙정부는 6조(六曹) 체제였기 때문에 법의 기본 틀도 항상 6전(六典)의 형태로 만들어졌다.

경제6전은 시행 직후부터 약 90년 동안 수정·보완 작업이 진행되었다. 1485년(성종 15) 1월 1일까지 최종 검토를 거쳐 만들어진 것이 《경국대전》의 완성본이다. 그 뒤에도 많은 변화가 있었지만 고종이 갑오경장을 단행하기 이전까지 약 400여 년 동안 《경국대전》이 조선 제도의 기준이 되었다.

조선의 중앙 정치는 문반과 무반의 양반으로 구성하여 운영되었다. 기본 9품에 정품과 종품이 있어 모두 18품계를 이루었으며, 주요 직급자는 '당상관', 실무자는 '당하관'이라 하였다.

관직은 중앙 관직인 '경직(京職)'과 지방 관직인 외직(外職)으로 나누었다. 경직은 의정부와 육조를 중심으로 승정원(왕명의 출납을 담당), 의금부(국왕 직속의 수사기구), 삼사(사헌부, 사간원, 홍문관 ; 왕권을 견제하는 언론기관), 한성부(서울의 행정과 치안을 담당), 춘추관(역사서 편찬과 보관을 담당), 성균관(최고의 국립교육기관) 등이 있었다.

▶ 그림 3-10   조선의 행정기구 조직

조선은 전국을 경기 · 충청 · 경상 · 전라 · 황해 · 강원 · 함경 · 평안의 8도로 나누고, 각 도에 관찰사를 파견하였다. 관찰사는 왕을 대리하여 행정 · 군사 · 사법권을 행사하고, 관할 지역 내의 수령을 지휘 · 감독하며 민생을 순찰하는 감찰관의 기능도 있었다.

도 밑에는 경주 · 전주 · 개성 · 함흥 · 평양 · 의주 등 대도시에는 부(府), 여주와 양주와 같은 20개 거점도시에는 목(牧), 그밖의 지역에는 군(郡) · 현(縣)을 두었다. 전국에 약 330여 개의 군 · 현이 있었다.

각 고을을 다스리는 지방관은 고을의 크기에 따라 부윤(府尹), 목사(牧使), 군수(郡守), 현감(縣監) 등으로 등급을 조정하였으며, 그들을 모두 합쳐서 수령(首領)이라 불렀다. 수령은 일반 국민을 직접 다스리는 이른바 목민관(牧民官)이었다. 그들의 주된 임무는 공세(貢稅) · 부역(賦役) 등을 중앙으로 조달하는 일이었다.

지방관(관찰사 · 부윤 · 목사 · 군수 · 현감)은 행정 · 사법 · 군사 등의 광범

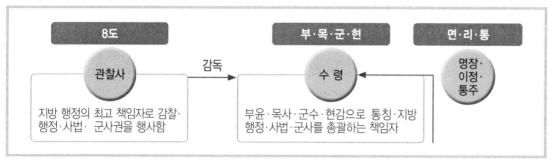

▶ 그림 3-11 조선의 지방행정 조직

한 권한을 위임받았고, 수령의 행정 실무를 보좌하는 향리(鄕吏)는 중앙정부의 6조를 본떠서 6방이 있었다. 관찰사에서 현감에 이르기까지의 지방관은 중앙에서 파견하였다. 그러나 6방의 일을 맡은 향리들은 국가로부터 일정한 급료를 받지 못하는 아전(衙前)으로 격하시켰다.

군·현 밑에는 면(面)·이(里)를 두었고, 중앙에서 따로 지방관이 파견되지 않았기에 지방민을 면장(面長)·이정(里正)으로 임명하여 수령의 통할하에 지방자치를 하도록 하였다.

지방관이 행정·사법·군사 등의 광범위한 권한을 가지고 있었기 때문에 지방관이 토착세력화되는 것을 방지하는 장치도 있었다. 먼저 임기를 관찰사는 360일, 수령은 1,800일로 제한하였고, 자기 출신지에는 임명될 수 없는 상피제도(相避制度)가 적용되었다.

명종 때에 왜구와 여진족의 침입이 잦아지자 비변사(備邊司)가 설치되었다. 비변사는 본디 군사업무를 협의하던 임시기구였으나 임진왜란 이후 상설기구가 되었다. 이로 인해 의정부는 유명무실하게 되고 비변사가 군사업무와 국정을 모두 총괄하게 되었다.

비변사에는 3정승과 공조를 제외한 5조의 판서, 5군영의 각 부대장, 유수(留守), 성균관 대제학, 그리고 군무에 능한 전직·현직 고관 등 고위관리가 대거 참여했다. 흥선대원군이 비변사를 혁파할 때까지 지속되었다.

1864년에 고종이 즉위하자(당시 10세) 고종의 아버지인 홍선대원군이 왕을 대신해서 정치를 하였다. 대원군은 의정부와 비변사의 사무 한계를 규정하여 비변사는 주로 국방·치안 관계만을 맡고, 다른 사무는 모두 의정부에 넘겼다. 그러나 점차 국내 문제가 복잡해지자 이를 총괄하는 최고기관인 통리기무아문(統理機務衙門)을 설치하였다.

이후는 개화기에서 설명한다.

❸ 조선의 군사제도

조선에서는 천민이 아닌 16세에서 60세 사이의 남자에게는 군역의 의무가 있었다. 계속해서 군대에 있는 것이 아니라 여름에는 농사를 짓고, 쉴 때에는 군대에 가는 것이었다. 그러나 공부하는 학생, 국가를 위해서 일을 하고 있는 관리, 국가를 위해 물건을 공급하고 만드는 상인과 수공업자는 군대가 면제되었으므로 군대에 가는 사람은 거의 다 농민들이었다.

건국 초 조선은 고려의 군사체제였던 2군 6위에 태조의 친위부대였던 의흥친군위의 2개 부대를 합해 10위 체제를 마련했다. 그리고 의흥삼군부(義興三軍府)라는 관서를 설치해서 중앙의 군령과 군정을 통솔하도록 했다.

당시 중앙정부에 있던 군대와 관련이 있는 관청은 다음과 같다.

- ❖ 중추원(中樞院)……병기(兵機)·군정(軍政)·숙위(宿衛)·경비(警備) 등의 임무
- ❖ 훈련관(訓練觀)……무예(武藝)의 훈련·병서(兵書)·전진(戰陣)의 교습(敎習)
- ❖ 군자감(軍資監)……군려(軍旅)·양향(糧餉)에 관한 일
- ❖ 군기감(軍器監)……병기(兵器)·기치(旗幟)·융장(戎裝)·집물(什物)에 관한 일
- ❖ 사수감(司水監)……전함(戰艦)의 조수(造修)·전수(傳輸)의 감독 등의 일

한편 의흥삼군부의 3군은 각각 영향력 있는 대신이나 왕족에게 통솔토록 하였다. 그러자 세력가들이 각자 자신의 사병(私兵)을 데리고 중앙의 군대까지 영향력을 행사하는 폐단이 생겼다. 이를 방지하기 위하여 조선 조정에서는 사병 혁파는 물론이고 국왕이 효율적으로 지휘·통제할 수 있는 군사제도를 만들고자 노력했다.

여러 차례의 군사제도 개편을 거쳐서 1457년(세조 3)에 오위도총부(五衛都摠府)가 최고의 군사 기관으로 법제화되었다. 5위는 왕의 친위부대인 내금위, 겸사복, 우림위를 제외한 중앙군의 모든 편제를 흡수한 군사체제였다.

고려 시대 이전부터 중심을 방어하는 전투개념상 중앙군은 전·후·좌·우·중(前後左右中)의 5개로 조직이 되어 있었는데, 개념이 그대로 이어진 것이 '5위'이다. 5위는 지금의 군단(軍團)과 비슷한 개념이고, 한양의 중심부와 동·서·남·북부를 방위했다는 의미에서는 중앙군 또는 현재의 수도방위사령부의 역할을 하는 부대였다. 각 위를 구성하는 병사들의 출신성분이 다르다는 의미에서는 병종별(兵種別) 부대이고, 관할하는 지역이 다르다는 의미에서는 지방별(地方別) 부대이다.

- ❖ 中=의흥위(義興衛)……경기도, 경상도, 전라도를 방위
- ❖ 左=용양위(龍驤衛)……충청도를 방위
- ❖ 右=호분위(虎賁衛)……황해도를 방위
- ❖ 前=충좌위(忠佐衛)……평안도를 방위
- ❖ 後=충무위(忠武衛)……강원도와 함길도를 방위

각 위는 5부로 나누어 분담 지구 내의 병력을 통할케 하였으며, 부(府=사단) 밑의 편성은 통(統=연대)·여(旅=대대)·대(隊=중대)·오(伍=소대)·졸(卒=분대)의 계통으로 이루어졌다.

그밖에 충좌위와 충무위 안에는 위(衛)의 통제를 받지 않고 별도로 행동하는 특수부대가 있었다. 그러한 특수부대들은 공신의 후손이나 양반들을 징병하는 부대들로 양반가의 자제들을 대신해서 하인들이 훈련을 받기도 했다.

특수부대에서 일정 기간 복무하면 다른 하급관직에 음서나 과거 급제를 하지 않고도 임용되는 거관(居官)을 시켜주었다.

오위는 도총관(都摠管=정2품), 부총관(副摠管=종2품), 장(將=정3품 당상관), 상호군(上護軍=정3품 당하관), 대호군(大護軍=정4품), 호군(護軍=종4품), 부호군(副護軍) 등의 직급자들이 해당 부대를 지휘하였다.

조선의 지방군은 육군(육수군)과 수군(기선군), 그리고 잡색군(육군과 수군 외에 여러 직종의 임무를 맡아보던 군인)으로 나누어졌다. 각 도에 병마절도사(兵馬節度使)와 수군절도사(水軍節度使)를 보내어 이끌도록 하였다. 절도사 밑에는 병마단련사·병마단련부사·병마단련판관 등을 보내어 군사(軍事)를 맡아 보게 하는 동시에, 서울에 있는 각 도 담당인 절제사(節制使)와 첨절제사(僉節制使)의 지시를 받도록 하였다.

처음에는 각 도(道)에 주진(主鎭 ; 평상시 군대가 주둔하고 있는 진지) 하나와 필요한 수의 변진(邊鎭 ; 해안이나 국경지방처럼 국방상 중요한 곳에 설치한 작은 진지)만 설치하였으나, 세조 이후부터는 진관체제로 바꾸었다. 지방에서 일어나는 긴급사태를 중앙에 알리기 위해서 봉수제(烽燧制)와 역마제(驛馬制)도 시행하였다.

그러다가 변진이 무너지면 주진까지의 거리가 멀기 때문에 방어할 수단이 없다는 것을 깨닫고, 주진 아래에 거진(巨鎭)과 제진(諸鎭)을 설치하여 각 지역의 지방관이 지휘하게 하는 '진관체제(鎭管體制)'로 변경하였다. 진관체제에서 거진과 제진의 지휘권은 그 고을의 수령에게 맡긴다는 원칙도 세워졌다.

진관체제는 왜구의 침범처럼 소규모의 침략과 내륙을 방어하는 데에는 효과적이었지만, 대규모의 침략을 방어하는 데에는 한계가 있었기 때문에 제승방략 체제로 다시 방향을 돌렸다.

➜ 제승방략(制勝方略)

조선 초기 김종서(金宗瑞)가 저술한 책을 이일(李鎰)과 이선(李選)이 증수한 병서(兵書)이다. 평안도와 함경도 지방에서 여진족과 싸울 때 효과적인 전략을 소개한 책이《제승방략》이다. 즉 군사적 소요가 일어나면 수령들이 각기 군사를 이끌고 미리 정한 장소에 집결한 뒤, 중앙에서 내려 보낸 지휘관의 지시에 따라 전투를 하는 체제를 말한다.

임진왜란을 겪으면서《제승방략》의 문제점이 드러나자 군사편제를 상당수 개편했지만, 대국적인 해결책은 되지 못하였다.

먼저 중앙군의 편제가 5위에서 5군영으로 바뀌었다.

❖ 훈련도감……임진왜란 도중인 1593년 설치된 것으로, 특수부대인 삼수병을 중심으로 조직된 부대다. 삼수병(三手兵)은 화포를 사용하는 포수(砲手), 칼과 창을 사용하는 살수(殺手), 활을 사용하는 사수(射手)로 이루어졌고, 이들은 모병제(募兵制)로 모집한 직업군인의 성격을 지녔다.

❖ 어영청……1623년 인조의 친명배금 정책으로 후금과의 갈등이 이어지자 설치된 편제다. 어영청은 이괄의 난, 정묘호란, 병자호란 등에서 어가의 호위를 맡았고, 그 이후 군영의 모습을 갖추게 되었다.

❖ 총융청……어영청이 설치된 이듬해 한양을 넘어 경기도의 수비를 굳건히 해야 한다는 생각에서 설치되었다. 총융청은 경기도의 정병과 속오군을 중심으로 조직되었다.

❖ 수어청……1626년(인조 4) 서울의 동남쪽 방어선이자 주요 거점인 남한산성을 방어하려는 목적으로 조직되었다. 처음에는 총융청에 예속되어 있었으나 이후 분리되어 수어사의 독립적인 지휘를 받게 되었다.

❖ 금위영……1682년(숙종 8)에 설치되었지만 병조판서가 지휘를 겸임하였기 때문에 군영으로서의 대접을 받지 못하다가 영조에 이르러서야 독립 군영으로 인정받았다. 수도 경비의 핵심을 담당했으며, 반란 진압에 동원되기도 했다.

임진왜란 이후 지방군은 속오군 체제로 바뀌었다.

❖ 속오군(束伍軍)……양반으로부터 노비에 이르는 모든 장정을 묶어서 만

든 군대라는 뜻으로, 처음에는 훈련도 열심히 해서 강력한 정병의 역할을 하였다. 그러나 양반들이 하류 계층과 함께 편성되는 것을 꺼려하여 군포로 군역을 대신하는 사람이 많아지자 군인의 수가 부족하였고, 민폐를 줄인다는 미명 아래 소집훈련이 전폐되다시피 하였다. 또한 그 구성원이 점차 천인으로만 채워지자 성곽 수리 등 다른 인력으로 사용되었다. 그 결과 홍경래의 난과 같은 민란이 발생했을 때 동원할 병력이 없어서 의병을 모집하거나 중앙군을 현지에 파견하여 진압할 수밖에 없었다.

❹ 조선의 교육과 과거제도

조선은 초기부터 유교주의 국가이념을 바탕으로 한 교육기관을 증설하고 백성들에게 교육의 기회를 확대시켰다. 인문교육기관으로 중앙에 국립대학인 성균관(成均館)을 두고, 중등교육을 위하여는 서울에 4부 학당(學堂)을, 지방에 향교(鄕校)를 설치하였다. 향교에는 각 군·현의 인구에 비례하여 정원을 책정하였다.

학생들은 군역이 면제되었는데, 농번기에는 방학을 맞아 농사일을 돕고 농한기에는 기숙사인 재(齋)에 거처하면서 공부하였다. 그리고 전국 각지에는 초등교육기관으로서 서당이 있어, 훈장(訓長)·접장(接長)의 교수 아래 한자의 초보와 습자(習字)공부가 이루어졌다.

■ 서원

조선 중기에 사화와 옥사 등 정치적 혼란이 자주 일어나자 중앙 정계에서 물러난 학자들이 지방에 은거하면서 '서원'이라는 일종의 사립학교를 설립하기 시작하였다. 서원은 '인품이 훌륭한 성현을 본받고 그러한 관리를 양성하는 것'을 교육목표로 삼았다. 따라서 서원에는 제사를 지내던 사당(祠堂)과 학생을 가르치던 전교당(傳敎堂)이 함께 있었다.

서원은 대부분 문중(門中)에 의해 건립되었던 까닭에 자신의 문중과 관련된 훌륭한 인물을 봄과 가을에 제사지냈다. 또 학생들의 학습을 위해 다양한 도서를 보관하는 장판고 또는 서고를 설치하여 도서관 역할도 하게 하였다. 그 지방의 인재들이 모이는 집회소와 지역사회의 여론을 이끌어가는 교화소의 역할도 하였다.

풍기군수였던 주세붕이 주자학을 우리나라에 처음으로 도입한 고려의 학자 안향을 추모하기 위해서 안향이 학문을 하던 곳에 '백운동서원(白雲洞書院)'을 설립한 것(1542년)이 우리나라 최초의 서원이다. 훗날 명종이 친필로 '소수서원(紹修書院)'이라고 쓴 액자를 하사해서 이름이 '소수서원'으로 바뀌었다.

이황을 비롯한 성리학자들이 서원의 보급운동을 펼치면서 전국에 서원이 건립되기 시작하였다. 명종 때에 17개 소에 불과했던 서원이 선조 때에는 100개가 넘었으며, 18세기 중반에는 700여 개나 되었다.

서원은 현재의 명문사립대학 정도의 위치였지만, 서원에서 공부한 사람들이 관리로 등용되면서부터 그 폐단이 나타나기 시작하였다. 같은 서원에서 공부한 사람들은 학연뿐만 아니라 혈연과 지연까지도 서로 얽혀 있었기 때문에 서원이 당파싸움의 근원지로 변해버렸다. 나아가 국가에서 설립한 교육기관인 향교가 제 기능을 발휘하지 못하게 되는 원인이 되기도 하였다.

한편 기술교육은 의학 · 역학(譯學) · 산학(算學) · 율학(律學) · 천문학 · 지리학 등으로 나누어 각각 전의감(典醫監) · 사역원(司譯院) · 호조 · 형조 · 관상감(觀象監) 등 해당관청에서 가르쳤다. 이들 기술학은 당시 잡학(雜學)이라 하여 천시되었으며, 중인(中人) 계층의 자제

▶ 그림 3-12 소수서원

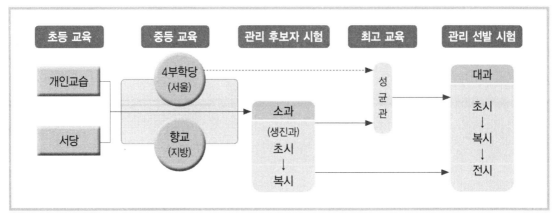

▶ 그림 3-13   조선의 교육제도

가 이를 세습적으로 배워 기술관이 되었다.

■ 과거제도

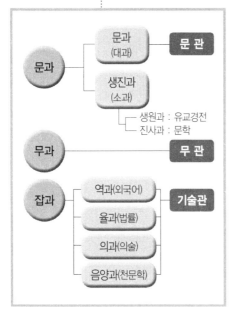

▶ 그림 3-14   조선의 과거제도

교육을 이수하고 관리가 되기 위해서는 과거에 합격하여야 했다. 과거에는 문과와 무과가 있었다. 양반사회에서 가장 중요시된 문관 채용시험은 생진과(生進科：小科)와 문과(大科)의 두 단계로 나뉘었다. 생진과에는 4서 5경(四書五經)으로 시험을 보는 생원과(生員科)와 시(詩)·부(賦)·표(表)·책(策) 등 문장으로 시험을 보는 진사과(進士科)가 있었다.

생원과 진사는 성균관에 입학하거나 대과에 응시할 자격을 부여받았고, 대과에서도 초시·복시를 통해 합격하면 전시(殿試)에서 그 등급이 결정되었다. 생진과에서는 200명, 대과에서는 33명이 선발되었다.

무관시험도 역시 초시·복시·전시를 거쳤다. 초

시에서는 서울과 각 도의 병영에서 200명을, 복시에서는 서울의 병조에서 행하되 28명을 선발하였는데, 이들을 선달(先達)이라 하였다.

기술관 채용을 위한 잡과에는 역과 · 의과 · 음양과 · 율과의 4과가 있었다. 과거에 합격하지 않고 음서(蔭敍)나 취재(取才)를 거쳐서도 관료가 될 수 있었으나, 이러한 경우에는 요직으로 나가기가 어려웠다.

⑤ 조선의 토지제도

위화도회군으로 권력을 장악한 이성계와 정도전 · 조준 등 개혁파 사대부들이 사전(私田)의 폐단을 없애고 새로운 경제 질서를 확립하기 위해서 고려의 공양왕 3년(1391)에 '과전법(科田法)'이라는 토지제도를 제정해서 시행하였다.

이 과전법은 조선이 건국된 이후에도 70여 년 계승되다가 세조 12년(1466)에 현직 관리에게만 수조지를 지급하는 직전제(職田制)로 바뀌었다. 세조 16년(1470)에는 관아에서 전조를 직접 거둬서 수조권자에게 지급하는 관수관급제(官收官給制)를 실시하기도 했다.

그후 명종 11년(1556)년에 직전법을 폐지하고 녹봉제(祿俸制)를 실시하면서 수조권 분급제도에 기초한 과전법 체제는 소멸되었다.

토지제도가 자꾸 변경되는 원인을 요약하면 다음과 같다.

❖ 세금을 받을 수 있는 토지의 면적은 일정한데 공신이나 관리들과 같이 수조권을 나누어주어야 할 사람은 계속 증가한다.

❖ 관직을 그만두면 수조권이 국가로 환수되어야 하는데도 불구하고 부인이나 아이들 양육에 돈이 필요하다는 핑계로 수조권을 계속 가지고 있다.

❖ 힘이 있는 세력가들이 농민이 경작하고 있는 땅을 부당한 방법으로 뺏다시피 해서 자신의 땅과 합쳐버린다(토지겸병).

❖ 농민으로부터 세금을 무리하게 많이 받는다.

▶ 표 3-3 과전법과 직전법의 차이

명칭	과전법	직전법
시기	고려 공양왕	조선 세조
배경	권문세족의 대농장 소유	과전 부족
목적	신진사대부의 경제적 기반 확충	토지부족 보완 및 국가 재정 확충
대상	전 · 현직 관료	현직 관료
범위	경기 지역	전 지역
비고	세습은 안 되지만, 수신전(아내) · 휼양전(고아)은 세습	세습이 안 됨 수신전 · 휼양전 폐지

▶ 그림 3-15 과전법의 시행과 변화

❖ 수조권……나라의 토지는 모두 국가 소유이므로 토지를 이용해서 농사
    를 짓는 농민들은 당연히 토지세(田租)를 내야 한다. 그 토지세를 나라
    대신에 받을 수 있는 권리를 수조권이라고 한다.

❖ 수조권분급제……오늘날의 월급이나 연봉 대신 농민들로부터 세금을 받
    을 수 있는 수조권을 관리들의 직급에 따라 차등적으로 나누어 주는 제도

❖ 녹봉제······오늘날의 월급이나 연봉 대신에 쌀, 콩, 명주, 옷감(布) 등을
관리들의 직급에 따라 차등적으로 지급하는 제도

❻ 조선의 사회와 경제 ···

■ 신분제도

조선 시대 신분 계층은 처음에 양반 · 상민 · 천인의 3계층이었으나, 16세
기 이후에는 중인층의 형성으로 양반 · 중인 · 상민 · 천인의 4계층으로 나누
어졌다.

➔ 양반

고려 시대에는 문반과 무반을 아울러 지칭하는 말이 양반이었으나, 조선
시대에는 사회의 지배층인 사대부를 일컫는 말이 되었다. 사(士)는 5품 이하
의 관료, 대부(大夫)는 4품 이상의 관료를 통칭하는 말이었으므로 '사대부(士
大夫)'는 '품계가 있는 관료'라는 뜻이었다. 그러나 글공부를 하여 장차 벼슬
길로 나가려고 하는 사람도 사대부라고 불렀으므로 '문벌귀족'보다 그 수가
훨씬 많았다.

같은 양반이라도 문관이 무관보다 지체가 높았다. 양반 자손이라도 서얼
은 문과에 응시할 자격조차 주지 않았고, 관료가 되어도 당상관으로 승진할
수 없었다.

➔ 중인

조선 건국 초부터 향리 · 서리 · 기술관 · 서얼 등의 신분을 격하시켜서 양
반도 아니고 상민도 아닌 중인계층이 형성되기 시작하였다. 중인인 서울의 기
술관은 의관 · 역관 · 율관(律官) · 산원(算員) · 관상감원 · 사자원(寫字員) ·

화원(畫員) 등인데, 중인이라는 이름은 그들이 서울의 중부에서 살았기 때문에 붙여진 이름이다.

조선 초기에는 퇴직한 중인에게 한 계급 승진할 수 있는 시험에 응시할 수 있는 자격이 주어졌다. 실제로 수령·역승(驛丞)·도승(渡丞) 시험에 합격해서 양반반열에 오른 사람도 있었다. 그러나 15세기 말부터 그 길이 막히고 중인은 중인 계층의 신분으로 굳어졌다.

➔ 상민

상민은 농민의 상층부와 약간의 상공인 집단을 말한다. 상민은 백성(百姓)·양인(良人)·상인(常人) 등이라고도 불렀다. 상민은 의복·가옥·일상생활 등에서 관직이 없는 양반과 비슷한 생활을 할 수 있었고, 과거에 응시할 수도 있었다.

16세에서 60세까지의 상민 남자는 정남(丁男)이라 하여 요역과 군역의 의무가 있었으나, 천인에게는 없었다. 군역은 농한기에 정병이나 수군으로 입역하거나 봉족(奉足 ; 군에 필요한 경비를 내는 것)하는 것이고, 요역은 1년에 6일 동안 국가적인 공사에 동원되어 일을 하는 것이다.

조선 전기에는 토지를 소유한 농민이 7할이었으나 후기에는 토지 없는 농민이 7할로 역전되었다. 자작 농민은 국가에 전조(田租)를 물고, 소작농인 전호는 땅주인에게 수확량의 반을 전조(田租)로 바쳐야 했다[병작반수제/竝作半收制].

농민은 지방 토산물을 공물로 바쳐야 할 의무도 있었다. 공물을 모아서 지방장관이 국왕에게 바친 것이 바로 진상품이다.

➔ 천인

최하층인 천인은 대다수가 노비였다. 노비는 국가기관에 예속된 공(公)노비와 개인노비인 사(私)노비로 구별되었다. 노비들은 재산으로 매매·증여·상속되었고, 노비가 아기를 낳으면 어미의 주인 소유가 되었다.

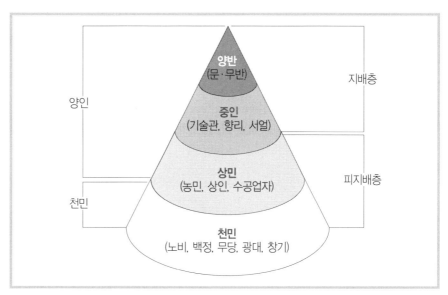

▶ 그림 3-16   조선의 신분제도

　상전은 노비에게 마음대로 형벌을 가할 수 있었고, 관아의 허가를 얻으면 죽일 수도 있었다. 노비는 모반죄를 제외한 상전의 어떤 범죄도 관아에 고발하는 것이 허용되지 않았다. 노비 중에는 공장으로 수공업에 종사하는 자도 있었고, 상업에 종사하는 자도 있었다. 그러나 대부분의 노비는 농노처럼 상전의 토지에 묶여 그것을 경작함으로써 연명하였다.

　천민에는 노비 말고도 재인(才人=광대)·백정·무당·창기(娼妓) 등이 있었는데, 그중에서도 백정이 가장 천시되었다.

■ 가족제도

　조선 시대 사회 구성의 기본단위는 가족이었다. 가장은 대내적으로 조상의 제사를 주재하는 일, 가정을 관리하고 가족을 부양하는 일, 자녀의 교육과 혼인에 관한 일 등을 결정하는 권한(가장권)이 있었다. 또 대외적으로는 가족을 대표하여 계약을 하고, 국가로부터 내려오는 명령을 수행해야 할 책임이 있었다.

부계(父系)의 8촌 이내(같은 고조할아버지의 후손)를 문중(門中) 또는 종족(宗族)이라 하여 제사와 복상(服喪)를 함께하였다. 종족의 결속을 다지기 위해서 종친회, 종친계, 종중재산, 종법 등이 생겨났다.

한편 종족의 단결이 강화되면서 동성동본의 종친들로만 구성된 동족촌락이 생겨나기 시작하였다. 현재에도 박촌, 최촌 등으로 불리는 동네가 상당수 있다.

■ 면리제(面里制)

고려 시대에는 개경(開京)의 가장 작은 행정단위 또는 지방의 자연촌을 이(里)라고 불렀다. 조선 건국 후에는 전국의 모든 자연촌에 이장(里長) 또는 이정(里正)을 임명하여 행정 체제의 말단을 이루게 한 것을 '면리제'의 확립이라고 한다.

고려 시대에는 현까지만 관리를 파견하였기 때문에 현 안에 있는 자연촌락들은 그 지역의 유력자들이 자치권을 행사하였다. 그러나 조선 시대에는 이장 또는 이정을 통해서 정부가 직접 통치하려고 하자 수령과 지역의 유력자들 사이에 갈등이 생기기 시작하였다. 고을의 수령이 자기가 다스려야 하는 지역을 몇 개의 구획으로 나누어서 '면(面)'이라 한다. 지방의 유력인사 중에서 면 단위마다 '권농관' 또는 '군적감고(軍籍監考)'로 임명해서 수령의 행정을 돕게 만든 것이 '면리제(面里制)'이다.

반면에 관료가 아닌 유력자, 특히 중앙정부에 고위 관료로 있다가 퇴직해서 고향에 내려와 있는 사람(유향품관/留鄕品官)들은 자기 고장의 통치에 영향력을 행사하고 싶어 하였다. 그런 사람들이 모여서 만든 자치기구가 '유향소(留鄕所)' 또는 '향청(鄕廳)'이다.

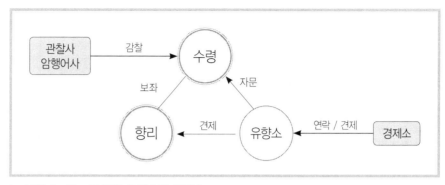

▶ 그림 3-17 　조선의 유향소와 경재소

　유향소는 향풍(鄕風)을 규제하는 것이 명목상의 목적이었지만, 실질적인 목적은 군·현의 세금·신역(身役)·공물 등을 농민들에게 배정하는 등 ① 지방행정에 참여하는 것과 ② 중앙집권적인 의도를 견제하는 것이었다.

　품계가 높은 유향품관이 수령을 능멸하고 제멋대로 한다든지, 수령과 짜고 백성을 괴롭힌다든지, 중앙의 현직관리가 특정지방을 장악해버리는 수단(경재소/京在所)으로 이용한다든지 등 폐해가 많아서 유향소를 혁파했다가 다시 재건하는 일이 여러 차례 반복되었다.

　공신이나 척신과는 달리 지방에 생활기반을 가진 사림파들은 유향소와 같은 자치기구를 통해서 지방사회를 지배해야 할 필요성이 컸기 때문에 '지방사회의 질서 확립을 위한 수단으로' 향약의 실시를 주장하였다.

　향약(鄕約)은 시행 시기나 지역에 따라 그 내용이 다양하다. 기본적으로는 ① 유교적인 예속(禮俗)을 보급하고, ② 농민들이 토지로부터 이탈하는 것을 막아 체제의 안정을 도모하며, ③ 향촌 내의 불효·형제 간의 우애가 없음·일가 사이에 화목하지 아니함·서로 혼인하지 않음·어려운 사람을 돕지 아니함 등 향촌 질서를 파괴하는 자들을 교화(敎化)하는 데에 목적을 두었다. 그러나 향약을 실시하는 초기에는 장점이 많았지만, 결국에는 사림파들이 서원을 중심으로 향권(鄕權)을 주도하는 데에 이용되었다.

■ 재정제도

조선 왕조의 국가 재정을 떠받치는 수입원에는 토지를 대상으로 거두어들이는 전세(田稅), 인정(人丁)을 대상으로 동원하는 신역(身役 ; 몸으로 때워야 하는 의무), 호(戶)를 대상으로 하는 공물(貢物), 그리고 농민을 대상으로 봄에 곡식을 빌려주었다가 가을에 이자를 붙여서 받아들이는 환곡(還穀)이 있었다.

전세는 땅의 좋고 나쁨과 그해의 작황이 흉년이냐 풍년이냐에 따라서 세금을 더 내기도 하고 깎아주기도 했지만, 수확량의 10분의 1을 바치는 것을 원칙으로 하였다. 신역에는 요역(徭役 ; 공사에 동원해서 일을 시키는 것)과 군역(軍役 ; 군대에 가는 것)이 있었다. 요역은 농사짓는 밭의 넓이에 따라서 인부의 수를 정했고, 인부 1사람당 1년에 6일 이내를 원칙으로 했다. 그러나 실제로는 잘 지켜지지 않아서 농민들이 요역에 시달리다 못해 땅을 버리고 도망가서 걸식을 하거나 포구에 가서 품팔이를 하는 경우도 있었다.

공물은 호를 대상으로 부과하였다. 즉 각 주(州) · 현(縣)을 단위로 백성이 공납할 공물의 양을 배정하고, 주 · 현에서는 배정된 공물을 다시 각 민호(民戶)에 배정하였다. 공물은 중앙정부뿐만 아니라 감영 · 병영 · 수영 및 각 주 · 현에서도 징수하였다.

공물은 종류가 잡다하고, 징수하는 기관과 징수목적, 징수시기 등이 모두 제각각이었기 때문에 농민들의 부담은 전세나 역보다도 더 무거웠다. 또한 농민이 분담해야 하는 공물의 양을 정하는 것도 공정하지 못해서 농민들의 원성이 자자했다.

❼ 조선의 산업

■ 농업

조선은 농업을 장려하기 위해 국가에서 농사기술을 보급하고, 농업 관련 서적을 발간하였으며, 수리시설을 정비하기도 하였다. 조선 이전의 시기에는 논에 볍씨를 직접 뿌리는 직파법이 행해졌다. 그러나 조선 시대에는 모를 길러서 옮겨심는 이앙법(移秧法)이 널리 확대 보급되었다. 이에 따라 고려 시대에 1년 1작이던 밭농사가 조선 시대에는 2년 3작을 거쳐서 1년 2모작까지 발달하였다.

고려 말에 발간된《농사집요》는 중국(원나라)의 농사방법을 소개한 것이고, 세종 때에 발간된《농사직설》과 성종 때에 발간된《금양잡록》은 우리나라의 기후와 토양에 알맞은 농사방법을 정리한 농서(農書)이다.

이앙법의 발달로 농업용수의 확보가 농업 생산력의 증대와 밀접한 관련이 있었으므로 조선정부는 수리시설을 축조하고 보완하는 정책을 시행하였다. 그 결과 정조 말(1780년경)에는 전국의 저수지가 3,500개에 달했다.

■ 상업

조선 시대의 상업 형태는 서울의 시전(市廛)과 난전, 중기 이후 각 지방에 개설된 장시(場市)와 행상, 그리고 후기에 등장한 도고(都賈)와 명·청·여진·일본과의 국제무역 등이었다.

태종 때 정부에서 종로거리에 행랑(行廊)이라는 관설 상가를 만들어 상인에게 점포를 대여하고, 그들로부터 상세(商稅)를 징수한 것이 시전의 시초였다. 이들 시전은 궁중과 관부의 수요를 조달하는 대신 상품의 독점판매권을 얻은 어용상점의 성격을 띠고 있었다. 시전 중에서 명주·주단·면포·모시 등의 직물과 종이류 및 어물류 등 여섯 가지 품목의 상점이 가장 번창했는데, 이들을 육의전(六矣廛)이라 하였다.

조선 후기에는 상인이 점차 늘어나 시전과는 별도로 관청의 허가없이 장사하는 난전이 서울에 등장하였다. 처음에는 난전을 금지하였으나 결국에는 난전을 허용할 수밖에 없었다. 정부와 결탁한 독점상점을 시전이라고 한다면, 난전은 양반층과 결부된 상업 세력이라고 할 수 있다.

장시는 15세기 후반에 전라도 지방의 큰 가뭄이 계기가 되어 발달하기 시작하였고, 5일마다 정기적으로 서는 5일장 형태였다. 18세기에 전국의 장시는 약 1,000개 소에 달하였고, 지역마다 교역권(交易圈)이 형성되어갔다.

소량의 상품을 지게에 짊어지고 장시나 민가를 돌아다니면서 파는 등짐장수[負商], 상품을 보자기에 싸가지고 돌아다니면서 파는 봇짐장수[褓商]을 합해서 보부상(褓負商) 또는 행상(行商)이라 하였다. 보부상의 조직은 일종의 협동조합과 같은 것으로 상호간의 규율을 중히 여겼고, 비상시에는 정부에서 전령으로 이용하거나 치안을 거들게 하기도 하였다.

농민이 지방 특산물을 현물로 바치는 공납(貢納)을 상인이 대신해주던 것을 방납(防納)이라 하였다. 방납상인이 폭리를 취하는 폐해를 줄이기 위해서 광해군 때부터 모든 세금을 백미로 납부하게 하는 대동법(大同法)이 실시되었다. 대동법의 실시로 공납이 없어지자 궁궐과 관청에서 필요한 물품을 납품할 수 있는 상인을 지정했는데, 그 상인을 공인(貢人)이라 하였다. 공인이 된 사람은 대부분이 공납상인이었다.

공인은 국가에서 돈을 미리 받고 수공업자에게 주문하여 물건을 관청에 납부하는 경우도 있었지만, 대부분은 자기 돈으로 물품을 사서 납품한 뒤에 대가를 받았다. 그래서 한 상인이 동일한 상품을 대량으로 거래하는 도매상으로 성장할 수 있었다. 큰 자본(資本)을 형성한 도매상을 도고(都賈)라 불렀다.

도고들은 물품을 조달하기 위해서 각 지방의 객주와 거래함으로써 상업의 발달에 크게 기여하였다. 지방의 장시(場市)에서는 객주(客主)라고 부르는 도매상들이 보부상을 상대로 창고업·운수업·숙박업·대부업 등 다양한 형태의 영업을 해서 큰 자본을 형성해갔다.

■ 수공업

조선 시대에는 수공업은 거의 발달되지 않았으며, 농촌에서 부업으로 옷감을 짜거나 가구 또는 농기구를 만들어서 사용했을 뿐이다. 농민 이외의 전문적인 수공업자들을 공장(工匠 ; 만드는 장인)이라 하였다. 그들은 중앙의 공조(工曹)나 지방의 관아에 예속된 작업장에서 관이 필요로 하는 물품을 책임지고 생산해야 했고, 품질과 규격에 엄격한 규제를 받았다.

중앙에 있는 장인들이 주로 만드는 물품은 사기그릇, 철물, 무기, 직물 등이었고, 지방에 있는 장인들은 지물(紙物), 돗자리, 궁시(弓矢), 목기, 칠기 등을 많이 만들었다.

장인이 작업에 응하는 것은 공역(公役)에 속하기 때문에 대개는 무상이었다. 극히 소수의 인원에게는 보수를 받을 수 있는 '체아직(遞兒職)'이 주어졌다. 장인이 공역 이외에 사적으로 물건을 만들면 따로 세금을 내야 하였다.

조선 시대에 수공업이 침체한 이유로는 상공업을 천시하는 사회적 분위기와 중국으로부터 우수한 공업제품들이 대량으로 수입되었기 때문에 생산활동이 위축된 것 등을 들 수 있다. 대동법이 실시된 이후 장인들은 대부분 관아에서 벗어나 스스로 물품을 만들어서 판매하는 수공업자가 되거나, 상업자본가에게 임금기술자로 고용되면서 수공업이 활기를 띠게 되었다.

■ 무역

국내에서의 상업 활동 외에 중국 · 여진 · 일본 등과 국제무역도 행해졌다. 중국과는 조공을 바치는 형식의 공무역과 사신 일행이 행하는 사무역이 있었다. 일본 · 여진 · 유구와는 진상품을 받는 형식의 공무역과 민간무역이 행해졌다. 민간무역은 개시무역과 후시무역이 있었다. 거래된 상품은 조선에서 생산된 인삼, 백사와 같은 중국산 비단, 금, 은, 구리, 유황, 납 등 광산물, 후추, 무소뿔, 단목과 같은 남방 물산 등이었다.

왜관(倭館)에 설치된 개시대청(開市大廳)에서 호조나 관찰사가 발급한 '행장(行狀)'이라고 하는 허가증이 있는 양국의 상인들이 관리의 배석 하에 거래하는 것을 '개시무역(開市貿易)'이라 하였는데, 3, 8일장으로 매월 6회 열렸다.

조선 시대 후기에는 중국이나 여진과 이루어지는 개시무역보다는 정부 몰래 민간 사이에 이루어지는 밀무역(密貿易)이 더 성행하였다. 밀무역을 '뒷장' 또는 '후시무역(後市貿易)'이라고 하였다. 중국의 회동관(會同館)에서 이루어진 회동관 후시, 압록강 의주(義州)의 중강(中江)에서 이루어진 중강 후시, 의주 맞은편 책문(柵門)에서 이루어진 책문 후시, 함경도 경원(慶源) 등 북관(北關)에서 이루어진 북관 후시, 부산 등 왜관(倭館)에서 이루어진 왜관 후시 등이 유명하였다.

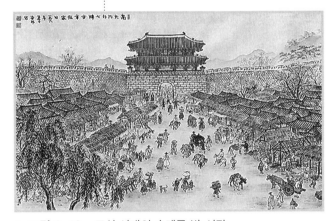

중국과의 무역에는 의주의 만상(灣商)과 평양의 유상(柳商)이, 일본과의 무역에는 동래의 내상(萊商)이 활약하였고, 만상과 내상의 중간에서 개성의 송상(松商)이 중개무역을 하였다. 결과적으로 외국무역의 주도권은 송상이 쥐고 있었다.

▶ 그림 3-18 조선 시대의 숭례문 밖 시장

❽ 조선의 사법제도

조선 시대는 행정과 사법이 분명히 구분되지 않아 그 한계가 모호하였다. 본연의 의미로서 사법기관은 형조와 의금부가 있었고, 한성부·사헌부·장예원(掌隷院)·지방의 관찰사와 수령 등이 각각 사법권을 행사하였다.

형조는 사법의 감독기관인 동시에 항소심의 재판기관이기도 하였고, 의금부는 왕명을 받아 특수 범죄를 다루는 특별 재판기관의 역할을 하였다. 한성부는 서울의 일반 행정과 경찰 업무를 맡는 동시에 전국적으로 토지·가옥·묘지 등의 소송을 담당하였고, 사헌부는 규찰과 탄핵 등 감찰 업무를 맡았으며, 장예원은 노비에 관한 문서와 소송을 담당하였다.

경찰기관으로는 중앙의 포도청과 지방의 토포사(討捕使)가 있었고, 감옥으로는 전옥서(典獄署)가 있었다. 형벌에는 사(死)·유(流)·도(徒)·장(杖)·태(笞) 등의 5종류가 있었다. 사형은 사형시키는 방법으로, 유형은 유배지의 원근으로 형의 경중을 구분하였다. 도형(徒刑)은 먼 곳에 있는 염장(鹽場 ; 염전)이나 철소(鐵所 ; 광산 또는 대장간)에 보내서 중노동에 복역시키는 것이지만 별로 많지 않았다.

형벌의 종류나 양은《경국대전》의 '형전조(刑典條)'에 따라 정했고, 형사소송에서 지방의 수령은 태 이하의 죄만 직결할 수 있었다. 형조와 관찰사는 유 이하의 죄를 직단(直斷)할 수 있되, 중죄는 상급기관의 지시를 받아야 했다. 사형은 의정부에 보고해 형조가 재심한 뒤 다시 국왕에게 보고하고, 의금부에서 3심(三審)하는 절차를 밟았다.

민사는 문서로 규정된 것이 거의 없었기 때문에 대개 관습에 따랐고, 분규의 해결도 수령의 재량에 맡기는 일이 많았다. 가족제도와 관련된 소송은 유교의 예법을 기초로 판결하였다.

▶ 그림 3-19　전옥서 터
(종각역 6번 출구)

❾ 조선의 문화와 과학기술

■ 훈민정음 창제

우리민족 문화에서 가장 자랑스러운 것은 훈민정음이다. 조선 왕조는 농민의 기반 위에 세워졌으므로 농민들의 생활안정과 농민들을 교화하는 데에 힘을 쓸 수밖에 없었다. 농민을 교화하려면 농업기술의 보급과 유교적 윤리와 도덕을 실천하도록 권장해야 했다. 그런데 한자는 읽고 쓰기가 어려워서 일반 백성은 배우지 못하고 문맹자로 살아야 했다. 농업기술서나 윤리교본 등은 모두 한문으로 쓰여 있어서 농민들이 읽을 수 없었기 때문에 배우기 쉬운 글자가 절실히 필요하였다.

세종대왕과 집현전 학자들의 노력끝에 한글을 만든 다음 용비어천가(조선의 건국을 찬양한 노래)와《월인천강지곡(부처님의 공덕을 찬양한 불교의 경전)》을 한글로 번역해서 유용성을 확인한 후 세종 28년(1446)에 훈민정음을 반포하였다.

그러나 훈민정음 반포 초기에는 양반들이 한문은 '진서(眞書)', 한글은 '언문(諺文)'이라 하여 한글을 멸시하였기 때문에 제 기능을 다하지 못했다. 그러다가 조선 후기에 ①《홍길동전》이나《춘향전》과 같은 한글 소설이 나오고, ② 정철의 '관동별곡'과 '사미인곡'으로 대표되는 가사(歌詞)가 한글로 작성되었으며, ③ 윤선도의 '어부사시사'로 대표되는 한글 시조가 큰 호응을 얻으면서 한글이 우리나라 글자의 중심적인 역할을 하게 되었다.

■ 과학기술의 발달

조선 초기에는 민생의 안정과 부국강병을 위하여 과학기술을 국가적 차원에서 지원하였다. 유학자들도 과학기술을 중시하였기 때문에 전통적인 기술문화를 계승하는 것은 물론 서역 및 중국의 과학기술을 수용하여 과학기술이 크게 발전하였다.

조선은 농업이 기반산업이었으므로 농민들에게 농업기술을 가르쳐 생산량을 늘리기 위해《농사직설》과《금양잡록》과 같은 농학서적들을 국가가 편찬하였다.《농사직설》은 우리나라의 풍토에 맞는 농사기술과 품종개량에 관한 책이고,《금양잡록》은 씨앗저장법, 토질개량법, 모내기법 등 농민들의 실제경험을 바탕으로 만들어진 책이었다.

국가적인 편찬사업이 활발해지면서 고려 시대(1234년)의 금속활자를 이용한 인쇄기술이 더욱 더 발전되어 '계미자'나 '갑인자'(1420년)와 같은 정교한 활자가 만들어졌다. 편찬사업은 제지기술도 향상시켰다. 태종 5년에는 '주자소'라는 국영 제지공장(製紙工場)을 설치하여 종이를 대량으로 생산하였다.

▶ 그림 3-20   해시계(앙부일구/仰釜日晷)

과학적인 영농을 위해서 천문 · 기상 · 역법(曆法) · 측량 · 수학 등의 발달을 가져왔으며, 정확한 측정을 위한 각종 기구가 발명 · 제작되었다. 천체관측기구로서 '혼천의(渾天儀)'와 '간의(簡儀)'가 제작되었고, 시간측정기구인 '앙부일구(仰釜日晷)'와 '자격루(自擊漏)'가 만들어졌으며, '측우기'를 제작하여 강수량을 측정하였다. 마지막으로 중국의 역법과 아라비아의 역법을 비교 연구하여《칠정산내 · 외편(七政算內 · 外篇)》을 편찬하였다.

❖ 칠정산(七政算)……해와 달 그리고 수성, 금성, 화성, 목성, 토성의 운행에 관한 각종 자료를 토대로 계산해서 달력을 만드는 일

농업 기술면에서는 논밭에 거름을 주는 시비법(施肥法)의 개발, 논농사를 위한 수리시설로서 둑(堤堰)을 쌓고 보(洑)를 막는 기술의 개발, 벼농사를 직파법에서 이앙법으로 바꾼 것 등이 가장 괄목할만한 발전이었다.

국방강화 정책과 관련하여 무기제조 기술도 발달하였다. 최무선이 '화통도감(火通都監)'이라는 국가기관을 설치하여 화약을 제조하고, 성능이 뛰어난 화포와 화차를 만들어 병선(兵船)에 장착하여 왜구를 섬멸하였다. 병선을 제조하는 기술이 개량되어 전투선인 거북선이 제작되었고, 훗날 임진왜란 때 화포를 장착한 거북선의 위력이 검증되었다. 그밖에 정약용은 기중기를 고안해서 현재 수원에 있는 화성(華城)을 축조하는 데에 이용하였다.

그러나 조선 초기에 발달한 과학기술은 16세기 이후 과학기술을 경시하는 '사농공상(士農工商)'사상 때문에 점차 침체기에 빠지게 되었다.

■ 문 학

➔ 한문학(漢文學)

조선 초기 문신관료들에 의하여 한문학이 발달되었다. 서거정이 신라시대부터 당시까지 있었던 한문으로 된 시문 중에서 뛰어난 것만을 뽑아서 편찬한 책이《동문선(東文選)》이다. 동문선에 실려 있는 시문의 형식에는 시조, 가사, 패설, 소설 등 다양한 장르가 모두 포함되어 있다. 작품의 주제도 우리나라 산천의 아름다움, 자연 속에 파묻혀서 사는 은둔생활의 즐거움 등 다양하다.

  ❖ 패설(稗說)……'민간에 떠돌아다니는 기이한 내용의 짤막한 이야기'를
     말한다. 대부분 교훈적 · 건설적 · 세속적인 내용을 담고 있다.

➔ 악장(樂章)

고려와 조선의 궁중음악으로 불린 노래 가사를 모두 포괄해서 '악장'이라고 할 수도 있지만, 조선 시대 초기 나라의 공식적 행사인 제향(祭享)이나 연향(宴享) 혹은 각종 연회(宴會)에 쓰기 위하여 새로 지은 노래 가사(詩歌)들을 특별히 따로 묶어서 '악장'이라고 한다. 용비어천가(龍飛御天歌)와 월인천강지곡(月印千江之曲)은 한글로 지은 악장이라는 점에서 큰 의의가 있다.

➔ 시조(時調)

우리 민족이 만든 독특한 정형시의 하나로, 노래의 가사이기 때문에 문학인 동시에 음악인 셈이다. 시조라는 명칭은 조선 영조 때의 가객 이세춘이 당시에 '단가'라고 불리던 것을 '시절가조(時節歌調)'라고 부른 데서 유래되었다. 시조는 고려 중기에 형성되어 조선 초기에 완성되었고, 현재까지도 그 명맥이 이어지고 있다.

모든 문화의 중심에 한문 문화가 자리 잡고 있던 시기에 우리말로 노래하여 민족의 주체성을 살렸다는 데에 시조의 의의가 있다. 오랫동안 불렸기 때문에 지어진 시기에 따라서 시조가 노래하는 내용도 달라졌다. 고려 왕조의

▶ 그림 3-21　윤선도가 머물던 보길도의 세연정

지난 날을 되새기면서 부른 '회고가(懷古歌)', 사육신과 생육신들의 절의를 읊은 '절의가(絶義歌)', 자연 속에서 은거하면서 스스로를 성찰하고 심성을 길러서 즐기는 '강호가(江湖歌)', 황진이를 비롯한 기녀들이 인간적인 애정을 표현한 '연모가(戀母歌)', 윤선도의 '어부사시사', 김상헌과 이순신 장군의 '우국충정가(憂國衷情歌)' 등이 유명하다.

개화기 이후 나타난 자유시에 밀려 점차 쇠퇴하였는데, 이를 안타깝게 여긴 최남선 등에 의해 시조 부흥 운동이 일어나게 되었다.

➜ 가사(歌辭)

조선 시대에 불리던 노래의 리듬이나 멜로디는 전해지지 않고 노랫말만 전해오는 것이 가사와 시조이다. 한글로 지어졌다는 점에서는 시조와 가사는 같다. 그런데 시조는 일정한 형식에 맞추어서 지은 짧은 노랫말이고, 가사는 운율에 크게 구애받지 않고 길게 지은 노랫말이라는 점에서는 차이가 있다.

최초의 가사는 정극인의 '상춘곡'이고, 최초의 시조는 이방원과 정몽주가 주고받았다는 '하여가'와 '단심가'이다. 송순의 '면앙정가'와 정철의 '관동별곡', '사미인곡' 등이 뛰어난 가사작품으로 손꼽힌다. 가사는 1900년대 초까지 만들어졌으나 그 이후로는 만들어진 것이 없다.

➜ 소설

김시습의 《금오신화》가 우리나라 최초의 소설이고, 허균의 《홍길동전》은 우리나라 국문소설의 효시이다. 《장화홍련전》, 《심청전》, 《흥부전》, 《춘향전》, 《옥루몽》, 《숙향전》 등이 유명한 국문소설이다.

➜ 판소리

판소리는 18세기 호남 지방에서 발생했으며 19세기에는 여러 명창이 나와 그 전성기를 이루었다. 신재효(申在孝)는 판소리 여섯마당을 지어 서민뿐만 아니라 양반층까지 판소리의 세계로 끌어들였다.

■ 미 술

조선 시대의 그림은 도화서(圖畵署)에 소속되어 있는 화원(畵員)들이 그린 그림과 양반들이 취미로 그린 그림으로 나뉜다. 화원들의 그림은 초상화가 많았고, 양반들의 그림은 대부분이 산수화였다.

화원이 그린 그림으로는 안견의 '몽유도원도(夢遊桃源圖)', 문인화로는 강희안의 '고사관수도(高士觀水圖)'가 가장 유명하다. 몽유도원도는 안평대군이 꿈에 복숭아밭에서 논 광경을 안견에게 말하여 그리게 한 것으로 현실세계와 도원세계가 대조를 이루고 있으면서도 전체적으로는 큰 조화를 이루고 있는 것이 특징이다. 고사관수도는 깎아지른 것 같은 절벽에서 바위에 기대어 물을 바라보고 있는 선비의 모습을 담고 있는 그림으로, 흑백대비(黑白對比)가 심한 묵법(墨法)과 간결하고 자유분방한 필치가 높이 평가되고 있다.

조선 중기의 이정과 신사임당의 그림은 화법이나 의도에서 한국적 특징이 잘 나타나기 시작하였고, 정선에 이르러서 한국적 독자성이 완전히 정착되었다. 정선의 '금강산도(金剛山圖)'는 진경산수화 분야에서 하나의 전형이 되어 후대 화가들에게 큰 영향을 주었다.

조선 후기 그림 중 또 하나의 특징은 풍속화의 개척이다. 김홍도와 신윤복은 서민생활 속에 깊이 파고들어 그 애환을 소박하고 해학적으로 표현해냈다.

▶ 그림 3-22   조선 시대의 민속
(김홍도의 씨름도)

서예는 양반들의 필수 교양이어서 누구나 글씨를 썼다. 안평대군은 조맹부체를 발전시켜서 이름을 떨쳤다. 양사언과 한호는 왕희지체를 특기로 하면서 각각 초서와 해서에 능하여 명필로 이름이 높았고, 김정희는 중국 서예의 모방에서 벗어나 독자적인 추사체를 개척하였다.

조선 시대의 공예품 중에는 분청자기와 청화백자가 있었다. 고려청자가 귀족적·곡선적인 데 비하여 조선백자는 서민적·직선적인 것이 특징이다.

■ 음악과 무용

음악은 국가의 각종 의례와 불가분의 관계가 있었다. 수십 종의 악기가 새로 만들어지거나 개량되고, 악곡과 악보가 정리되어 조선의 독자적인 궁중음악의 기초가 확립되었다. 이때 만들어진 음악이 동양에서 가장 오래 된 궁중음악인 아악으로 전해지고 있다. 그 뒤 국악을 비롯한 동양음악을 이론적으로 정리한 악학궤범이 편찬되어 조선의 궁중음악이 집대성되었다.

그러나 16세기 중엽 이후로는 음악의 주체가 궁중으로부터 서민사회로 옮겨져 당악·향악 등의 속악이 발달하였다. 속악으로는 가사, 시조, 가곡 외에 각 지방의 민요 등이 있어 민간에서 널리 애송되었다.

무용과 연극 중에는 음악과 밀접한 관계를 맺고 보존되어 내려온 것도 많았는데, 궁중에서는 산대놀이라는 탈춤과 꼭두각시놀이인 인형극도 민간사회에 유행되기 시작 하였다.

또, 민간에서는 굿이 유행하였는데, 이러한 무속은 촌락제, 별신굿, 가정굿 등으로 분화되어 다양하게 발전하였다. 이러한 굿과 함께 추는 춤은 탈춤, 민속무 등에도 많은 영향을 주었다.

■ 사상과 학문

조선 건국을 추진한 신진사대부의 학문은 성리학이었다. 성리학은 국가의 장려 아래 크게 발달하였으나 '현실적인 정치 · 경제 문제에 관심을 가지는' 관학파(官學派)와 '유교의 정치 철학을 정치 현실에 반영시키려는' 사학파(私學派)라는 두 학풍이 대립하였다. 이후 사학파는 여러 번의 사화를 거치면서 관직을 단념하고 지방에 은거하며 학문에만 전념하는 사림파를 형성하였다.

이후 성리학은 '우주의 근원이 되는 생명력에 대한 인식을 중요시하는' 주리파(主理派)와 '사물의 법칙을 객관적으로 파악하려는' 주기파(主氣派)로 갈라졌다. 주리파는 이언적에서 시작되어 퇴계 이황 · 유성룡 · 김성일 · 정구 등으로 이어지는 영남학파를 이루었고, 주기파는 서경덕에서 비롯되어 율곡 이이 · 김장생 · 정엽 등으로 이어지는 기호학파를 형성하였다.

조선 후기에 주리론(主理論)은 '위정척사사상'의 철학적 배경을 이루었고, 주기론(主氣論)은 정약용의 '실학사상'을 거쳐서 '개화사상'으로 연결되었다.

▶ 그림 3-23　다산 정약용

❖ 위정척사사상(衛正斥邪思想)……올바른 것을 지키고 사악한 것을 배척하는 사상이라는 뜻이다. 어떤 것이 옳은 것이고, 어떤 것이 사악한 것인가? 는 역사적 상황, 민족, 시대에 따라 그 성격과 내용이 달라진다.

위정척사사상이 사회에 나타나는 데에는 다음과 같은 공통점이 있다.

- 한 나라가 망하기 직전에 나타난다.
- 전통문화나 전통사상을 지킨다는 명분을 내세운다.
- 기득권(보수적인) 세력이 새로운(이질적인) 문화의 도전에 항거하기 위해서 위정척사를 내세운다.

예를 들어 대원군 일파가 쇄국정책을 주장할 때 철학적 배경으로 내세운 것이 위정척사사상이다.

조선 후기에 실학사상이 생기게 된 원인은 임진왜란 이후 '자아에 대한 반성과 서양의 사상 및 과학적 지식'이 시야를 넓혀준 데 있었다.

　실학자들은 부국강병과 민생 안정을 위해 다음과 같은 개혁안을 제시하였는데, 이것은 뒷날 개화사상에 큰 영향을 미쳤다.

❖ 제도개편을 통해서 농업을 육성하고, 농민들에게도 균등한 교육기회를 주어 관료로 등용하는 농업 중심의 이상적 국가 건설로 민생을 안정시킴.

❖ 국내 산업과 대외무역을 일으키고 기술을 도입하여 부국강병을 함.

➜ 서학과 동학

　서학은 서양 문물과 함께 청나라를 통해 전해졌다. 서학에 처음 관심을 가진 사람은 실학자들이었다. 18세기 말부터 학문의 대상이 되었던 서학은 남인(南人)학자를 중심으로 천주교 신앙 운동으로 번져갔다. 특이한 점은 서양 선교사의 전도에 의해서가 아니라 중국에서 들어온 천주교 서적을 읽고 자발적인 신앙으로 발전한 것이었다.

　당시 천주교 운동은 족벌 중심의 양반 사회와 성리학 지상주의에 대한 도전이었기 때문에 박해가 시작되었다. 탄압 속에서도 1831년(순조 31) 조선교구(朝鮮敎區)가 독립했고, 서양인 신부가 들어와 선교에 힘썼다. 이 무렵 우리나라 최초의 신부인 김대건이 순교하기도 하였다. 천주교 신도는 처음에는 남인계통의 양반들이 많았으나, 점차 무식하고 빈천한 사람들과 부녀자들이 많아졌다.

　동학은 양반 사회의 모순을 해소하고, 서양 세력인 서학에 대항하기 위해서 최제우가 창시한 우리나라의 독자적인 종교이다. 동학사상은 유 · 불 · 선 3교와 무속신앙 · 음양오행설 · 정감록 등 여러 요소가 혼합된 것으로, 동학의 기본 사상은 인내천(人乃天 ; 사람이 곧 하늘이다)이다. 따라서 '인심은 곧 천심이다'고 가르쳤고, 자연스럽게 사회적 신분을 초월해서 만인의 평등을 부르짖게 되었다.

　동학이 농민들에게 쉽게 환영받은 까닭은 전통적인 토속신앙을 수용한 점도 있었지만, 천대받던 농민들까지 평등하게 대했기 때문이다. 그래서 동학은 단순한 종교 운동에 그치지 않고, 농민을 중심으로 사회적 모순을 바로잡으며 부패한 정치를 개혁하려는 사회 운동으로 번져갔으며, 그 대표적인 것이 '동학혁명'이다.

❿ 조선의 위생 및 의료

■ 중앙의 의약제도

조선 시대에 중앙에는 다음과 같은 관서를 설치하고 의약(醫藥)의 일에 종사한 관원을 두었으며, 그들의 품계는 종3품 이하였다.

❖ 내의원(內醫院)……왕의 내약을 담당하는 기관으로 내명부에 전약(典藥)과 장의(掌醫), 세자궁에 장의를 두었다.

❖ 전의감(典醫監)……왕실 및 조관들의 진료, 왕이 신하에게 하사하는 의약, 의학에 재주가 있는 사람을 시험하여 뽑는 일(의학취재/醫學取才) 등을 관장하는 관서. 주부 이상은 모두 과거에 합격한 사람을 임명하였으며 습독관은 30인이었다.

▶ 그림 3-24 혜민서 터

❖ 혜민국(惠民局)……서민(庶民)을 구활(救活)하기 위한 약재의 수납을 관장하는 관서였다.

❖ 활인원(活人院)……도성의 동서 두 곳에 두어 도성 내의 병자를 구활하는 일을 맡았으며, 대비원(大悲院) 또는 활인서(活人署)라고도 하였다.

❖ 제생원(濟生院)……혜민국과 함께 일반대중의 질병구료, 의서편찬, 구호사업, 각 지방에서 생산되는 약재(鄕藥材)의 수납과 저장, 의녀(醫女)의 양성 등을 맡은 관서였다. 뒤에 전의감 또는 혜민서 소속으로 되었다.

❖ 육학(六學) 중의 의학……성균관에서 가르치는 6학 중의 하나로 의학을

설치하여 의약을 습득시켜 인재를 양성하였다.

❖ **의생방(醫生房)**……세종 때에 전의감·혜민국·제생원에 각각 의생방을 두어 제약(劑藥)을 배우고 방서(方書)를 읽어 의술에 통달하게 한 다음 취재에 응하도록 하였다.

❖ **병조의 의원**……병조에 근무하는 의원들은 군직의 봉록을 받으면서 전의감에 소속되어 의약습독관으로서 일을 했다. 의정부와 6조에 각 3인, 종친부·충훈부·도총부에 각 2인의 의원을 두었다.

■ 지방의 의약제도

태조 때 전라도 안렴사(全羅道按廉使) 김희선(金希善)의 건의에 따라 각 도에 의학교수(醫學教授) 1인을 파견하고, 도와 도의 경계에 있는 계수관(界首官)마다 의원(醫院)을 하나씩 설치하였다. 양반의 자제를 모아 '향약혜민경험방(鄕藥惠民經驗方)'을 가르쳤고, 채약정부(採藥丁夫)를 두어 약재를 채집하게 하였으며, 약방에 따라 병자를 치료하게 하였다.

예조 소속으로 각동의 학교에 의학을 두어 치료와 의학교육을 시켰고, 평양부사의 관제를 개정할 때 의학원을 두어 의약을 관장하게 하였다.

❖ **심약(審藥)**……궁중에 헌납하는 약재를 심사하기 위하여 각 도에 배치한 관원으로 전의감·혜민서의 관원 중에서 선임하였다.

❖ **의학생도**……부에 16인, 대도호부와 목에 각 14인, 도호부에 1인, 군부에 10인, 현에 8인을 두었다.

❖ **병전(兵典)의 약부(藥夫)**……목 이상을 5인, 도호부에 4인, 군에 3인, 현에 2인씩 약부를 배정하였다.

■ 의약학(醫藥學)

우리나라는 삼국 시대부터 중국의 의서와 의학이론을 수용해왔고, 고려 시대에는 중국에서 약재를 들여다 썼다. 그러나 고려 말기부터 국산 약재에 대한 연구가 활발해져서 1433년(세종 15)에는 703종의 한국산 향약재를 이용한 처방을 한데 모은 《향약집성방(鄕藥集成方)》이 나왔다. 1445년에는 의학의 백과전서라 할 수 있는 《의방유취(醫方類聚)》가 편찬되었다.

그러나 《의방유취》는 분량이 너무 많아 임상실습에서 참조하기에는 매우 불편했다. 1610년(광해군 2)에 허준(許浚)의 《동의보감》과 허임(許任)의 《침구경험방(鍼灸經驗方)》이 편찬되었다.

이로써 중국의 의학이론에서 벗어나 우리의 체질과 풍토에 맞는, 우리의 향약재를 이용한 치료에 강조를 둔 민족적인 의서가 편찬되었다. 1798년(정조 22) 정약용이 지은 《마과회통(麻科會通)》에는 우두(牛痘)의 시술 방법이 기술되어 있고, 그 후 이제마(李濟馬)는 체질에 맞는 진료법인 사상의설(四象醫說)을 주장하였다.

⑪ 조선 시대의 민속과 체육

조선 시대의 체육은 그 목표나 방법에 있어서 갑오개혁 이전과 이후에 큰 차이가 있다. 갑오개혁 이전에는 주로 무예를 중심으로 한 체육이 행하여졌으나, 갑오개혁 이후에는 구미·일본 등으로부터 소개된 체조·유희·교련 등을 내용으로 행하였다. 즉 무사 중심의 체육에서 서민 중심·교육 중심의 체육으로 바뀐 것이다.

여기에서는 갑오개혁 이전의 체육만 간단히 소개하고, 갑오개혁 이후의 체육은 개화기에서 설명한다.

조선 초기(태조~성종)에는 국방을 위하여 군인(농민)의 훈련에 힘썼다. 특히 태조와 태종은 자신이 무인이었고 무예 훈련에 매우 열성적이었다. 그러나 조선 중기(연산군) 이후에는 문존무비(文尊武卑)의 사상이 지배적이었고, 귀족과 양반은 병역이 면제되어 무예를 등한시했으므로 무예를 하는 사람은 거의 모두가 천인(賤人)이었다.

　계속되는 당파 싸움과 사화로 율곡의 양병론도 무시되었고, 임진왜란과 병자호란을 당한 후에야 국방력 양성과 군대 훈련의 필요성을 느끼게 되었다. 조정에서는 명나라 사람 척계광이 저술한《기효신서(紀效新書)》라는 병서(兵書)에 있는 무예기술에, 조선에서 예전부터 사용해오던 8가지의 무예를 더해서《무예도보통지(武藝圖譜通志)》라는 병서를 간행하여 훈련에 이용하였다.

➔ 무예도보통지(武藝圖譜通志)

　전투 동작 하나하나를 그림과 글로 해설한 실전 훈련서(訓練書)이다. 총 24가지의 전투기술이 수록되어 있고, 근접전투 기술만을 다루었기 때문에 활이나 총포 기술에 관한 내용은 없다.

▶ 그림 3-25　무예도보통지에 수록된 검술

　무사의 체육으로는 고려 시대에 행하여지던 여러 무예를 계승하여 기사(騎射) · 사술(射術) · 창사(槍射) · 검술 · 격구 · 수박 등이 행하여졌다. 양반과 벼슬아치들은 활쏘기(향사례와 대사례 ; 鄕射禮), 매사냥(방응 ; 放鷹), 쌍륙, 투호, 승경도 등을 경기 또는 놀이로 행하였다. 일반 서민들은 명절에 씨름 · 수박 · 격양 · 연날리기 · 널뛰기 · 석전(石戰) · 돈치기 · 줄타기 · 줄다리기 · 농악 등을 하면서 즐겼고, 서당에서는 학동들이 쉬는 시간에 죽마(竹馬) · 축국 · 제기차기 · 장치기 등을 하면서 놀았다.

➔ 대사례(大射禮)

　나라에 행사가 있을 때 임금이 3품 이상의 문무관원을 모아 활쏘기를 해서 과녁을 맞힌 자에게는 상을 주고, 맞히지 못한 자에게는 벌주를 내렸던 행사이다. 보통 문묘(文廟)에 제사를 지내고 나서 성균관에서 행하였다. 활쏘기를 육예(六藝)의 하나로, 남자의 덕행을 수양하는 좋은 방법이라고 생각하였기 때문에 생긴 의례이다.

➔ 향사례

향촌의 선비나 유생들이 학덕과 연륜이 높은 사람을 주빈으로 모시고, 편을 갈라 활쏘기(편사/便射)를 겨루며 함께 술을 마시던 의례이다. 단순히 활쏘기나 술을 마시는 것이 아니라 서로 예의를 지키고 화합을 도모하여 향촌을 교화시킬 목적으로 행해졌다.

➔ 장치기

고려 시대에 귀족들이 행하던 격구가 조선 시대에 서민들의 민속놀이로 변하면서 붙여진 이름이다. 긴 막대기(장/杖)를 도구로 사용한다는 점에서는 격구와 장치기가 같지만, 서민들은 말(馬)이 없어서 '넓은 경기장(들판)을 뛰어다니면서 장으로 공을 치는 놀이'라는 의미로 '장치기'라고 한 것이다.

➔ 격양(擊壤)

신짝 비슷하게 생긴 나뭇조각을 땅바닥에 놓고, 30~40보 앞에서 다른 한 개의 나뭇조각을 던져 맞히는 놀이이다.

■ 활인심방

중국 명나라의 주권(朱權)이라는 사람이 의가(醫家)와 선가(仙家)의 말(言)들을 모아서《활인심(活人心)》이라는 책을 지었다. 이 책을 퇴계 이황 선생이 필사본으로 베낀 다음《活人心方》이라고 제목을 붙였다. "인간의 병의 뿌리는 마음에서 비롯되므로, 사람이 병드는 것을 예방하고 질병의 고통으로 벗어나 활기차게 사는 사람(活人)이 되기 위해서 마음을 다스리는 방법을 적은 책"이라는 뜻이다.

활인심방의 내용은 활인심서(活人心序), 활인심, 중화탕(中和湯), 화기환(和氣丸), 양생지법(養生之法), 치심(治心), 도인법(導引法), 거병연수육자결(去病延壽六字訣), 사계양생가(四季養生歌), 보양정신(保養精神), 보양음식(保養飮食) 등으로 나뉘어져 있다.

'도인법'은 퇴계 선생이 즐겨하셨던 맨손체조 또는 스트레칭 동작을 그림을 그려가면서 설명한 것이다. 즉 잠자리에서 일어나 팔다리를 쭉 펴고 기지개를 켜듯 온몸을 쭉 늘이면서 숨을 크게 쉬는 동작을 행하는 것이다. 이 운동을 하루에 세 번 정도씩 오래 하면 거의 모든 병들이 사라지고 몸이 가뿐해진다고 한다.

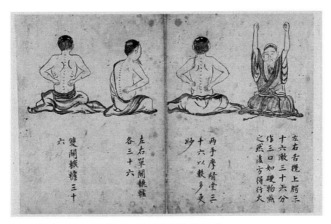

▶ 그림 3-26   활인심방의 도인도(導引圖)

제4장

근대의 체육

01 개화기의 체육

개화기(開化期)는 1876년의 강화도조약 이후에 서양문물의 영향을 받아 종래의 세습적 사회질서를 타파하고 근대적 사회로 개혁되어 가던 시기를 말한다. 개화기의 끝을 언제로 보는지는 학자에 따라 다르지만, 이 책에서는 1910년 한일합방 조약으로 조선이 역사 속으로 사라진 때를 개화기의 끝으로 본다.

개화기는 외세의 침탈과 각종 조약의 체결, 정변과 개혁, 농민운동 등으로 국가의 재정은 바닥이 나고 백성들은 굶주림과 전염병에 시달렸던 검은 역사로 점철되던 시기였다.

개화기 직전에 조선을 지배하고 있던 대원군과 그의 쇄국정치에 대하여 먼저 살펴본 다음 개화기에 일어난 주요 사건과 그 사건의 결과로 일어난 정치적 변화들을 시대 순으로 요약해서 정리한다.

❶ 대원군과 쇄국정책

정조가 젊은 나이에 죽고 순조가 12세의 어린 나이로 즉위(1800년)하자 순조의 외척 김조순 일가(안동 김씨)가 중앙의 요직을 모두 독점한 것이 '세도정치'의 시작이다. 이후 헌종과 철종도 모두 어린 나이에 즉위하였고, 임금의 외척인 안동 김씨와 풍양 조씨가 번갈아가며 약 60년 동안 세도정치를 해서 그 폐해가 막심하였다.

1863년 고종이 12세의 나이에 왕위에 오르자 고종의 아버지인 흥선대원군이 정권을 잡았다. 대원군 자신도 안동 김씨 세력에 밀려 목숨을 보존하기 위해 불량배와 어울리며 거지처럼 구걸 행세를 했던 경험이 있었으므로 정권을 잡은 즉시 안동 김씨 세력을 정계에서 몰아내버렸다.

이후 왕실의 위엄을 세우고, 흐트러진 민심을 바로잡기 위해 많은 개혁정책을 펼치기 시작하였다. 그가 추구한 개혁정책은 ① 안동 김씨로 대표되는 족벌 세력의 축출, ② 백성들을 수탈하는 데 혈안이 되었던 서원의 철폐, ③ 의정부와 삼군부를 두어 행정권과 군사권의 분리, ④ 조세제도의 개선 등이었고, 이와 같은 개혁은 백성들로부터 큰 지지를 얻었다. 그러나 경복궁 재건을 위해 발행한 당백전이 물가를 크게 올려 백성들의 원망을 사기도 하였다.

1860년 청나라가 아편전쟁에서 패함으로써 영국·프랑스·러시아 등 서구 열강이 상당한 기득권을 얻게 되었다. 특히 그 이후 프랑스는 선교사들을 앞세워 서서히 조선으로 눈을 돌리기 시작하였다.

당시 조선 내부의 보수적인 지배세력들이 평등사상을 펼치던 천주교를 압박하기 시작하여 결국 1866년 카톨릭교를 탄압하는 포고령이 발표되었다. 이어서 프랑스 선교사 9명과 국내 신도 8,000여 명이 처형되는 '병인박해'가 단행되었다. 이에 격분한 프랑스가 함대를 이끌고 들어와 강화도에서 조선 군대와 전투를 벌인 것이 '병인양요'이다.

처음에는 프랑스 함대의 화력 때문에 정족산성까지 밀렸으나 이후 지상전투에서 프랑스군을 물리쳤다. 프랑스군을 무력으로 물리친 대원군은 이에 고취되어 전국에 척화비를 세우고 쇄국양이(鎖國攘夷) 정책을 더 힘차게 밀고 나갔다.

프랑스군은 강화도에서 철수할 때 외규장각도서 345권 등 문화재를 약탈해갔는데, 그 도서들은 현재 프랑스 국립도서관에 보관되고 있다. 1990년대부터 정부가 나서 이들 문서를 반환해 오기 위한 외교를 펼치고 있으나 아직까지 뚜렷한 성과를 거두지 못하고 있다.

❷ 강화도조약(1876년 고종13)

1865년에 '메이지유신(明治維新)'을 단행하여 근대국가로 급속하게 발전한 일본이 조선과 근대적인 국교 관계를 맺자는 교섭을 해왔다. 일본의 발전을 몰랐던 조선은 "일본이 국왕을 천황이라고 칭했다."는 등의 이유로 거부하자 일본정부 내부에서 발끈하여 "조선을 무력으로 정복해야 한다."는 정한론(征韓論)이 대두되었다.

이에 일본은 군함 '운요호(雲揚號)'를 강화도 앞바다에 보내(1875년) 조선군과의 충돌을 유발한 다음 "군사적 분쟁을 외교적으로 해결한다."는 명목을 내세워 강제적으로 맺은 것이 강화도조약이다. 강화도조약은 조선이 외국과 최초로 맺은 조약이라는 의의가 있지만, 이때 부산 · 원산 · 인천항을 강제적으로 개방하게 되었다.

항구의 개방은 개화의 시발점이기도 했지만 일본의 식민주의적 침략의 시발점이기도 했다. 한편으로는 "서양 오랑캐를 배척하고 청과 교류해야 한다."고 주장하는 수구파와 "일본을 통해서 서양의 문물을 받아들여 근대국가를 세워야 한다."고 주장하는 개화파 사이에 대립이 시작된 전환점이 되기도 하였다.

❸ 임오군란(1882년 고종19)

강화도조약으로 항구를 개항함으로써 대원군의 쇄국정책이 무너져버렸다. 개화파와 수구파 사이의 대립이 더욱 더 날카로워져가던 시기에 신식군대인 별기군(別技軍)은 급료와 보급이 좋은 반면에 구식군대의 군졸들은 13달 동안 봉급을 받지 못해 불만이 높았다.

그러던 차에 겨우 한 달 치의 급료(쌀)를 받게 되었으나, 그것마저 양이 턱없이 부족하고 모래가 반 넘어 섞여 있었다. 이에 격분한 구식군졸들이 일으킨 폭동이 '임오군란(壬午軍亂)'이다.

폭동이 일어나자 대원군이 겉으로는 난군들을 진정시키는 척하면서 뒤로는 심복을 시켜서 난군을 지휘케 하였다. 그러나 청나라가 신속하게 군대를 파견하여 폭동을 진압하였다.

임오군란의 결과는 다음과 같이 비참하게 끝났다.

❖ 청나라가 군대를 파견하여 폭동을 진압해준 대가로 '조청상민수륙무역
장정(朝淸商民水陸貿易章程)'이라는 불평등조약을 맺어서 청나라가 조
선 내륙에서 식민지적 침탈을 할 수 있게 되었다.

❖ 폭동 중에 일본 공사관에 불을 지르고 일본인을 죽였기 때문에 주모자
처벌과 손해 배상을 내용으로 하는 '제물포조약'을 맺어 일본군이 조선
에 주둔할 수 있게 되었다.

❖ 내부적으로는 대원군이 개화파와 민씨외척 세력을 몰아내고 33일 동안 다
시 집권하였으나, 청군에 의해 대원군이 톈진으로 납치되면서 끝이 났다.

❹ 갑신정변(1884년 고종 21)

임오군란은 수구적인 민씨외척 정권과 급진개화파인 개화당 사이의 관계
를 급속히 냉각시켰다. 임오군란을 계기로 청나라 군대가 조선에 계속 주둔하
면서 조선을 청의 속국으로 만들려는 '속방화정책(屬邦化政策)'을 적극적으
로 추진하였다.

그러나 청의 도움으로 정권을 되찾은 민씨외척 세력들은 속방화정책에 순
응하면서 '자주독립과 근대화'를 목표로 하는 개화당을 탄압하기 시작하였다.
거기에 저항하여 김옥균 · 박영효 · 서광범 · 홍영식 · 서재필 등이 일으킨 군
사쿠데타[무장정변/武裝政變]가 '갑신정변(甲申政變)'이다.

쿠데타에 성공한 개화당은 맨 처음으로 신정부를 수립하였다. 신정부의 주
요 각료는 좌의정에 개화당 대표인 홍영식, 재정은 김옥균, 군사는 박영효와
서재필, 외교는 서광범, 국왕의 비서실장은 박영교였다.

이어서 신정부가 실시할 개혁 정치의 지침인 혁신정강을 제정해서 공포하
였다.

❖ 대원군을 가까운 시일 내에 돌려보내고, 조공을 폐지할 것

❖ 문벌을 폐지하여 평등권을 제정하고, 능력으로써 관직을 택하게 할 것

❖ 세법을 개혁하여 간사한 관리들을 근절하고 백성의 곤란을 구하며 국가 재정을 유족하게 할 것

❖ 정부는 육조 외에 무릇 불필요한 관청에 속하는 것은 모두 폐지하고 대신과 참찬으로 하여금 토의하여 처리하게 할 것

그러나 군사 쿠데타에 깜짝 놀란 청군이 명성왕후와 내통하여 반격하자 도움을 주기로 약속했던 일본군은 전투를 하지 않고 철군해버렸다. 쿠데타 군만으로는 수가 많은 청나라 군대를 당할 수가 없어서 패퇴하였다. 이로써 신정부는 3일 천하로 끝나고 말았다.

갑신정변은 다음과 같은 결과를 낳았다.

❖ 일본은 7척의 군함과 2개 대대의 병력을 조선에 보내서 갑신정변으로 입은 일본 공사관의 피해를 보상하라고 강요해서 '한성조약'을 맺었다. 그 내용은 일본인이 입은 피해를 보상하고, 일본군을 살해한 자를 색출해서 엄벌하며, 일본공관 부지와 건축비를 조선이 부담한다.

❖ 일본과 청나라는 "조선에서 충돌하지 않기 위해서 각각 군대를 철수하고, 혹시 조선에서 변란이 생길 경우 양국이 서로 알릴 것"을 약속하는 '텐진조약'을 맺었다. 이로써 조선의 자주권은 더욱 더 손상되었다.

❖ 조선이 러시아에게 함경북도 영흥을 빌려주자 조선에서 러시아의 힘이 강해지는 것을 경계한 영국이 거문도를 불법적으로 점령하고 군사 기지를 건설해버리는 이른바 '거문도사건'이 발생하는 원인이 되었다.

갑신정변은 다음과 같은 역사적 의의를 가진 민족운동이었다.

❖ 우리민족이 개혁을 단행하기에 비교적 적절한 시기에 자주적이고 부강한 근대국가를 건설하려는 목적으로 한 운동이었다.

❖ 한국 근대사에서 개화운동의 방향을 정립하여 주었다. 자주 부강한 국가와 시민사회, 자본주의 경제, 자주적 국방의 건설은 그 뒤 모든 개화운동과 민족운동이 계승하여 추구한 것이었다.

❖ 우리민족이 행한 반침략 독립운동의 기원(起源)이었다. 갑신정변은 당시 청나라의 속방화정책에 대하여 저항한 것으로 보이지만, 그 내부 성격은 '모든 외세의 자주권 침해에 대한 저항과 독립의 추구'가 본질이었다.

❖ 근대 민족주의의 형성과 발전에 이정표를 세운 운동이었다.

❺ 동학농민운동

동학농민운동은 1894년(고종 31, 갑오년)에 전라도 고부에서 농민과 동학교도가 힘을 합쳐 일으킨 운동이기 때문에 '동학농민운동', '동학농민혁명', '동학농민전쟁', '갑오혁명', '동학란', '고부민란', '갑오민란' 등 여러 가지 이름으로 불린다. 이 중에서 'ㅇㅇ운동'이나 'ㅇㅇ혁명'은 민족사관, 'ㅇㅇ란'이나 'ㅇㅇ전쟁'은 식민사관의 입장에서 붙인 이름이라고 할 수 있다.

■ 동학사상

정조가 사망한 이후부터 고종이 즉위하기 전까지 계속되어 온 세도정치 기간 동안은 기존의 동양적인 사상과 반대되는 천주교사상과 서양문물이 밀려들어와 사상적으로 혼란을 겪는 시기였다.

그러한 시기에 최제우(崔濟愚)가 종교를 창시(創始)하여 이름을 '동학(東學)'이라 하였다. 서양이나 중국의 동쪽에 있는 조선에서 시작된 우리민족 고유의 종교라는 의미로 '동학'이라 했다고 해석할 수도 있다. 또 당시에는 천주교사상을 서학(西學)이라고 하였기 때문에 '서학이 아니다'는 것을 강조하기 위해서 '동학'이라 이름 붙였다고 해석할 수도 있다.

동학은 시천주 · 후천개벽 · 보국안민 사상을 근간으로 하는 종교의 성격과 정치단체의 성격을 모두 가지고 있다.

❖ **시천주(侍天主)**……"하느님은 인간 안에 내재하고 계시기 때문에 하느님

을 모시면 놀라운 힘을 낼 수 있고, 인간 최고의 경지에 도달할 수 있다."는 것으로 천주교, 유교, 불교, 선교에서 보는 하늘에 대한 사상을 종합한 종교사상이다. 시천주 사상은 후에 "사람이 곧 하늘이다."라는 인내천(人乃天) 사상, 즉 만인평등 사상으로 진화한다.

❖ 후천개벽(後天開闢)······"서양의 정신적·무력적 침략을 잘 막아내면 지금의 어둡고 불평등하고 괴롭고 낡은 세상(先天)이 지나가고, 밝고 평등하고 살기 좋은 새 세상(後天)이 열린다. 사후(死後)가 아니라 살아 있는 이 세상에서 열린다."는 것으로 봉건체제를 붕괴시키고 모두 평등하게 잘 살아야 된다는 혁명사상이다.

❖ 보국안민(輔國安民)······제1대 교주 최제우는 "서양의 침략으로부터 나라를 구해내고 백성을 편하게 한다."는 뜻으로, 제2대 교주 최시형은 "나라를 이롭게 돕고 백성을 편하게 한다."는 뜻으로, 동학농민운동 당시에는 "나라를 바로잡고 백성을 편하게 한다."는 뜻으로 사용하였다. 이 것은 동학이 현실 정치를 개혁하려고 하는 정치집단의 성격을 가지고 있음을 말해준다.

조선의 지배층은 위에서 설명한 바와 같이 반(反)봉건적이면서 혁명적임과 동시에 정치집단의 성격을 띠고 있는 동학사상에 위협을 느껴 동학을 금지시키고 최재우를 처형해버렸다. 그러나 제2대 교주 최시형의 적극적인 포교와, 봉건적 압제에 시달리고 있던 민중들의 현실을 개혁하려는 욕구에 의해 비약적으로 발전해서 우리민족 최대의 민중종교(民衆宗教)가 되었다.

제3대 교주 손병희는 정치와 종교의 분리를 선언하고, 종교체제를 정비하여 이름을 '동학'에서 '천도교(天道教)'로 바꾸었다. 1919년 3.1운동시에는 보국안민의 기치를 내걸고 천도교 대표로 참여하여, 민족대표 33인 중의 한 사람으로 독립선언서에 서명하였다.

▶ 그림 4-1   천도교 서울 중앙대교당

이후 일제의 억압과 남북한 천도교인들의 왕래가 끊겨 교세가 크게 감축되었다. 현재는 서울에 있는 중앙총본부를 중심으로 전국에 수십 개의 교구가 있고, 총신도수는 약 10만 호에 이르고 있다.

■ 고부 봉기(1차 봉기)

고부군수 조병갑이 온갖 가렴주구를 일삼아서 농민들의 원성이 쌓여갔다. 그러다가 본래 있던 보(堡 ; 작은 댐) 바로 아래에 쓸데없는 보를 새로 쌓고 수세(水稅)를 걷자 농민과 동학도들이 힘을 합해 봉기한 사건이다.

전봉준 등 19명의 농민 지도자들이 사발통문을 작성해서 거사를 모의한 다음 1894년(고종 31) 1월에 농기구와 죽창을 들고 고부관아를 습격해서 점령했지만, 조병갑은 이미 도망간 후였다.

농민들은 옥문을 열어 억울하게 갇힌 사람들을 풀어주고, 창고를 헐어 수세로 거둬들인 양곡을 농민들에게 다시 돌려주었다. 간신히 도망친 조병갑이 전라감사 김문현에게 보고하고, 김문현이 다시 정부에 보고하자 조병갑을 체포하여 파면하였다.

정부에서는 박원명을 고부군수로, 이용태를 안핵사(경찰 책임자)로 임명하여 사태를 수습하게 하였다. 새로 부임한 군수가 "각자 집으로 돌아가 농사를 짓고 있으면 폐해들을 시정하겠다."고 약속하자 농민군들은 그 약속을 믿고 모두 집으로 돌아갔다.

그동안 부임을 미루고 있던 안핵사는 '농민군이 해산했다'는 소식을 듣자마자 달려와 취임한 후로 살인과 방화, 약탈을 자행하고 백성을 동학당으로 몰아 잡아들인 다음 돈을 뜯어냈다. 이에 격분한 농민군들이 일어나 고부성을 다시 점령하고, 근방에 있는 부안성까지 점령해버렸다.

이에 놀란 전라감사 김문현이 별초군과 보부상으로 편성된 관군을 보내 농민군을 진압하려 하였으나 황토현전투에서 패퇴하였다. 대승을 거둔 농민군은 정읍과 인근 10여 개의 읍을 모두 장악하였는데, 이때 농민군의 수가 1만을 넘었다.

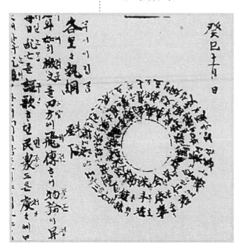

▶ 그림 4-2   동학농민운동 시 작성된 사발통문

전라감사의 보고로 동학농민군의 봉기를 알게 된 정부는 홍계훈을 초토사(招討使 ; 적을 토벌하기 위하여 임시로 파견하는 관원)로 임명하고 경군(京軍 ; 서울에 있던 군대)을 보내 진압하기로 결정하였다. 전주성에 입성한 초토사 홍계훈은 경군만으로는 동학농민군을 추격하기 힘들 것으로 판단하고, 정부에 '증원군을 파견해줄 것'과 '청나라에 원군을 요청할 것'을 건의하였다.

정부는 그의 요청을 받아들여 증원군을 파병하고, 청나라에 파병해줄 것을 요청하였다. 전주성에서 출격한 경군과 정부에서 증파한 증원군이 합류해서 농민군을 추격했으나 황룡강 전투에서 농민군이 다시 대승을 거두었다.

어느 때보다도 사기가 높아진 농민군은 호남제일성(湖南第一城)인 전주로 진격해서 전주성을 점령하였다. 농민군들은 닿는곳마다 관아의 무기를 접수하고, 무고한 죄수들을 풀어주었으며, 원한을 산 토호들과 향리들을 처벌하였으므로 백성들이 모두 농민군을 따르게 되었다.

전봉준은 전라감사가 집무하던 선화당에 지휘본부를 두고 성 방비 계획을 세웠으며 군율을 단속해서 백성들의 칭송을 받았다. 이에 전라감사 김문현은 농민군의 협력이 없으면 통치를 할 수 없다고 판단하여 자신은 서류만 취급하고, 모든 통치권은 전봉준이 행사하도록 하였다. 이에 관으로부터 억울함을 당한 농민들이 그 사정을 호소할 수 있는 장소를 만들었는데, 그곳을 '집강소'라 하였다. 이때 농민군들이 행한 것을 '집강소를 통한 농민군의 통치'라고 한다.

전라도에서는 나주와 운봉을 제외한 모든 곳에 집강소가 설치되어 폐정개혁안을 근거로 개혁정치를 시행했으며, 경상도와 충청도에서도 부분적으로 집강소 통치가 시행되었다. 집강소 통치는 비록 전국적인 규모를 갖지 못하고 호남을 중심으로 한 일부 지역에서만 실시되었으나, 조선 역사상 처음으로 농민이

"자신의 힘으로 스스로를 위한 정치를 했다."는 점에서 그 역사적 의의가 크다.

그러나 정부가 청에 요청한 군대가 아산만에 상륙하였고, 텐진조약에 따라 일본군도 곧 인천항에 상륙할 것이라는 소식이 전해졌다. 농민군은 청·일 두 나라 군대가 조선에 주둔할 수 있는 빌미를 주지 않기 위해서 정부와 화약(和約)을 맺기로 하고, 화약의 조건으로 폐정개혁안을 내놓았다. 초토사 홍계훈이 그 조건을 전부 받아들이기로 해서 전주화약(全州和約)이 맺어졌다.

폐정개혁안의 내용은 다음과 같았다.

❖ 경제 불평등을 제거한다.

❖ 봉건적 신분 차별로부터 해방시킨다.

❖ 부패한 관리를 몰아내고 정치를 개혁한다.

전주화약이 맺어지자 농민군은 대부분 각자의 고향으로 흩어졌고, 홍계훈의 경군도 서울로 돌아갔다.

■ 전주 · 광주 봉기(2차 봉기)

농민군들이 집강소 활동에 매달려 있는 동안 일본군은 6월 21일에 경복궁을 침범하여 민씨정권을 무너뜨리고 김홍집을 수반으로 하는 친일 개화파 내각을 세웠으며, 7월 1일에는 청나라에 선전포고를 하였다.

농민군과 조선 정부 사이에 화약이 맺어졌건만 청·일 두 나라 군대는 철수하기는커녕 오히려 조선을 저희들의 싸움판으로 만들었다. 더욱이 일본군이 경복궁을 점령하고 대원군이 신정권을 세웠다는 소식에 전봉준은 전주에서, 손화중은 광주에서 농민군을 일으켰다. 이것을 '전주 · 광주 봉기' 또는 '2차 동학농민 봉기'라고 한다.

이에 호응하여 충청도, 경상도, 경기도, 강원도, 황해도 등에 이르기까지 조선 각지에서 동학농민군이 봉기하였다. 10월 말을 전후하여 전라도 삼례역에 모인 동학농민군의 수는 11만에 가까웠다.

▶ 그림 4-3   우금치에 있는 동학혁명군 위령탑

정부는 일본군과 합세하여 농민군을 진압하기로 결정하고, 공주와 부여 사이에 있는 우금치에서 전투를 벌였다. 신식무기로 무장한 일본군과 관군의 연합세력에 무기가 열악하고 전투 경험이 없는 농민군이 버티지 못하고 패퇴하였다. 이후 전라도 태인에서 벌어진 전투에서 김개남, 최경선, 전봉준, 손화중이 차례로 체포되어 동학농민운동은 실패로 끝이 났다.

■ 동학농민운동의 평가와 의의

동학농민운동은 전주화약에서 농민군이 주장한 폐정개혁안이 갑오개혁에 반영된 것으로 보아 우리나라 역사상 최초로 일어난 '아래로부터의 개혁'이라 할 수 있다. 또 이는 반 외세를 내건 최초의 무장투쟁으로써 그 정신은 이후 의병운동으로 이어졌다. 다만 동학농민운동으로 인하여 지방 양반의 지주계층(地主階層)과 농민군이 서로 원수지게 되었고, 농민군의 봉기가 진압된 후에도 관련자 색출 및 학살이 이어졌다.

세계사적으로 볼 때 동학농민운동은 동아시아의 세력 균형을 무너뜨린 청일전쟁의 계기가 된 사건이었다. 청일전쟁의 결과로 청은 조선에 대한 영향력을 완전히 상실하였고, 동아시아는 일본과 '영국+러시아'가 대립하는 구도로 재편되었다. 러일전쟁에서 일본이 승리함으로써 류큐(Ryukyu) · 대만 · 조선을 편입하여 일본제국을 형성하게 되었다.

대한민국 민주주의 뿌리를 동학농민운동으로 보는 사람들도 있다. 일본이나 동남아 국가들과 달리 대한민국이 민주화를 달성하게 된 뿌리는 '국민들의 피와 노력'이라는 점에서는 맞지만, 동학농민운동의 목적이 "전제군주 정치를 없애버리자는 것이 아니라 폐정을 개혁하자."는 것이었다는 것을 고려하면 지나친 논리의 비약이다.

❻ 갑오개혁

동학농민군은 정부와 전주화약을 맺고 자진 해산하였으나 일본군은 조선에 계속 주둔하면서 청일전쟁을 일으키고, 경복궁에 난입하여 친청(親淸) 민씨정권을 타도하고 대원군을 영입하여 새로운 정권을 수립하였다.

이어 개혁추진기구로 군국기무처(軍國機務處)가 설치되고, 영의정 김홍집을 회의총재(會議總裁)로 하는 17명이 의원에 임명되어 내정개혁을 단행하게 하였다. 군국기무처가 설치된 1894년(고종 31) 7월부터 1896년 2월 아관파천(俄館播遷)에 이르기까지 김홍집 내각에서 추진한 일련의 개혁정책을 '갑오개혁' 또는 '갑오경장(甲午更張)'이라고 한다.

갑오개혁은 구(舊)질서에 종지부를 찍고, 근대국가의 모습을 갖추어 보려는 정치 · 경제 · 사회 등 모든 제도에 대한 개혁으로 주된 내용을 요약하면 다음과 같다.

❖ 왕실사무와 국정사무를 분리하여 궁내부(宮內府)와 의정부(議政府)를 둔다. ― 6조체제(六曹體制)를 폐지하고 근대적인 내각제도의 도입

❖ 사헌부 · 사간원 · 홍문관을 폐지하고 경무청을 신설 ― 국민의 모든 활동을 규제하고, 반정부활동을 탄압할 수 있는 제도적 장치를 마련

❖ 청국과의 조약 폐지, 개국 기원의 사용 ― 청의 간섭 배제, 일본의 간섭 강화

❖ 문벌과 신분계급의 타파, 노비제도의 폐지, 과거제도의 폐지

❖ 부녀자의 재가허용, 조혼금지

❖ 재정의 일원화, 조세의 금납제(金納制), 도량형(度量衡)의 통일

❖ 통화정리, 은행 및 회사의 설립 등 ― 일본 화폐의 조선 유통을 합법화

갑오개혁은 다음과 같은 두 가지 상반된 평가를 받고 있다.

❖ 개혁을 추진한 세력이 일본군과 합세하여 동학농민군(2차 봉기)을 진압하였고, 청일전쟁의 와중에 일본군의 적극적인 비호 아래 개혁을 추진하였으므로 '반민족적 · 타율적 개혁'이다.

❖ 개혁정책에 동학농민군이 요구한 폐정개혁안이 반영되었으므로 동학
농민운동의 간접적인 효과이고, 민족적 자각이 발로된 것이므로 '제
한적이긴 하지만 자율적 개혁'이다.

갑오개혁이 어떠한 평가를 받느냐와 관계없이 우리나라 근대화의 중요한
역사적 기점이었던 것은 분명하다. 그러나 추진세력이 일본의 무력에 의존하
였다는 제약성 때문에 국민들의 반발에 부딪혀 좌절되었다.

❼ 대한제국 시대

■ 을미사변

김홍집 등 개화파가 주도한 군국기무처의 혁신적 개혁정책은 수구적인(청
나라를 섬기려는) 대원군으로부터 거센 반발을 받았다. 더욱이 대원군은 고
종과 명성왕후를 폐하고 이준용을 왕위에 앉히려는 음모를 꾸미는 한편, 동학
농민군 및 청나라 군대와 내통하여 일본군을 축출하려는 계획을 비밀리에 추
진하였다.

청일전쟁에서 승리한 일본 정부는 전권대사 이노우에를 앞세워 대원군을
정계에서 은퇴시킴과 동시에 군국기무처를 폐지하고, 조선을 보호국화하려고
하였다. 그러나 러시아가 독일과 프랑스의 지지를 얻어 "일본이 청일전쟁에서
승리한 대가(代價)로 랴오뚱반도(遼東半島)를 영유하는 것은 청에게 위협이
될 뿐 아니라 조선의 독립을 유명무실화하는 등 동양의 평화를 어지럽힌다."고
하면서 랴우뚱반도를 청에 돌려줄 것을 권고하였다. (삼국간섭/三國干涉)

일본이 삼국간섭에 굴복하는 것을 보고 명성왕후를 중심으로 한 조선 정
부는 "러시아를 끌어들여 일본을 몰아낸다."는 '인아거일(引俄拒日)정책'을 추
진하였다. 이에 당황한 일본은 1895년 10월 을미사변(乙未事變)을 일으켜 명
성왕후를 시해하였다.

■ 아관파천

을미사건으로 일반 민중들의 반일 감정이 고조되었고, 친일 김홍집 내각의 위신은 실추되었다. 이러한 가운데 김홍집 내각이 1895년 말에 상투를 자르고 머리를 짧게 하라는 '단발령(斷髮令)'을 내렸다.

"우리의 몸과 몸에서 나온 털(신체발부)은 부모님으로부터 받은 것(受之父母)이므로 감히 훼손해서는 안 된다(불감훼손)."는 유교사상에 젖어 있는 유생들이 격분하였고, 결국 유생들을 중심으로 한 의병 투쟁이 전국적으로 일어났다.

고종은 의병 봉기로 정국이 혼란한 틈을 타 1896년 2월에 러시아 공사관으로 망명하였는데, 이를 '아관파천(俄館播遷)'이라 한다. 이후 성립된 정권은 의정부를 부활시키는 등 옛날로 돌아가려는 정책을 폈다. 다른 한편으로는 친일파들을 제거하고 러시아의 군사교관과 재정고문을 초빙하는 등 친러노선을 취하였다.

이후 조선에서 일본의 정치적 영향력은 격감하고 러시아 세력이 활발해지면서, 조선을 둘러싼 러 · 일 간의 세력다툼이 심해졌다.

▶ 그림 4-4　　대한제국의 국기, 국장, 국새 및 고종황제

■ 대한제국의 선포와 광무개혁

러시아 공사관으로 망명하여 1년을 지낸 고종은 1897년에 경운궁(慶運宮)

으로 환궁하여 국호를 '대한제국'으로 고치고, 왕을 '황제'로 격상시키며, '광무(光武)'라는 독자적인 연호를 사용하는 등 자주독립국의 면모를 세우려고 노력하였다.

대한제국이 '구본신참'이라는 원칙 아래 개혁을 계속하였던 것을 '광무개혁'이라고 한다. 여기에서 구본신참(舊本新參)은 "옛 것을 근본으로 삼고 새로운 것을 참작 또는 참조한다."는 뜻으로, 갑오개혁과 을미개혁의 실패를 거울삼아 전통문화와 사상·제도는 그대로 유지하면서 점진적으로 서구문물을 받아들이자는 이론이다.

구본신참 이론은 대한제국을 선포할 때 나온 새로운 이론이라기보다는 1876년에 일본과 맺은 강화도조약을 전·후해서 형성된 동도서기(東道西器) 이론과 맥락을 같이하는 이론이다. 동도서기는 "전통적인 사상과 가치관, 문화와 풍습 등의 동도(東道)는 지키면서 서양의 기술과 기기(器機) 등의 서기(西器)를 받아들이자."는 이론이므로, 구본신참과 동도서기는 모두 "외래 문물을 주체적으로 수용하자."는 '개화사상'을 나타내는 말이다.

그러므로 대한제국이 추진한 광무개혁은 정치적인 면에서 전제군주국가 체제를 재확인하려는 성격을 지닌 것이었다.

■ 양전지계 사업

대한제국이 추진한 상공업·농업 등의 경제정책은 근대적 성격을 가지고 있었다. 광무개혁을 하는 동안에 민족 자력에 의한 철도 건설, 회사·기업·금융기관의 설립, 토지의 소유권을 농민이 갖는다는 양전지계(量田地契)사업이 실시되었다.

양전지계(量田地契) 사업은 "밭의 양을 측량하고, 국가와 농민이 땅의 소유권 계약을 맺는다."는 뜻으로 대한제국 정부에서 가장 많은 자금과 인력을 투자하여 수행한 사업이고, 대한제국의 가장 큰 업적이다.

양전지계 사업을 시행한 목적은 다음과 같다.

❖ 전국에 있는 토지의 정확한 규모와 소재를 파악하여

❖ 그에 의해 합리적인 세금을 부과하고,

❖ 부과한 세금을 기초로 정부의 예산을 편성하며,

❖ 정부의 예산으로 각종 개혁사업을 추진함으로써

❖ 대한제국의 근대화를 달성하는 데에 있었다.

대한제국에서는 1898년에 양지아문(量地衙門)을 설치하고, 외국인 측량 기사도 초빙하였으며, 1899년부터 양전 사업을 본격적으로 실시하였다. 1901년에는 양지아문을 혁파하고, 지계아문(地契衙門)을 설치하여 토지소유권 증명을 발급하였다.

양전지계 사업은 전국에 있는 토지의 약 3분의 2에 달하는 218군(郡)에서 시행되어, 토지제도의 근대화에 중요한 전기를 이루었다. 그러나 러·일전쟁으로 중단되어 사업의 결실을 보지 못하고 중도에 좌절되고 말았다. 이후 일제강점기에 다시 전국적으로 실시되었으나, 그것은 한국의 토지를 수탈하기 위한 기초 작업에 지나지 않았다.

■ 독립협회의 구국운동

▶ 그림 4-5   독립협회회보

갑신정변 후 미국에 망명했던 서재필이 1895년 말에 귀국하여 결성한 독립협회가 1898년 말까지 구국운동을 전개하였다. 협회의 지도층은 서구의 시민사상과 민주주의, 그리고 기독교의 평등주의를 수용한 외국유학파 인사들과 개신유학자(改新儒學者)들로 구성되었다.

독립협회는 독립을 상징하는 독립문·독립공원·독립관을 건립하고 독립신문과 대조선독립협회회보를 발간하였다. 열강들에게 이권을 양도하는 데에 반대하는 이권양여 반대운동, 인권과 재산권 보호운동, 노륙법(연좌제에 의하여 죄인의 아내·아들 등을 함께 사형에 처하는 법)과 연좌법 부활 저지운동, 의회 설립운동 등을 전개하였다.

독립협회의 활동 목표는 민권에 기초한 입헌군주 제도를 채택하고, 외세의 경제적 침투를 방지하며, 나아가 국권이 확립된 독립국가를 건설하는 것이었다. 그러나 독립협회의 운동에 위협을 느낀 친러 보수정권이 1898년 말에 독립협회를 강제로 해산시켰다.

독립협회의 구국운동은 결국 실패했지만, 독립협회에 관여했던 인사들이 1905년 을사늑약 이후에 활발히 전개된 애국계몽운동과 독립운동에 참여함으로써 그 이상(理想)은 계속 추구되었다.

8 국망기

러일전쟁이 발발한 1904년부터 1910년 한일합병으로 조선이 역사 속으로 사라질 때까지의 시기를 '국망기(國亡期)'라고 한다.

■ 을사늑약

아관파천 이후 일본의 조선 정치에 대한 영향력은 감퇴되었지만 경제적 침탈은 착실히 진행되고 있었다. 즉 일본은 몇 차례에 걸친 협상 끝에 러시아로부터 조선에서의 경제적 우위를 인정받았다. 따라서 일본은 대한제국 시기에 추진된 철도부설, 금융제도의 개혁 등 일련의 민족자본 축적운동을 방해하는 한편, 러시아 세력의 확대를 견제하기 위해서 영국과 미국에 외교 교섭을 벌였다.

일본은 1902년에 영일동맹(英日同盟)을 체결하고, 1904년에는 러일전쟁을 일으켜 러시아 세력을 한반도에서 축출하는 데 성공하였다. 러일전쟁의 승리를 계기로 영국과 미국으로부터 "조선은 어리석어서 스스로 통치할 수 있는 능력이 없으므로 일본의 보호를 받는 것이 마땅하다."는 내용의 '조선에 대한 보호권'을 인정받았다.

조선에 대한 보호권을 인정받은 일본은 1905년 을사년(乙巳年)에 조선과 '보호조약(保護條約)'이라는 늑약(勒約 ; 상대에게 굴레를 씌우는 조약)을 강제로 체결하여 외교권을 박탈하고 '통감정치(統監政治)'를 실시하였다.

■ 대한제국의 멸망

외교권을 박탈당한 고종이 을사늑약의 부당함을 세계에 알리기 위해 1907년에 네덜란드 헤이그에서 열린 '만국평화회의'에 이상설, 이준, 이위종 등을 특사를 파견하였으나, 미국과 영국의 지지를 받는 일본의 방해로 뜻을 이루지 못하였다.

일본은 헤이그특사사건을 계기로 고종황제를 강제로 퇴위시키고, 총리대신 이완용과 조선통감 이토 히로부미가 다음과 같은 내용의 정미7조약(丁未七條約 ; 정미년에 맺은 7개 항목으로 구성된 조약)을 체결하였다.

❖ 대한제국 정부는 시정 개선에 관하여 조선통감의 지도를 받을 것

❖ 법령을 제정하거나 중요한 행정상의 처분은 미리 통감의 승인을 거칠 것

❖ 사법사무는 행정사무와 구분할 것

❖ 고위 관리는 통감의 동의를 받고 임명할 것

❖ 통감이 추천하는 일본인을 관리로 쓸 것

❖ 통감의 동의없이 외국인을 관리로 임명하지 말 것

정미7조약으로 행정이나 사법 분야의 관리를 임명할 때는 조선통감의 동의를 받아야 했다. 특히 각 부서에 임명된 일본인 차관들이 실질적으로 나라를 다스리는 이른바 '차관정치(次官政治)'가 실시되었다.

이후 일본은 경찰권을 빼앗고 군대를 강제로 해산한 다음, 언론을 탄압하는 신문지법과 출판법, 정치의 자유를 빼앗는 보안법까지 시행해서 대한제국을 껍데기만 남게 만들었다. 결국에는 1910년 8월 29일에 한일합병조약(韓日合併條約)을 체결하여 조선을 일본의 식민지로 만들어버렸다.

▶ 그림 4-6   대한제국의 국권 피탈 과정

■ 애국계몽운동

청일전쟁에서 일본에 패한 청은 큰 충격에 빠졌고, 근본적인 정치변혁을 요구하는 2개의 개혁론이 대두되었다. 하나는 왕조체제를 유지하면서 근대화를 달성하자는 '변법론(變法論)'이고, 다른 하나는 왕조를 없애고 공화정을 수립하자는 '혁명론(革命論)'이었다.

러일전쟁이 발발한 뒤 조선의 국권이 위태롭게 되자 개화파의 전통을 이은 지식인과 변법론을 받아들인 개신유학자(改新儒學者)들이 중심이 되어 정치·사회단체를 만들어 '대한자강회'와 '대한협회'등을 조직하였다.

이 단체들은 일제의 정치적·군사적·경제적 침략을 규탄하고, 일제 침략의 앞잡이 구실을 하는 친일내각을 비판하면서, 주로 신문과 잡지를 통해 '애국계몽운동(愛國啓蒙運動)'을 전개하였다. 이 단체들이 발간한 신문에는 '황성신문', '대한매일신보', '만세보' 등이 있었다.

또 교육과 산업을 진흥시켜 국민의 실력을 양성하여 부국강병을 꾀하고, 근대적 국민국가를 건설하려고 하였다. 이 운동을 통해 서북학회, 기호흥학회, 호남학회, 관동학회, 대한흥학회, 교남교육회 등 지역을 기반으로 한 학회가 결성되었다. 또 전국에 2,000여 개에 달하는 학교가 설립되어 국민 교육에 큰 업적을 남겼다.

일제통감부가 이 단체들의 정치활동을 탄압하자 애국계몽운동은 국권회복에서 문화운동 성격으로 변질되었다. 그렇지만 1907년 안창호 등이 비밀리에 조직한 신민회(新民會)는 표면적으로 계몽활동을 펴면서 꾸준히 항일투쟁을 준비하였다.

▶ 그림 4-7   애국계몽운동

■ 의병활동

서울과 평양 등 주요 도시에서 애국계몽운동이 전개되는 동안, 지방에서는 일제 침략에 항거하는 의병투쟁이 치열하게 일어났다.

개화기의 의병운동은 3기로 나뉜다. 제1기는 1895년 명성왕후 시해사건과 단발령의 실시로 일어난 지방유생 중심의 의병이다. 이것은 반일·반개화의 위정척사운동으로 왕조와 왕권의 회복 및 유지를 목표로 하였다.

제2기는 1905년에 국권이 상실된 뒤 국권회복을 목표로 지방 유림들이 농민을 규합해서 일어난 의병이다. 최익현·민종식·이은찬 등은 유림 출신 의병장이었고, 신돌석과 같은 평민 의병장도 나왔다.

제3기는 1907년 고종황제의 강제 퇴위와 군대 해산에 자극을 받아 일어난 의병이다. 이때는 해산된 군인들이 의병에 가담하였기 때문에 의병의 조직과 장비가 강화되었다. 한때 전국 13도 의병 연합을 만들어 서울진공작전을 계획하기도 했지만 실패로 끝났다.

많은 의병활동이 있었고 의병들의 애국애족 사상과 반침략 사상이 투철해서 일제에 대한 저항정신은 아주 강했지만, 다음과 같은 이유로 실패하고 말았다.

❖ 유교적 세계관과 윤리를 중시하는 사상적 한계가 있었다.

❖ 대부분의 의병활동이 규모가 작고 산발적으로 일어나 조직화할 수 없었다.

❖ 조직과 무기가 열악했고, 국제적인 원조를 얻지 못했기 때문에 일본군의 토벌작전에 쉽게 진압되고 말았다.

이후 잔존한 의병들은 국외로 망명하여 해외 무장 독립운동에 가담하였다.

❾ 개화기의 사상과 종교

■ 위정척사사상

서학(천주교)의 전래와 서세동점의 물결을 유교문화에 대한 도전으로 간주한 보수주의적 유학자들이 가졌던 사상으로 '바른 것은 지키고(衛正) 사악한 것은 배척한다(斥邪)'는 뜻이다. 자신들이 믿던 유교와 성리학(주자학)은 옳은 것이고, 서양 사람들이 믿는 천주교나 과학문명은 사악한 것이라고 주장하는 아전인수(我田引水)격인 사상이다.

서구와 일본제국주의의 침투로 빚어질 경제적 악영향을 우려해서 이 사상을 주장하였고, 개화기 동안 끊임없이 일어났던 의병활동의 사상적 기반이었다.

일부 유학자들은 서양 문물의 우수성을 어느 정도 인정하고 전통 유학의 보수성과 배타성을 비판하면서 유교를 민족의 독립 보전이라는 과제 해결에 활용할 수 있도록 개신할 것을 주장하였다. 이것은 청 말(清末)의 변법자강 사상의 영향을 받은 것이다.

■ 개화사상

19세기 후반 서구와 일본의 침략으로부터 충격을 받아 '서양 문명의 요체를 받아들여 부국강병을 이룩하고 나아가 자주적인 근대 국민국가를 건설하자"는 의식이 형성되었는데, 이를 개화사상이라고 한다.

개화사상은 박규수와 오경석이 중국에서 간행된《해국도지(海國圖誌)》,《영환지략(瀛環志略)》등 서양 서적을 소개하면서 조선에 형성되기 시작하였다. 개화를 서서히 실현하자는 온건파와 혁명적으로 단숨에 실현하자는 급진파로 나뉘었다.

온건파는 동양의 전통적인 사상 체계 내지 정신 유산, 즉 도(道)를 유지하면서 서양의 기술, 즉 기(器)만을 선별적으로 채용해 개화하자는 동도서기론(東道西器論)을 따르는 것이었다.

급진파는 일본의 메이지유신을 모방해서 서양의 기술뿐만 아니라 그 정치 · 경제 · 군사 · 교육은 물론 사회제도까지도 수용해 급진적으로 변혁시키자는 것이다. 따라서 그들은 기독교의 수용을 긍정적으로 보고, 기존의 양반제도를 철저하게 비판하였다.

■ 동학사상

동학은 1860년에 경주의 몰락 양반인 최제우(崔濟愚)에 의해 창도되어 농촌 사회에 뿌리내린 신흥 종교이다. 최제우는 서학(西學), 즉 천주교의 침투에 대항하여, 동양의 유 · 불 · 선 삼교를 종합하고 아울러 전통 사회의 가치체계를 원용해 외세의 침투에 능동적으로 대처하려는 목적에서 동학을 창도하였다.

주문을 외우거나 부적을 사용하는 등 전통적인 무속신앙의 요소를 띠고 있는 동학은 그당시 정신적 지주가 필요했던 민중에 쉽게 침투 · 보급되었다. 그 결과 삼남 지방에서 동학의 교세가 크게 확장되었다.

동학사상의 요체는 '인내천(人乃天)'으로 상징되는 평등주의이다. 인내천은 '천심즉인심(天心卽人心)', '천인여일(天人如一)', '사인여천(事人如天)'의 사상을 집약한 표현이었다. 동학의 평등주의 사상은 조선조의 봉건적 신분제도를 부정하는 것이었다.

동학 창도 이전의 시대는 하늘 [天] 의 대리자인 성현이 다스리는 선천시대(先天時代)였지만, 동학 창도 이후의 후천시대(後天時代)에는 하늘이 모든 사람에게 강령해 하늘과 사람이 일체가 되어 지상천국이 이루어진다고 하였다.

동학에 내포된 반외세 · 반침략의 민족주의, 신분제를 부정하는 평등주의, 후천개벽사상에 나타난 혁명사상 등은 '동학농민운동' 사상적 배경으로 작용하였다. 동학은 1905년 손병희에 의해 천도교(天道敎)로 개칭되었다.

■ 기독교

18세기 말에 전래된 가톨릭은 대원군 치하 때 철저한 탄압을 받았다. 그러다가 국내에 개화운동이 일어나면서 개신교가 전래되고, 구미와 외교 · 통상 관계가 수립된 뒤로는 기독교의 국내 선교가 묵인되었다.

그 뒤 주로 미국 · 캐나다 등에서 파견된 개신교 선교사들은 선교 사업 외에 근대적 교육 · 의료 사업 및 자선 사업 등을 병행하면서 개화를 추구하는 청년지식인 · 중소지주 · 상인들에게 영향을 주었다. 개신교는 자립적 중산층 형성이 비교적 빨랐던 관서 지방(평안도)에서 가장 왕성하게 수용되었다.

개신교가 한말 사상계에 준 가장 큰 공헌은 개인의 발견이다. 가족 윤리와 충군애국사상을 강조하는 유교와는 달리 개신교는 신 앞에 만인이 평등하다는 개인주의를 강조하였다. 이로써 인간의 주체적 자기 인식을 바탕으로 한 자유주의 · 평등주의 등 근대적 정치이념의 정립에 많은 영향을 끼쳤다.

한편 개신교 선교사가 주동이 되어 설립한 교회나 학교에서 영향을 받은 조선인들은 교회 또는 학교 내 활동 경험과 서구 지식을 바탕으로 민주적 국민국가 건설 내지 독립을 실현하기 위한 각종 정치 · 사회 운동에 가담하였다. 서재필의 독립협회와 안창호의 신민회는 그 좋은 예이다. 그리고 개신교의 청교도 정신과 직업소명 의식은 자립적 중산층의 직업윤리를 강화해주는 효과를 낳았다.

❿ 개화기의 사회와 경제

개화기에는 자급자족을 위주로 하는 농업에서, 인부를 부려 넓은 땅을 경작해서 생산된 농산물을 시장에 내다파는 상업농업으로 변해갔다. 또 관에 소속된 장인이 수공예품을 생산하던 관장제 수공업에서 개인이 공장을 운영하는 사영 수공업으로 이행되어 가고, 청이나 일본과의 무역에서 큰 돈을 벌어 원시적인 자본을 형성하는 상인이 생기는 등 조선의 경제에는 자본주의의 싹이 만들어지기 시작하였다.

그러나 강화도조약의 체결로 여러 나라에 문호를 개방하지 않을 수 없게 되자, 봉건적인 경제체제가 붕괴되면서 사회적으로 큰 혼란이 일어나면서 차츰 식민지로의 길을 걷게 되었다.

■ 열강의 경제 침탈

조선의 개화기인 1870년대는 산업화에 성공한 선진 산업국가들이 대포와 함대를 앞세운 '포함외교'나 거대 자본을 앞세운 '달러외교'를 통해서 후진국들과 '불평등 조약'을 맺어서 경제적 침탈을 자행하던 시기였다.

조선은 일본, 프랑스, 영국, 러시아 등 선진국과 맺은 불평등 조약 때문에 조선의 산업을 보호하기 위한 보호관세를 부과할 수 없었다. 그래서 면직물 등 선진국의 공산품은 터무니없이 비싼 가격으로 수입해야 했고, 각종 임산 · 수산 · 광산 자원은 아주 싼 값에 수출할 수밖에 없었다. 자연히 무역에서 적자를 면할 방법이 없어 자본을 축적하지 못하는 것은 물론이고, 점점 경제적 속국으로 전락할 수밖에 없었다.

조선을 경제적으로 침탈하는 데에 가장 앞장을 섰던 일본은 조선과의 무역에서 엄청난 이득을 보아 자본을 축적하였고, 청일전쟁과 러일전쟁에서 승리한 다음부터는 조선의 무역을 거의 독점하였다. 그리하여 조선 수출액의 약 80%, 수입액의 약 50%가 일본과의 무역이었고, 수입액이 수출액의 약 2.5배에 달하였다. 이로써 조선 정부의 재정은 다시 일어설 수 없을 정도로 악화되었고, 일본에 진 빚[국채/國債]은 한없이 늘어만 갔다.

그에 더해서 조선은 청나라와 일본 상인의 밀무역을 방지하여 세수(稅收)를 확보할 수 있는 효과적인 제도적 장치도 마련하지 못하였다. 1890년대에 조선에 진출한 외국 상사 258개 중 일본 상사가 210개일 정도로 일본 상인의 진출이 압도적이었고, 그다음이 청국·미국·영국·러시아·독일의 상사들 순이었다. 이들 외국 상사들은 상업과 무역 외에도 선운(船運)·광업·대금업·제조업·염업·농업·요업 등 광범한 영역에 투자하였다.

이들 외국 상사들을 후원하는 은행도 진출했는데, 그중 일본의 금융 진출이 가장 두드러졌다. 일본의 은행들은 1890년부터 조선에 지점을 설치해 일본 상인에게 자금을 공급하고, 조선산 금을 매입했으며, 조선 정부에 차관을 제공하는 등 금융계에서 큰 영향력을 발휘하였다.

특히 일본의 국립 제일은행은 은행업무 외에 조선 정부의 관세업무·우편위체자금의 보관 사무, 그리고 1905년 이후에는 통화발행권을 확보해 조선 정부의 준(準)중앙은행 구실을 하였다.

청일전쟁 후 일본의 대자본가에 의한 토지 약탈은 가속화되었고, 1907년에는 '국유미간지이용법(國有未墾地利用法)'을 제정하여 일본인의 토지 약탈을 합법화하였다. 이후 일본 자본가들은 농업회사를 설립하여 조선에서 대농장을 경영하였다. 특히 1908년에 설립된 '동양척식주식회사'는 가장 큰 지주로 성장하였고, '토지조사사업'을 통해서 일본 농민의 이주와 일본 자본가의 토지 약탈은 조직적으로 전개되었다.

■ 개화기의 사회

당시의 조선 사회는 임진왜란과 잦은 민란을 통해 중인층의 성장, 노비의 해방, 양반 특권의 동요 등의 현상이 촉진되면서 전통적인 양반 중심의 사회 신분제가 해체되고, 새로운 사회 질서가 형성되고는 있었으나 아직 정착되지 못한 상태였다. 그러다가 갑오경장을 통해 양반 · 중인 · 상민 · 천민으로 구분되는 엄격한 세습적 신분제가 공식적으로 해체되었다.

갑신정변과 갑오경장에 서자나 중인과 같은 준양반 계층이 많이 참여함으로써 그들의 사회 진출이 두드러졌다. 또한 전통 사회에서 천대받던 상인계층은 객주 · 여각 등 사상(私商)을 통해서 부를 축적하였다.

그들은 축적한 부를 기반으로 갑신정변 · 갑오경장 · 독립협회운동 · 애국계몽운동 등에 참여했으며, 일부는 관계(官界)로 진출하였다. 이러한 상인 및 기업가의 대두와 함께 부두 · 광산 · 공장 등에서는 근대적인 임금노동자계층이 창출되었다. 이들 노동자들은 대부분 농촌 사회를 이탈한 농민들이었다.

조선왕조의 지배층은 주로 기호 지방 출신들이었다. 그러나 개항 후에는 전통시대에서 소외되었던 서북 지방과 영남 · 호남 지방의 인사들이 정치 · 경제 · 문화 등 각 분야의 지도층으로 대두하였다. 특히 기독교 수용이 가장 활발했던 서북 지방 인사들은 애국계몽운동에서 선도적 역할을 담당하였다.

개화기에는 전통적인 유교 교양을 갖춘 양반 지식인보다는 서구의 근대 문물을 몸에 익힌 개화 지식인이나 개신 유학자들이 사회 지도층으로 부상하였다. 이들은 전통 사회의 신분 차별 · 가족주의 · 지역주의를 타파하고, 거족적 · 평등주의적인 민족국가 수립을 지향하였다.

조선 사회가 서양 문물을 직접 접한 것은 병인양요나 신미양요와 같이 강력한 화력을 가지고 있는 서양 세력과의 만남을 통해서였다. 두 번의 양요를 겪으면서 서양의 강력한 무기와 빠른 증기선에 놀랐고, 재래식 무기의 취약성을 알고 군비 강화의 필요성을 절감했다. 그러나 무기와 군제를 서양 수준으로 전환시킬 재정적 여력이 없었고, 과학기술 수준도 따라갈 수 없었다.

서양 무기를 제작하겠다는 것은 서양 과학기술을 도입하겠다는 것과 같은 의미였으나, 천주교를 비롯한 서학(西學)을 경계하라는 사대부들의 주장이 강력하게 대두되어 쇄국정책을 표방하게 되었다. 쇄국정책은 결과적으로 서양 과학기술을 도입하는 데 큰 걸림돌이 되어 조선이 근대국가로 발전하는 길을 스스로 막는 정책이 되어버렸다.

⑪ 개화기의 교육

■ 학교의 설립

➜ 최초의 근대식 학교

서당, 향교, 서원, 성균관에서 한자 위주로 교육을 하던 것이 조선의 교육 제도였다. 그러나 1883년 강화도조약으로 문호를 개방하게 되면서 근대식 교육을 해야 할 필요성을 절실히 느끼게 되었다.

우리나라 최초의 근대식 학교는 1878년에 부산의 동래 지역에 세워진 '무예학교'라고 주장하는 학자도 있지만, 사료(史料)가 부족하여 대부분 받아들여지지 않고 있다. 공식적으로는 1883년 덕원부사 정현석과 덕원부에 살던 민간인들이 협력해서 세운 원산학사(元山學舍)가 우리나라 최초의 근대식 학교이다. 원산학사에서는 문예반(정원 약 50명)과 무예반(정원 200명)으로 학생을 뽑았다. 무예반은 정원 200명을 뽑아서 교육·훈련하여 별군관(別軍官)을 양성하도록 하였다.

▶ 표 4-1　우리나라 최초의 근대식 학교

연대	교명	설립자	특징
1883	원산학사	반관반민	문·무예반
1883	동문학	정부	통역관 양성
1886	육영공원	정부	양반자제

정부에서 세운 최초의 근대식 학교는 1883년에 설립된 동문학(同文學)과 1886년의 육영공원(育英公院)이었다. 동문학은 학교라기보다는 통역관 양성소의 구실을 하였다. 육영공원은 양반의 자제를 대상으로 영어·자연과학·수학·지리·경제학 등을 가르쳤으나 재정난으로 개교 8년 만인 1894년에 폐교되고 말았다.

➔ 기독교계 사립학교의 설립

이때 설립된 사립학교는 크게 기독교계 학교와 애국계몽운동계의 학교로 나눌 수 있다. 기독교계의 사립학교는 우리나라의 교육을 비롯한 각 분야의 근대화에 지대한 영향을 미친 학교들로, 선교사들에 의해 독자적으로 혹은 정부를 도우면서 선교 · 교육 · 의료사업을 전개하였다.

배재학당은 1885년 6월에 미국 북감리회에서 파견한 선교사 아펜젤러(Appenzeler, H. G.)에 의해 설립되었다. 교육 정도는 중등학교에 해당하였고, 고종황제로부터 '배재학당'이라는 이름을 하사받았다. 교과목으로는 한문 · 영어 · 천문 · 지리 · 생리 · 수학 · 공작 · 성경 등을 가르쳤으며, 과외활동은 연설회 · 토론회 같은 발표 훈련과 야구 · 축구 · 정구 등의 체육이었다.

▶ 표 4-2　기독교계 사립학교

연대	교명	설립자	발전
1885	배재학당	아펜젤러	배재중 · 고등학교
1886	이화학당	스크랜턴	이화여자대학교
1886	광혜원	알렌	세브란스병원
1886	경신학교	언더우드	연세대학교
1897	숭실학교	베어드	숭실대학교

이화학당은 1886년 미국 북감리회 여선교사인 스크랜턴(Scranton, M. F.)에 의해 설립된 우리나라 최초의 여성 중등 교육기관으로, 명성황후(明成皇后)로부터 '이화학당'이라는 이름을 하사받았다. 수업 과목은 영어를 중심으로 지리, 역사, 음악, 미술, 체육 등이었다.

광혜원(廣惠院)에서 화학과 물리를 가르치던 언더우드(Underwood, H. H.)는 1886년에 경신학교를 설립하였다. 경신학교는 연희전문학교의 전신으로, 현재의 연세대학교로 발전하였다.

➔ 애국계몽운동계 사립학교의 설립

애국계몽운동이 전개되던 시기에 "교육을 통해서 민족의 실력을 길러 자주독립 국가를 건설한다."는 기치 아래 민족지도자들이 근대식 학교를 설립하기 시작하였다.

▶ 표 4-3   개화기에 설립된 애국계몽운동계 사립학교

연대	교명	설립자	소재지
1895	흥화학교(興化學校)	민영환	서울
1895	낙영의숙(樂英義塾)	사회유지	서울
1896	중교의숙(中橋義塾)	민영기	서울
1899	점진학교(漸進學校)	안창호	강서
1901	낙연의숙(洛淵義塾)	서광세	서울
1902	우산학교(牛山學校)	양재새	서울
1904	청년학교(靑年學校)	전덕기	서울
1905	양정의숙(養正義塾)	엄주익	서울
1905	광성실업학교(光成實業學校)		서울
1905	한성법학교(漢城法學校)		서울
1905	보성학교(普成學校)	이용익	서울
1906	휘문의숙(徽文義塾)	민영휘	서울
1906	진명여학교(進明女學校)	엄귀비	서울
1906	숙명여학교(淑明女學校)	엄귀비	서울
1907	대성학교(大成學校)	안창호	평양
1907	오산학교(五山學校)	이승훈	정주

민영환은 특명전권공사로 구미 각국을 돌아보고 귀국한 뒤, 신교육 및 외국어 교육의 필요성을 절감하여 1895년에 '흥화학교(興化學校)'를 설립하고 영어 · 일어 · 측량술 등을 가르쳤다. 이 시기에 민족지도자들이 설립한 학교는 낙영의숙, 중교의숙, 양정의숙, 보성학교, 휘문의숙, 진명여학교, 숙명여학교, 중동학교, 대성학교, 오산학교 등이다.

■ 학교관제

국가기관의 설치 · 조직 · 직무범위 등을 정한 제도를 '관제(官制)'라고 한다.

그러므로 '학교관제' 또는 '학제'는 학교를 어떻게 설치하고, 학교 안에 어떤 조직을 두며, 학교에서 어떤 일을 할 것이지 정한 제도(법이나 명령)를 뜻한다.

1894년의 갑오개혁을 계기로 종래의 예조(禮曹)가 폐지되고 학무아문(學務衙門 ; 지금의 교육부)이 설치되었으며 과거제를 폐지하였다. 같은 해 7월에는 학무아문의 고시(告示)로 "소학교와 사범학교를 서울에 설치할 것과 장차 대학교 · 전문학교에 이르기까지 차례로 설립할 것"을 국민들에게 알렸다.

고종은 1894년 12월에 '홍범14조'를 선포하면서 근대교육을 받아들일 것을 공식적으로 발표하였으며, 이어 '교육조서(敎育詔書)'를 통해 교육의 중요성을 다시 천명하였다.

➜ 홍범14조(洪範十四條)

홍범14조는 갑오경장 직후인 1894년 12월에 정치제도의 근대화와 자주독립국가로서의 기초를 튼튼히 하기 위해서 제정된 국가기본법으로 '우리나라 최초의 근대적 정책백서이자 최초의 헌법적 성격을 지닌 강령'이다.

일본은 자기들이 조선을 침략해서 지배하기 쉽게 조선의 법과 제도를 바꾸려는 속셈을 감추고, 청으로부터의 독립을 도와주기 위해서라는 미명 아래 일본 공사가 강요해서 선포한 문서이다.

그러나 홍범14조는 당시 개화파 관료들의 개혁 의지를 반영한 것으로, 우리나라의 자주독립을 처음으로 내외에 선포한 문서라는 데 의의가 크다.

홍범14조의 내용은 다음과 같다.

❖ 청에 의존하는 생각을 끊고 자주독립의 기초를 세운다.

❖ 왕실전범을 제정하여 왕위계승은 왕족만이 하고 왕족과 친척의 구별을 명확히 한다.

❖ 임금은 각 대신과 의논하여 정사를 행하고, 종실 · 외척의 정치 관여는 용납하지 않는다.

❖ 왕실사무와 국정사무를 나누어 서로 혼동하지 않는다.

❖ 의정부와 각 아문(衙門)의 직무 · 권한을 명백히 규정한다.

❖ 납세는 모두 법으로 정하고, 함부로 세금을 거두지 못한다.

❖ 조세의 징수와 경비지출은 모두 탁지아문(지금의 재정기획부)에서 관장한다.

❖ 왕실의 경비는 솔선하여 절약하고, 이로써 각 아문과 지방관의 모범이 되게 한다.

❖ 왕실과 관부(官府)의 1년 회계를 예정하여 재정의 기초를 확립한다.

❖ 지방 관제를 개정하여 지방 관리의 직권을 제한한다.

❖ 우수한 젊은이를 외국에 보내 학술·기예를 익히도록 한다.

❖ 장교를 교육하고, 징병제를 실시하여 군제의 기초를 확립한다.

❖ 민법·형법을 제정하여 인민의 생명과 재산을 보호한다.

❖ 문벌을 가리지 않고 널리 인재를 뽑아 쓴다.

➜ 교육조서(教育詔書)

1895년 2월에 고종이 조칙(詔勅)으로 발표한 교육에 관한 특별조서이다. 교육에 의해서 나라를 세우려는(立國) 의지를 천명한 것이라 하여 '교육입국조서'라고도 한다. 고종은 근대국가를 건설함에 있어 교육을 국가 중흥의 기본으로 생각하고 교육의 목적과 성격, 방향 등을 이 조서를 통해서 밝혔다.

교육조서의 내용은 다음과 같다.

❖ 국가의 부강은 오로지 국민의 지식이 개명하는 데서 비롯되고, 지식의 개명은 교육의 선미(善美)에 따라 이룩되는 것이니, 교육이야말로 국가보존의 근본인 바,

❖ 헛된 것을 물리치고 실용을 취하여 덕양(德養)과 체양(體養), 그리고 지양(智養)을 교육의 세 가지 강기(綱紀)로 삼아,

❖ 널리 학교를 세우고 인재를 양성하여, 국민의 학식으로써 국가 중흥의 대공(大功)을 세우게 하려 한다.

이러한 교육입국의 정신에 따라 정부는 1895년 4월에 교사양성을 위한 '한성사범학교관제'를 공포하였고, 뒤를 이어 여러 학교의 관제와 규칙을 제

정하여 공포하였다. 공포된 학교관제에 의하여 한성사범학교와 각종 외국어 학교, 법관양성소가 설립되었다. 이어서 정동소학교 등 관립소학교(초등학교), 의(醫)학교, 중학교, 고등학교, 농(農)학교, 상공(商工)학교 등이 차례차례 설립되었다.

1895년 이후 을사조약 체결까지 소학교는 서울에 10개, 지방에 50개가 설립되었고, 우무학당(郵務學堂), 전무학당(電務學堂), 육군유년학교(陸軍幼年學校), 육군사관학교 등 관립 특수학교들도 설립되었다.

근대 학교의 출현으로 누구나 평등하게 교육을 받을 권리가 있다는 사상과 의무교육의 필요성이 부각되기 시작하였다. 이때 정부에서 관리하던 학교(관학)들은 외국어교육, 교원양성, 실업교육이라는 3가지 측면에 중점을 두었다.

▶ 표 4-4　대한제국 시 발표된 학교관제

1895. 4. 16	한성사범학교관제	1895. 8. 12	소학교규칙대강
1895. 5. 10	외국어학교관제	1896. 2. 20	보조공립소학교규칙
1895. 7. 2	성균관관제	1899. 3. 24	의학교관제
1895. 7. 19	소학교령	1899. 4. 4	중학교관제
1895. 7. 23	한성사범학교규칙	1900. 6. 27	외국어학교규칙
1895. 8. 9	성균관경학과규칙	1904. 6. 8	농상공학교관제

⑫ 개화기의 체육

■ 개화기의 학교체육

1895년에 공포된 교육조서에서 지·덕·체(德·體·知)의 균등한 발전을 명백히 하고, 체육의 중요성을 다음과 같이 강조하였다.

"몸을 튼튼히 길러야 한다. 게으름을 피우지 말고 떳떳한 몸 움직임으로 맡은 바 일에 힘쓰라. 괴롭고 어려운 일을 피하지 않는 강한 정신력을 키우라.

근육을 키우며 뼈를 튼튼히 만들라. 병에 시달리지 않는 건강한 생활을 누리
도록 하라. 너희들 신민은 임금에게 충성을 다하고 나라를 위하는 마음으로
너희의 덕과 몸과 지를 올바르게 키워야 한다."

이로써 이때까지의 무예수련을 위한 보조수단으로서의 체육 또는 여가를
즐기기 위한 일부 특수층에 국한된 체육을 지양하고, 신체적 · 활동적 성격을
띤 체육(체조)을 근대식학교에서 정규교과목으로 편성하여 가르치는 제도적
기반이 마련되었다.

교육조서가 발표되기 전에 설립된 광혜원, 육영공원, 배재학당, 이화학당
등의 근대식 학교에서는 체육(체조)을 정과교육 또는 방과 후 활동으로 이미
가르치고 있었지만, 국가정책으로 제도화된 것은 소학교령이 공포된 이후부
터이다.

➜ 소학교의 체육

소학교는 1895년에 소학교령에 의해서 설치되었다가 1906년 보통학교로 개
칭, 1938년 다시 소학교로, 1941년 국민학교로, 1996년 초등학교로 바뀌었다.

소학교령은 본령 4장 29조로 되어 있으며, 제1장은 소학교의 본지(本志 ;
목적)와 종류 및 경비로 구성되어 있다. 당시 소학교는 8세에서 15세 사이의
국민이면 누구나 들어갈 수 있었기 때문에 어린 학생들로 구성된 심상과(보
통과)와 나이가 많은 학생들로 구성되어 있는 고등과로 나뉘었다.

소학교령에서 체육과 관련이 있는 조문만을 쉬운 말로 바꾸어서 소개하면
다음과 같다.

제1조 소학교는 아동 신체의 발달에 따라 국민 교육의 기초와 기본 생활에 필
요한 보통 지식과 기능을 가르치는 것을 목적으로 한다.

제8조 소학교 심상과의 교과목은 수신 · 독서 · 작문 · 습자 · 산술 · 체조로 한
다. 사정에 따라 체조를 빼고 본국지리 · 본국역사 · 도화 · 외국어의 1과
혹은 수 과를 더하고, 여학생을 위해서 재봉을 더한다.

제9조 소학교 고등과의 교과목은 수신 · 독서 · 작문 · 습자 · 산술 · 본국지리 · 본국역사 · 외국지리 · 외국역사 · 이과 · 도화 · 체조로 하고, 여학생을 위해서 재봉을 더한다. 사정에 의하여 외국어의 1과를 더하며, 외국지리 · 외국역사 · 도화 1과 혹은 수 과를 뺄 수 있다.

소학교령을 보완하기 위해서 공포된 소학교교칙대강(1895년)에서는 소학교 체조과의 지도목표를 다음과 같이 명시하였다.

"체조는 신체의 성장을 균형 잡아 건강하게 하며, 정신을 쾌활 강직하게 하고 아울러 규율을 지키는 습관을 기름을 목표로 한다."

그리고 소학교 체조과의 내용은 다음과 같이 밝혔다.

"최초에는 알맞은 유희를 하게 하고, 점차 보통 체조를 가하되, 편의한 병식체조의 일부를 가한다."

➜ 중학교의 체육

1900년에 공포된 중학교규칙에 의하여 중학교는 심상과와 고등과로 나뉘었다. 체조가 교과목으로 규정되어 있으나, 이것 역시 사정에 따라 빼고 다른 교과목을 더할 수 있게 되어 있다.

중학교규칙에서 체육과 관련된 조문은 다음과 같다.

제1조 중학교 심상과(4년)의 학과는 윤리 · 독서 · 작문…… · 체조 등으로 정한다.

제2조 중학교 고등과(3년)의 학과는 독서 · 산술 · 경제…… · 체조 등으로 한다. 단, 사정에 따라 전항 제1조, 제2조, 각과 또는 1, 2과목을 증가도 가하다.

제4조 학과의 가르치는 시간은 체조와 실습시간을 제외하고 매일 5시간으로 정하되, 많고적음에 따라서 차차 개정한다.

제4조에서 중학교의 수업시간을 5시간으로 정한 것이 특이하다. 그것은 서당에서 학생들을 가르치던 습관대로 해가 질 때까지 가르치면 건강에 해롭다

는 것을 명시한 것이다.

체조과목의 내용에 대해서는 다음과 같이 규정되어 있다.

❖ 심상과에는 보통체조를 가르침이 가함.

❖ 고등과에는 병식체조를 주로 가르침.

❖ 여학생에게 가르치는 체조는 알맞게 절충함.

❖ 토지의 상황에 따라 체조교수 시간 외에도 알맞은 옥외운동을 하게 함이 가함.

❖ 체조교수에 의하여 익힌 자세는 항상 지니게 함을 요함.

➜ 사범학교의 체육

고종의 교육입국 정신에 따라 1895년 7월 23일 학부령 제1호로 공포된 한성사범학교규칙에서는 체조를 교과목으로 규정하였으나, 교과내용도 제대로 알지 못한 채 학교교육의 요지만 명시되어 있다.

이 규칙에서 체육에 관련된 조문은 다음과 같다.

제3조 한성사범학교 본과(2개년) 학생에게 과할 학과목은 수신·교육·국문·한문·역사·지리·수학·물리·화학·박물·습자·작문·체조 등으로 한다. 단, 사정에 따라 제 과목 중에 1과목 혹은 수 과목을 감하여도 가하다.

제4조 한성사범학교 속성과(6개월)는 소학교 교원의 수요에 응함을 위한 것이니 그 학과목은 수신·교육·한문·역사·지리·수학·이과·습자·체조 등으로 한다.

제11조 한성사범학교 본과에 과할 학과목(체조)의 정도는 다음과 같이 정의한다(체조-보통체조 및 병식체조).

제12조 한성사범학교 속성과 학생의 학과목(체조)의 정도는 다음과 같이 정한다(체조-보통체조).

제13조 한성사범학교 교육요지의 대강은 다음과 같다.

① 정신을 단련하며 확고부동한 절조를 닦음은 교직자의 중요한 일이니, 학

생으로 하여금 평소 이에 유의함을 요한다.

② 신체의 건강함은 성업의 기본이므로 학생으로 하여금 평소 위생에 유의하고 체조를 부지런히 하여 건강증진을 요한다.

위의 한성사범학교규칙에서 사범학교 교과는 소학교의 교과지도에 필요한 교과를 가르쳐야 하고, 체조교과의 교수시수와 교수내용 등이 명시되어 있지 않고, '보통체조 및 병식체조'라고만 기재되어 있는 것으로 보아 체조교과의 내용이 현재의 체육과 같은 형태가 아니라 수련(exercise) 형태이거나 신체단련(physical fitness) 형태였을 것으로 추측된다.

➔ 애국계몽운동계 사립학교의 체육

1905년 말에 '을사보호조약'이 체결되어 나라의 장래를 낙관할 수 없게 되자 전국 여러 곳에서 의병이 봉기하고, 애국지사들은 교육을 통한 구국운동에 앞장서기 시작하였다. 뜻있는 사람들은 당시에 우리가 처한 상황이 신학문을 보급하여 국가와 민족을 근대화하지 못한 까닭이라고 생각하고, 서양학문을 널리 받아들여 민족의식을 각성시키고자 노력하였다.

당시 많은 애국지사와 국민들은 정부에 의한 학교의 확장은 그 진의가 한국 국민을 위하는 것이 아니라고 생각하여 교육구국운동을 벌였다. 이 운동은 선각자 개인뿐만 아니라 단체가 추진주체가 되어 전개되었다.

이때 유지들에 의해 조직된 서북학회 · 기호학회 · 대한자강회 · 한북흥학회 · 서우학회 · 신민회 · 호남학회 · 대한협회 · 교남교육회 등이 교육사업을 적극 장려 · 추진하였다. 개인으로는 안창호 · 이승훈 · 이동휘 · 유길준 등과 같은 애국지사들을 중심으로 전개되었다.

애국계몽운동에 앞장 선 애국지사들의 '교육=국권회복'이라는 의식이 사립학교를 설립하는 배경이 되었다. 따라서 학교에서 강조된 것은 '민족정신의 고취'와 '체력의 단련'이었다. 그래서 애국계몽운동계 사립학교에서는 학교체육을 군사체육과 병행해서 운영했으며, '도 · 군연합대운동회'를 개최하여 국민의 애국적 단결의식을 고취시켰다.

도산 안창호가 평양에 세운 대성학교에서는 체조와 함께 군대식 조련을 모든 학생에게 부과함으로써 스파르타식 훈련을 방불케 하였다. 남강 이승훈이 정주에 세운 오산학교에서는 '덕 · 체 · 지'를 쌓은 건전한 인간을 배출하기 위한 협동적 수업, 중점적 교사제, 강건한 훈련, 전일제교육, 노작교육, 생활교육과 함께 전투력 양성의 성격을 띤 체조가 행해졌다.

➜ 기독교계 사립학교의 체육

미국인 선교사 아펜젤러가 세운 배재학당은 우리나라 최초의 근대적 중등교육기관이었다. 기독교정신과 개화사상을 바탕으로 한 배재학당의 정식 교과목은 한문 · 영어 · 만국지리 · 위생 · 창가 · 도화 · 체조 등이었고, 과외활동을 통해서 야구 · 축구 · 정구 · 농구 등과 같은 스포츠를 가르쳤다.

한국 최초의 여성교육기관인 이화학당은 교육목표가 '기독교 교육을 통하여 한국 여성들을 더 나은 한국인으로 양성하는 것'이었다. 즉 한국인이 한국인으로서의 긍지와 존엄성을 회복하게 하여 진정한 한국인을 육성하는 것이었다.

이화학당의 선생님은 모두 여자(선교사)였다. 그리고 단 한 사람의 남자 한문 선생님은 뒤돌아 앉아서 여학생들이 묻는 말에 대답만 하였다. 그러한 사회환경 속에서도 손을 번쩍 들고 가랑이를 벌리며 뜀질을 시키는 체조를 여학생들에게 가르치기 시작하였다. 체조수업이 큰 윤리문제로 비약하였지만, 결국 정식 교과목으로 편성되었다.

경신학교에서는 처음에는 '오락'이라는 명칭으로 체조를 가르치다가 1891년부터 정식 교과목으로 편성하였다. 숭실학교에서는 개교 당시부터 체조와 음악이 정식 교과목으로 부과되었다.

개화기의 학교체육에서 특기할만한 일은 각 학교들이 특별활동이나 과외활동 시간에 스포츠를 가르친 반면에, 체조는 정식 교육과정 안에서 선택 또는 필수과목으로 가르쳤다는 점이다.

축구나 정구와 같은 스포츠는 영국 등 유럽 여러 나라에서 건전한 운동정신을 함양시키고자 하는 전인교육의 일환으로 전개된 것이다. 그런데 체조는 독일 · 스웨덴 · 덴마크 등에서 강한 체력을 연마하는데 목적을 두고 국가주의적 체육 수단으로 발전시킨 것이었다. 그러므로 국가주의적 경향이 강한 일본의 영향으로 체조가 정식 교과목으로 채택된 것이다.

1896년에 설립된 무관학교는 군대간부 양성뿐만 아니라 병식체조의 발전에도 크게 이바지하였다. 당시 정부에서 각급 학교에 체조를 보급하기 위해 힘을 썼고, 학부(교육부)는 군에 의뢰해 사관 5명으로 하여금 외국어학교 학생들에게 월요일부터 금요일까지 30분씩 체조를 지도 · 감독하도록 했다.

1899년 4월 중학교의 관제를 공포하였고, 체조교사가 없는 학교를 위해 무관학교 졸업생들 가운데 한두 명씩 선발해 보내줄 것을 군부에 요청했다. 따라서 당시 사립학교는 선교사들을 체조교사로 채용하였지만 국 · 공립학교들은 군관 출신을 체조교사로 채용했음을 알 수 있다.

■ 각종 운동회

➔ 학교운동회

우리나라 최초의 운동회는 1896년 5월 2일 영어학교 학생들이 '화류회(花柳會)'라는 이름으로 동소문 밖 삼선평 들녘에서 육상경기와 오락 놀이를 함께한 것이다. 영국인 교사 허치슨(Hutchison, W. du. F.)과 핼리팩스(Hallfax, T. E.)의 지도 아래 매스게임으로 시작해서 300보 달리기, 600보 달리기, 1,350보 달리기, 공던지기, 대포알던지기(투포환), 멀리뛰기, 높이뛰기, 2인 3각 달리기, 당나귀 달리기, 줄다리기 등 총 12개 종목의 육상경기와 대동놀이가 섞여 있었다.

이에 관하여 당시 독립신문은 "영어학교 교사와 학도들이 이 달 이튿날 동소문 밖에서 화류를 같는 바, 학교 안에서 공부를 하다가 경치 좋은 데서 맑은 공기를 마시고 장부의 운동을 하는 것은 진실로 마땅한 일이다. 오직 마음과 지각만 배양하는 것도 소중한 일이지만, 몸 배양하는 데는 맑은 공기를 호흡하며 운동하고, 목욕을 자주하여 몸을 깨끗이 하는 것이 제일이다."라고 보도하였다.

이 보도에서 우리는 화류회가 지육(知育)에 편중함을 비판하고, 보건사상을 향상하는 데에 의의가 있었다는 것을 알 수 있다. 당시 많은 지역사회 주민들이 참석하여 스포츠의 가치를 깊이 인식했으며, 매년 각급학교에서 수많은 운동회를 개최하는 계기가 되었다.

1897년 4월 27일 훈련원(전 서울운동장)에서 서울 관·공립소학교 연합운동회가 열렸다. 이때 각 학교 선수들은 머리띠 색으로 구별하였고, 이 운동회에는 여흥적인 종목이 없이 100보 달리기, 200보 달리기, 400보 달리기, 멀리뛰기, 높이뛰기, 씨름, 당나귀 경주 등만 하였다는 것이 특색이다.

다음은 독립신문 사장 서재필의 연합운동회 축사 중의 한 부분이다.

"조선의 학생들이 이곳에 모여 대운동회를 치르면서 조선국기(태극기)를 보게 되니 조선 인민도 차차 국기를 알게 되고, 국가의 소중함을 깨닫게 될 것이다. 국기란 위로는 임금을 나타내는 것이고, 아래로는 인민을 나타내는 것이다. 따라서 국기가 곧 나라를 나타내는 것이니, 이렇게 학생들이 모여 운동회를 가질 때 국기를 모시는 것은 조선 인민들이 차차 조선도 다른 나라들처럼 세계 속에서 자주독립하자는 뜻이 담긴 것이다."

이는 당시 선각자들이 학생들의 운동회를 단순한 놀이나 오락을 하는 행사로 보지 않고, 국가의식과 애국심을 고취할 수 있는 기회로 여겼음을 알 수 있다.

학교운동회는 지방에서도 성황을 이뤘다. 1908년 4월 14일 강화에서 열린 강화군 내 각 학교 연합운동회에는 각 면·리의 80개가 넘는 학교에서 남녀 1만 명이 넘는 인원이 참가했다.

예정된 각종 경기가 모두 끝난 뒤 학생들은 양편으로 나뉘어 종이나 나무로 만든 대포총기로 실전을 방불케 하는 모의전투를 벌였다. 부상자를 구하기 위해 적십자대가 충돌하기도 했다. 모의전투가 끝나자 태극기를 높이 올리고 만세를 잇달아 부르며 군악대가 군악을 연주하니 관람객들까지 흥이 나서 춤을 췄다.

1910년 5월 10일 평양 대성학교는 평양성 내 경산지에서 운동회를 가졌다. 300명의 학생들이 청·홍 양군으로 나뉘어 39개 종목에 걸쳐 실력을 겨뤘는데, 군악대도 동원된 이 행사에 내외국 관리·신사를 비롯해 일반관중까지 수만 명이 관람했다고 보도됐다.

당시 신문은 "이 운동회가 열렸을 때 특기할만한 일은 그전에 개최됐던 예수교 중학교 운동회 때도 그랬지만 평양성 내 집집마다 태극기를 내걸어 축하했다는 사실이다."라는 기사를 실었다.

➜ 특별비원운동회(特別祕苑運動會)

▶ 그림 4-8　고종황제가 관람한 특별비원운동회

1908년 5월 21일 창덕궁 비원 안 광장에서 열린 특별비원운동회에는 고종황제 부처가 참석해 참가학생들을 격려하고 손수 상을 내리는 등 국민들의 체육진흥에 특별한 관심을 나타냈다.

무관학교 생도들의 기계체조 시범으로 시작된 운동회를 관람하신 고종황제는 "짐이 오늘 이 운동회를 지켜본 것은 교육 장려를 위해서이다. 오늘의 운동회는 만족하는 바이며, 앞으로 더욱 배움에 힘쓰라."고 말씀하셔서 체육진흥으로 국가의 위기를 벗어나보려는 황제의 뜻을 피력하셨다.

➜ 청년운동회

1905년 5월 22일 신흥사에서 황성기독교청년회가 최초의 운동회를 개최하였고, 다음해 6월 10일에는 영도사에서 대한체육구락부가 주최하는 운동회가 열렸다. 이는 체육단체가 조직적으로 연 체육대회의 효시이고, 병식체조의 일부에 국한되었던 학교체육이 각종 스포츠로 그 내용을 확충하는 발판이 되었다.

이러한 운동회 개최에 자극을 받아

❖ 체육이 덕육 · 지육과 병행하여 국민교육에 불가결한 요소임을 인식하게 되었고,

❖ 체육을 통한 민족단결이야말로 국권갱생의 유일한 길임을 깨닫게 되어

❖ 민간체육단체가 활발하게 조직되기 시작하였다.

➔ 연합운동회 폐지령

1905년 을사조약으로 우리나라의 외교권을 빼앗아 간 일제는 1907년 강제적으로 한일신협정을 체결하여 우리의 사법권마저 빼앗아 버렸다. 이어서 언론탄압을 위한 신문지법과 집회결사를 금지하는 보안법까지 만들어 우리나라를 완전히 식민지화하려는 속셈을 드러냈다.

조선을 침탈하려는 일제에게는 '조선의 젊은 학생들이 모여 애국심을 고취하고, 군사훈련 시범까지 펼치는 운동회'가 아주 못마땅할 수밖에 없었다. 1909년 12월 27일자로 학부의 재정난을 핑계로 각 지방 관 · 공립은 물론 사립학교에도 훈령을 보내 다음해 연합운동회를 폐지하도록 지시했다.

그래서 연합운동회는 1909년 4월 30일에 열린 서울 관 · 사립학교 연합운동회를 끝으로 막을 내렸다. 그러나 서울시내의 사립 중등학교들은 비용은 각 학교가 분담해서 개최할 테니 당국은 간섭하지 말라고 반발했다.

서울시내 오성학교, 보성학교, 청년학관, 배재학당, 경신학교, 중앙학교, 휘문의숙, 양정학교 등 8개 교는 1910년 5월 14일 동소문 밖 삼선평에서 각 학교 직원 및 학생 1천 4백여 명이 참가한 가운데 사립학교 연합운동회를 열었다. 이 대회는 해마다 열기로 되어 있었으나 뜻하지 않은 불상사를 트집 잡은 일제의 강압에 의해 제3회 대회가 마지막 대회가 되었다.

1912년 5월 10일 청파정에서 8개 교가 참가한 가운데 제3회 사립학교 연합운동회가 열렸으나, 장거리 경주에서 심판의 오심이 발단이 돼 난투극이 일어났다. 일제는 난투극을 트집 잡아 5월 31일 내무부장관 명령으로 연합운동회의 개최를 금지했다. 금지령에 반발한 주최측은 다음해에 제4회 대회를 강행하려 했으나 일제가 강제로 해산시켰다.

■ 각종 체육단체의 결성과 활동

➜ 대한체육구락부(大韓體育俱樂部)

우리나라에서 가장 먼저 설립된 민간 체육단체는 1906년 3월 11일 서울 괴동(현 종로구 공평동)의 김기정 집에서 현양운, 신봉휴, 한상우 등 유지 30여 명이 모여 조직한 '대한체육구락부'이다.

대한체육구락부는 발기 취지를 "나라의 강성하고 쇠퇴함은 그 나라 국민들의 원기에 달려 있다. 우리들은 체육활동을 통해 청년의 기개를 키워 내고 즐거운 인생을 누리도록 할 것이며, 국민의 시든 원기를 만회 진작토록 하겠다."라고 밝혔다.

이 단체는 발기취지서를 발표하기 이전인 1898년 3월부터 매주 수요일과 토요일 오후에 근대화된 스포츠와 전통적 체육문화를 청년들에게 지도하고 있었으며, 황성기독교청년회 등과 각종 운동시합을 자주 개최함으로써 초창기 우리나라 체육계의 발전에 획기적인 공헌을 하였다.

➜ 황성기독교청년회(YMCA) 운동부

황성기독교청년회는 본래 1903년 10월 18일 서울의 유니온구락부에서 37명의 명의로 발기되었다. 서울유니온구락부는 1888년 9월에 결성된 조직체이다. 선교사들이 회원이었고, 체육을 주로 하나 테니스코트와 수영장 등 운동설비가 있었다.

황성기독교청년회는 1905년 5월 22일 신흥사에서 체육진흥과 경기보급을 위하여 운동회를 개최하였다. 다음해인 1906년 4월 11일 청년들의 건강을 증진시키기 위하여 운동회를 조직하였는데, 이것이 바로 황성기독교청년회 운동부였다.

황성기독교청년회 운동부는 앞의 대한체육구락부보다 공식적으로는 꼭 한 달 늦게 결성된 단체이다. 우리나라에서 스포츠에 대한 일반적 인식이 미흡하던 시기부터 우리민족에게 체육을 장려하고 연구지도할 것을 목적으로 발족운영된 단체였다.

이 단체는 우리나라 근대 체육발전을 위해 광범위하고 가장 핵심적인 역할을 해왔다. 각종 근대 스포츠의 도입과 발전이 거의 대부분 황성기독교청년회 운동부에 의해 이루어졌다고 해도 과언이 아니다.

➜ 대한국민체육회(大韓國民體育會)

우리나라 병식체조의 개척자이자 근대체육의 선구자라고 할 수 있는 노백린의 주도에 의하여 1907년 10월에 조직된 것이 대한국민체육회이다. 체육을 지육·덕육과 삼위일체로 파악하여 국민교육 차원에서 체육의 발흥을 주창하였던 이 단체는 1910년 국권상실과 더불어 없어졌다.

➜ 대한흥학회(大韓興學會) 운동부

일본 유학생 단체를 모태로 1909년 1월 10일 도쿄에서 결성된 단체의 운동부이다. 하계방학을 이용하여 모국에 새로운 스포츠를 보급하고 체육계를 계몽하고자 25명의 부원이 서울의 각 학교에서 시범경기와 경기지도를 하였을 뿐 아니라 평양·개성·선천·안악 등지를 순회하며 체육 계몽에 힘썼다.

➜ 체조연구회(體操研究會)

각급 학교 체조교사들이었던 조원희, 김성집, 이기동 등이 중심이 되어 1909년 10월 보성중학교에서 조직한 단체이다.

국민의 신체와 정신을 건강하게 하여 국민의 완전한 자격을 갖추게 함은 물론, 지리멸렬 상태에 있던 각종 체육단체의 통일과 그당시 학생들의 체위향상 및 체력단련의 효과적인 방법을 연구하였다.

주로 체육의 실제 면에서 제기되는 기술과 이론을 체계화시켰고, 초보적이고 비조직적인 체육과목의 교육을 지도, 개선하여 진흥시키기 위하여 노력하였다.

➔ 사궁회(射弓會)

1909년 7월 15일 이상필 등이 동문 밖 창신동에서 조직한 단체이다. 사궁회는 우리민족 고유의 무예 스포츠인 활쏘기 보급을 위한 단체였다. 당시 거센 근대화의 물결 속에서 우리 고유의 체육문화를 보존 유지하기 위한 조직이었다는 점에서 높은 평가를 받았다.

➔ 청강구락부(淸江俱樂部)

청강구락부는 중동학교 재학생인 최성희, 신완식 등이 1910년 2월에 만든 단체이다. 매주 수요일과 일요일에 축구경기를 치렀으니, 우리나라 최초의 학교축구부로 볼 수 있다.

➔ 성계구락부(星溪俱樂部)

성계구락부는 1910년 11월 13일 농상공 관계 유지들이 친목을 도모하기 위해 만든 조직이다. 정구, 활쏘기, 바둑, 장기 등의 기구를 갖춰 각자의 기호에 맞는 취미활동을 장려했으나, 자세한 활동내용은 전해지지 않는다.

■ 각종 스포츠의 도입

1894년 갑오개혁 이후 외국의 문물과 함께 근대 스포츠가 이 땅에 밀물처럼 밀려왔다. 외국인 선교사와 교사들이 스포츠 소개와 도입에 주도적인 역할을 했다. 1896년 영국인 교사 허치슨이 지도한 영어 학교 운동회는 육상경기 도입의 출발점이었고, 각급 학교설립은 체조보급을 촉진했다.

조선정부도 군인들에게 필요한 종목인 승마·검도·사격 등의 도입에 앞장섰다. 1896년 6월 10일 왕명으로 근위기병대가 창설됐고, 1901년 6월 13일 근위기병대가 훈련원에서 기병경마대회를 열어 헌병대의 이영철 참위(소위)가 우승했다.

➔ 육상

육상경기는 우리나라 최초의 운동회인 영어학교 화류회에서부터 경기형태를 갖추어 발전하기 시작하였다. 운동지도는 허치슨과 헬리팩스 두 사람이 담당하였다.

경기의 내용은 300보 달리기, 600보 달리기, 1,350보 달리기, 공던지기, 대포알던지기, 높이뛰기, 멀리뛰기, 당나귀달리기, 2인3각 달리기 등이었다. 초기의 운동회가 육상경기 및 유희종목 위주로 이루어진 것을 뜻한다.

➔ 체조

체조는 1895년 4월 16일 한성사범학교의 관제가 공포되면서 일반인들에게 알려지기 시작하였다. 이때 사용된 체조라는 용어는 체육 교과목을 상징하는 의미가 포함된 것으로 볼 수 있다. 그런데 체조의 내용에서는 병식체조와 일반체조라는 용어가 사용되었던 것으로 보아 학생들의 집단적인 체련활동이 주 요소였음을 알 수 있다.

이렇게 시작된 체조는 1907년 10월 17일부터 3주 동안 학부(현재의 교육부) 주최로 체조강습회가 열릴 정도로 발전되었다. 이 강습회에서는 전 육군연성학교 교장이던 육군정령(대령) 노백린을 강사로 초대하여 교동보통학교에서 각 학교 교관과 교원을 소집하여 체조를 가르쳤으며, 이수자 전원에게는 체조강습증서를 수여하였다.

우리나라의 체조가 근대 체육 영역에 본격적으로 자리를 잡기 시작한 것은 체조교육의 중심이 되어 왔던 병식체조에 대한 반성과 개혁의 움직임이 시작된 1909년부터이다. 1909년 10월 24일에는 조원희 · 김성집 · 이기동 등이 중심이 되어 '체조연구회'를 발족시켰다.

당시 휘문의숙의 체조교사였던 조원희는 병식체조가 신체발육 과정에 있는 아동들에게 적합하지 않고 오히려 해로운 요소가 있음을 지적하고, 자신이 개발한 미용술과 정용술 등 신체조법을 일반학생들에게 널리 보급시켰다. 또 그해 4월 한성고등학교의 일본인 교사 요코치는 체조에 음악을 이용하여 신체운동의 원활한 리듬감을 활용하도록 하는 등 체조의 정서적인 측면을 강화하였다.

➜ 축구

축구는 1890년은 관립 외국어학교의 외국인 교사들에 의해 첫 선을 보였다. 그후 축구를 학교체육활동으로 가르치기 시작하면서 운동회의 경기종목으로 채택되기에 이르렀다. 한편 1906년 3월 11일 조직된 대한체육구락부를 우리나라 최초의 축구팀으로 볼 수 있다.

1899년 5월 동 소문 밖 삼선평에서 황성기독교청년회 팀과 오성학교 팀이 영국인 교사의 지도 아래 축구경기를 치룬 기록이 남아 있다.

같은 해 5월 4일 동소문 밖 봉국사에서 프랑스인 교사 마르텔(Martel, E.)의 지도 아래 치러진 법어학교(프랑스어학교) 운동회에서 축구경기가 치러졌다.

➜ 야구

우리나라의 야구경기 보급은 1905년 황성기독교청년회(서울YMCA)의 미국인 선교사 질레트(Gillette, P. L.)가 회원들에게 야구를 지도한 것에서 시작되었다. 기록에 남아 있는 우리나라 최초의 야구경기는 1906년 2월 17일 황성기독교청년회 팀과 독일어학교 팀이 훈련원 마동산에서 치룬 경기인데, 독일어학교 팀이 3점차로 승리해 우리 야구사의 첫머리를 장식하였다.

이후 국내 각 학교 간의 야구경기가 꾸준히 전개되었고, 황성기독교 청년회는 운동부 창설을 통하여 여러 가지 운동경기를 지도·장려하였다.

야구의 도입·발달과 관련하여 국민적 관심을 끌었던 사건이 1909년에 일어났다. 그 무렵 훈련원에서는 윤기현을 야구부장으로 25명으로 구성된 야구부가 조직되어 있었다. 마침 하계방학을 이용하여 고국을 방문한 도쿄유학생 야구단과 한 팀을 이루어 서울에 있는 서양선교사 야구팀과 7월 21일에 경기를 치렀는데, 우리 유학생 팀이 서양 선교사 팀을 19대 9로 크게 물리쳐 장안의 관심을 집중시킨 것이다. 유학생 팀을 그해 7월 24일 서울을 출발하여 평양·안악·철산으로 가면서 야구를 지도하였다.

→ 농구

농구는 1907년 황성기독교청년회(서울YMCA)의 초대총무였던 미국인 질 레트(Gillette, P. L.)가 회원들에게 소개하면서 우리나라에 전해지게 되었다. 농구는 1891년 미국 스프링필드의 YMCA 훈련학교에서 체육지도자인 네이 스미스(Naismith, J. A.)가 겨울철 실내 스포츠로 창안한 종목으로 생긴 지 16 년 만에 우리나라에 소개되었다.

질레트는 처음 기독교청년회 회원들에게 농구를 가르쳤는데, 그가 105인 사건에 연루되어 본국으로 돌아가게 되자 실질적인 농구의 지도·보급이 잠 시 중단되기도 했다.

1907년 7월 22일에 하기방학으로 귀국한 도쿄유학생 팀과 기독교청년회 팀의 농구경기가 훈련원에서 개최되었는데, 이것이 우리나라 농구경기의 서 막을 장식한 대회로 일컬어진다. 그 후 농구경기는 1916년 미국인 반하트 (Barnhert)가 기독교청년회의 간사로 취임하면서 본격적인 지도·보급이 이 루어지게 되었다. 농구는 서울 YMCA체육관이 세워지기 전까지는 옥외스포 츠로 치러졌으며, 체육관이 건립된 뒤 실내스포츠로 비약적인 발전을 하게 된다.

→ 테니스

테니스를 처음 도입한 사람은 미국인 초대공사였던 푸트(Foote, L. H.)였 으며, 김옥균이 이것을 배워 동료인 개화당 사람들에게 전파하였다. 그런데 테니스보다 먼저 들어 온 것은 연식정구였다. 지금은 테니스와 정구(연식정 구)로 나누어 불리고 있지만, 전에는 경식정구와 연식정구로 구별하였다.

연식정구는 1897년쯤 일본의 고무회사에서 만든 고무공을 사용해서 생겨 난 일본의 스포츠이다. 우리나라에 연식정구가 테니스보다 먼저 들어온 이유 는 용구 수입이 용이했기 때문으로 짐작된다.

1884년 갑신정변이 일어나기 이전에 이미 미국공사관 직원과 개화파 인 사들은 테니스를 즐겼다고 한다. 특히 개화파의 지도자인 김옥균은 화동의 자택에 테니스코트를 만들어 놓고 푸트 미국공사 부부, 애스튼 영국공사 부부를 초대하여 시합을 했을 정도였다고 한다.

1908년 4월 18일 탁지부(재무부)의 관리들이 친목단체인 회동구락부를 결성하고, 서울 미창동에 마련된 정구코트에서 우리나라 최초의 정구경기를 했다. 회동구락부는 해마다 봄·가을 두 차례의 대회를 갖기로 하고, 다음해인 1909년 5월 2일 미창동 코트에서 춘계대회를 개최했다.

➜ 빙상

서유럽식의 스케이팅이 빙족희(氷足戱)라는 이름으로 우리나라에 처음 선보인 것은 1890년대 후반 미국의 알렌(Allen) 공사 부부에 의해서였다. 개화문물에 별나게 호기심을 가졌던 고종과 명성황후를 위해 알렌 부부는 경복궁 향원정 못에서 이 빙족희를 선보였다.

스케이팅을 맨 먼저 시작한 학교는 한성고등학교와 휘문의숙이다. 이 학교들은 미국에서 근대적인 스케이트를 직접 수입하여 학생들에게 연습시킨 학교였다. 당시의 스케이트장은 오늘날과 같이 규모가 짜인 실내링크라든가 공설스케이트장이 아니고, 흔히 서울 주변에 산재해 있던 자연적으로 결빙된 미나리논의 빙판을 이용하였다.

1908년 2월 1일 평양 대동강에서 일본인들이 빙상운동회를 가진 것이 우리나라 최초의 빙상경기 대회였다.

➜ 사이클

1907년 6월 20일 경성의 자전거상회 주최로 자전거경기대회가 훈련원에서 외국인들도 참석한 가운데 열렸다. 1913년 4월에 거행된 전조선자전거경기대회에서는 특별히 초빙된 일본인 선수 4명과 우리나라 선수 사이에 선수권쟁탈전이 벌어졌다. 이 경기에서 우리 선수가 이기자 국민들의 환호와 감격은 절정에 달하였다.

특히 27일 평양역전광장에서 열린 조·일 일류선수연합경기에서는 1위에 엄복동, 3위에 황수복이 입상하였다. 을사조약 이후 일제에 복합적 감정을 가지고 있던 우리 민중의 감격은 실로 눈물겨운 것이었다. 이 대회는 단순한 자전거경기 이상의 의미와 자극을 우리 민족에게 던져주었다.

➔ 사격

사격의 도입은 우리나라에 총포가 들어온 16세기 이후 현종 7년 3월 각도·각 영에서 새로 제조한 대총을 시험하도록 명한 후부터 시작되었다. 그후 최초의 근대학교인 원산학사의 교육과정에 사격을 필수과목으로 설정하였다.

문헌에 기록된 우리나라 최초의 사격경기는 1904년 9월에 설치된 육군연성학교에서 있었다. 육군연성학교는 현역장교나 하사관을 대상으로 전술·사격술 및 체조·검술 등의 학술을 숙달하게 하고, 그 원리를 이론적으로 연구하게 할 목적으로 설치된 군사 재교육기관이었다.

➔ 골프

원산이 개항된 후 1900년 영국인이 원산세관 구내에 골프코스를 개설하면서 우리나라에 골프가 시작되었다고 한다. 당시 세관 구내에는 6홀의 코스를 건설되었다고 한다.

기록에 남아 있는 공식 골프경기는 1924년 4월 20일 사단법인 경성골프구락부가 설립된 후 1925년에 개최된 제1회 전조선골프선수권대회이다. 당시 경성 이외에도 대구와 원산에 9홀의 코스가 있었다.

➔ 기타

수영은 무관학교에서 비롯되었다. 무관학교는 1909년 7월 15 일부터 2주 동안 한강에서 수영훈련을 했다고 전해지고 있다.

탁구의 도입 시기는 잘 알 수 없으나, 1924년 1월 일본인이 경영하는 경성일일신문 주최로 제1회 평퐁경기대회를 개최한 것이 우리나라 최초의 탁구대회로 알려져 있다.

유도는 1907년 무렵 일본인에 의해 우리나라에 전해졌으며, 1908년 3월 28일 비원에서 경시청 소속의 한일 두 나라 순경들이 경기를 치른 것이 우리나라 최초의 공개경기로 알려지고 있다. 한국유도발달사에서는 '1909년 YMCA에 설치된 유도장은 한국인이 직접 만든 한국 유도장의 효시'라고 주장하고 있다.

활쏘기는 1908년 9월 무관학교가 체육부를 발족해 활쏘기 등의 활동을 시작한 것이 근대 스포츠로서 활쏘기의 시발점이다. 다음해인 1909년 7월 15일 동문 밖에서 이상필 등이 사궁회를 조직해 활쏘기에 힘썼다. 물론 당시의 활쏘기는 오늘날의 양궁이 아니라 우리 고유의 국궁이었다.

복싱은 단성사의 소유주였던 박승필이 조직한 유곽권투구락부에서 회원들에게 유도나 씨름 그리고 복싱을 익히도록 한 것에서 비롯되었다. 1912년 10월 7일 단성사에서 유도, 씨름, 복싱 등 3개 종목의 경기가 열려 점수제에 의해 우열을 가리고 상품을 주었다. 이것이 우리나라 최초의 복싱경기이다.

배구는 1916년 3월 25일 서울YMCA의 운동부와 유년사업부를 돕기 위해 부임한 미국인 반하트(Barnhert)에 의해 우리나라에 소개되었다. 배구는 미국의 YMCA체육지도자인 모건(Morgan, W. G.)이 1895년 창안한 실내스포츠이다. 배구는 탄생한 지 21년 만에 우리나라에 전해졌고, 1917년 3월 30일 서울YMCA에서 재경 서양인 팀과 YMCA 팀이 겨뤄 YMCA 팀이 3 : 0으로 이긴 것이 우리나라 최초의 배구경기이다.

조정의 도입에 관해 1916년 6월 1일자 매일신보는 "1916년 6월 1일 창립기념식을 가진 중앙학교는 올해부터 일찍이 조선에서 볼 수 없었던 보트를 시작한다."고 보도하고 있다. 1916년 오늘날 중앙고등학교인 중앙학교가 한강에 보트를 띄워 놓고 노를 젓기 시작한 것이 우리나라 조정의 시초이다.

02 일제강점기의 체육

일본은 1910년 8월 22일 한일합병조약을 체결하고 한국을 식민지화하였다. 여기에는 무능한 한국정부와 매국노들의 반역행위도 큰 몫을 하였다. 그런데 이에 못지 않게 미국과 영국이 일본이 한국을 통치하는 것을 묵인 내지 지지해준 것도 일본에게 큰 도움이 되었다.

일본이 조선총독부를 설치하여 구체적인 한반도의 경영에 들어간 1910년 10월 1일부터 제2차 세계대전에서 패배를 선언한 1945년 8월 15일까지를 '일제강점기(日帝強占期)' 또는 '대일항쟁기(對日抗爭期)'라 한다. 그러나 일본에서는 '일본통치시대의 조선'이라고 부른다.

❶ 일제강점기의 시기 구분

일제강점기를 설명할 때 일반적으로 3분법을 사용해서 시기를 구분한다.

❖ **무단통치기(식민통치 제1기)** ……경술국치부터 3.1 운동의 영향으로 식민통치 이념이 달라진 시기까지를 '무단통치기'라고 한다. 경제적으로는 토지조사사업과 회사령이 실시되었다. 또 2만여 명의 헌병을 동원하여 보통경찰 직무를 맡겼다.

조선인에게 태형을 실시했으며, 교원들에게까지 제복을 입히고 칼을 차게 하는 등 강압적인 공포분위기를 조성하여 세계적으로도 유래없는 폭압적 식민정치를 펼쳤다.

❖ **문화통치기(식민통치 제2기)** ……3·1운동 이후 우리의 민족성을 무시했던 초기의 무단정치가 틀렸음을 확인한 일제가 통치방식을 유화적 식민통치로 전환한 직후부터 세계 대공황이 발발한 1929년까지를 '문화통치기'라 한다.

제도상으로 문관 총독이 임명될 수 있게 하였고, 기존의 헌병경찰제를 보통경찰제로 전환하였다. 경제적으로는 산미증식계획이 실시되었고, 회사령이 허가제에서 신고제로 전환되었다. 언론의 신문 발간을 허용해주었지만 검열을 강화해 기사 삭제와 정ㆍ폐간을 임의로 자행했다. 교육은 실업ㆍ기술교육에 치중해 식민지배에 필요한 노동력의 육성에 중점을 두었을 뿐 조선인이 고등교육과 전문교육을 받는 것은 철저히 회피했다.

❖ 민족말살통치기(식민통치 제3기)······일제가 만주사변을 일으키고 대륙 침략을 도모하는 1930년대를 '민족말살통치기'라 한다. 일제가 만주사변과 중일전쟁(1937년)을 일으켜 본격적으로 대륙침략을 감행하면서 한국을 대륙침략의 병참기지로 삼았다. 군수공업과 식민통치를 강화하고, 모든 방면에 걸쳐서 탄압과 수탈을 자행했다. 이를 '병참기지화 정책'이라고 한다.

중일전쟁 이후에는 국가총동원령을 통해 민족의 씨를 말리려는 제도들이 실시되기 시작했다. 내선일체, 일선동조론(일본민족과 조선민족이 하나의 조상이라는 주장) 등의 사상을 통해 한국인을 일본인화하여 갔다. 뿐만 아니라 황국신민서사(皇國臣民誓詞 ; 천황의 백성임을 맹세하는 글)를 강제적으로 암송하게 하였고, 궁성요배ㆍ신사참배를 강요했다.

이름마저 일본식으로 바꾸는 창씨개명이 강요되었고, 우리말과 우리역사 교육은 금지되었다. 태평양전쟁 이후로는 각종 징용과 징병을 통해 인적 자원을 수탈해갔고, 여성들의 정신대 동원도 이어졌다. 전쟁에 필요한 식량과 쇠ㆍ놋그릇 등 각종 물자까지도 수탈해갔다.

▶ 그림 4-10   일제강점기의 시대 구분

▶ 표 4-5 　일제강점기의 주요 사건 일지

년도	사 　건
1910년	조선총독부 설치, 토지조사 사업 시작
1914년	대한광복군정부 수립
1919년	3·1 운동 일어남, 대한민국 임시정부 수립
1920년	독립군 연합부대 봉오동전투에서 승리 / 김좌진·홍범도 청산리전투에서 승리
1926년	6·10 만세 운동 일어남
1927년	신간회 활동 시작
1929년	광주학생 항일운동 일어남
1930년	신사참배 강요
1932년	이봉창 의거, 윤봉길 의거
1936년	손기정 베를린올림픽에서 마라톤 우승
1938년	한글교육 금지, 민족말살 정책 시작
1940년	창씨개명 실시, 한국광복군 창설
1943년	징병제 실시, 카이로선언에서 한국 독립 약속
1944년	조선건국동맹 결성
1945년	포츠담회담에서 한반도 문제 논의 / 조선 건국 준비 위원회 결성

❷ 일제강점기의 경제

■ 무단통치기

　　일제는 무단통치기에 근대적 토지의 소유권 제도를 확립한다는 미명 아래 토지조사 사업을 벌여 막대한 한국인 소유의 토지를 빼앗아 일본인들에게 헐값에 넘겨주었다. 지주들의 토지소유권을 확고히 인정해 그들의 권한을 강화시켜 줌으로써 지주세력을 회유하고, 토지세 징수원을 확보함으로써 식민통치를 위한 재정적인 기반을 마련하려는 부수적인 목적도 있었다.

　　토지조사 사업은 일정한 기한을 정해주고 그 기한 내에 토지를 소유한 농민들이 필요한 양식을 갖추어 신고하는 기한부 신고제 방식으로 진행되었다.

▶ 그림 4-11   일제의 토지조사 사업

주어진 기간은 너무 짧은데 반해 절차는 복잡하여 실질적인 신고를 어렵게 만들었다. 또한 홍보도 부족하여 신고의 기회를 놓친 농민들도 많았다.

이렇게 하여 발생한 미신고 토지는 모두 총독부 소유로 넘어가게 되었다. 개인 소유가 아니고 마을이나 문중 소유의 토지, 대한제국정부와 황실 소유의 토지, 황무지와 미개간지, 국유지 등도 누군가 신고하는 사람이 없으면 모두 총독부가 소유함으로써 대한제국 국토의 반 이상을 강탈해갔다. 이렇게 빼앗은 토지를 총독부는 동양척식주식회사를 비롯한 일본토지회사나 일본인 이주농민에게 헐값에 팔았다.

삼림 지역에 대해서는 산림법을 제정, 산림령을 반포하였다. 임목 및 산림지역을 소유형태에 따라 구분하여 지속적으로 관리된 토지에 대해 사유권을 인정하되, 지적도 제출을 요구하였고, 산림의 채굴이나 임의로 용도변경을 못하게 하는 보안림(保安林)을 설정하였다. 임야 및 산림 토지 중 많은 수가 공유지거나 국유인 경우가 많아, 1925년 전 국토 대비 40%가 총독부 관할이 되었다.

한편 식민지 편입과 동시에 일본 시장과 연결하기 위해 재정의 절반 가량을 철도 · 도로 · 항만 건설에 투입하고, 관개시설을 개 · 보수, 지역 특색에 맞는 일본의 벼 · 양잠 등 우량종 보급 등 일본의 2차 산업과 연계하여 1차 산업을 증산하고자 노력하였다.

일제는 또한 금융조합과 농공은행을 설립해 우리민족의 경제활동을 통제했다. 총독의 허가를 받지 않으면 회사를 설립할 수 없다는 회사령을 만들어 조선인들이 회사를 설립하지 못하게 함으로써 민족 산업의 성장을 방해했다.

당시 한반도는 일본열도에 비해 천연자원이 상대적으로 풍부했고, 노동력도 값싸고 풍부했다. 일제는 이러한 특성을 이용해서 쌀 · 면화 · 양잠 · 소의 품종을 개량하고, 대량으로 재배하거나 기르게 함과 동시에 항만과 도로와 같은 사회간접자본이 되는 시설들을 값싼 조선인들의 노동력을 이용해서 건설했다. 이는 조선을 발전시키기 위함이 아니라 조선을 일본 자본주의 발전을 위한 식량과 원료의 공급기지 또는 상품판매 시장으로 만들려고 벌인 일들이었다.

■ 문화통치기

문화통치기를 대표하는 경제수탈 정책은 산미증식계획(産米增殖計劃)이었다. 즉 일본의 공업화가 진행됨에 따라 부족하게 된 식량을 한반도에서 더 많은 쌀을 생산해서 메꾼다는 정책이다.

겉보기에는 무리한 정책이 아닌 것처럼 보이지만 실제는 그렇지 않다. 일제가 설정한 증산 목표가 애초부터 무리하게 설정된 것이다. 토지 개량을 비롯한 온갖 방법을 다 동원했음에도 불구하고 달성할 수 없는 목표치였다. 일제는 증산 목표치가 달성되었을 때 거두어들일 수 있는 양보다 더 많은 양을 거두어 갔다. 그러면 조선의 농민들은 죽도록 일만 하고 막상 자신이 먹을 수 있는 쌀이 없어서 굶어야 했다.

그뿐 아니라 토지를 개량하거나 수리 시설을 확충하기 위해서 사용된 비용마저 농민들에게 부담시켰으므로 조선의 농민들은 더 이상 버티기 어려운 실정에 놓이게 되었다. 거기에다 쌀이 없어서 봄에 빌려 가면 가을에 몇 배로 갚아야 되니 결국에는 땅을 일본인에게 빼앗길 수밖에 없는 실정이었다.

그러나 일본인 지주들과 몇몇 안 되는 조선의 대지주들에게는 이익이 돌아갔으므로, 조선인 대지주들만 잘 구슬리면 일제가 하고 싶은 일은 모두 할 수 있었다. 토지조사 사업 이후 강화된 토지소유권을 통해 최대 60%의 지대를 수탈하였고, 그렇게 빼앗은 식량은 일본에 수출해 이득을 취한 것이다.

이득금을 농민의 토지를 매입하는데 이용했기 때문에 일제는 거저 앉아서 놀면서 돈을 벌게 되었다. 지주들에게 혜택을 베푼 대가로 지주들이 식민통치에 협조하거나 최소 묵인하도록 회유하였다. 쌀의 증산만을 강조하다 보니 다른 작물은 재배하지 않고 모든 농토를 논으로 바꾸었다. 그 결과 우리 농업은 쌀 중심의 단작형(單作形) 농업으로 기형화되어 갔다.

■ 민족말살통치기

　민족말살통치기에는 일본의 대륙침략전쟁으로 한반도는 일본군의 보급기지 역할을 하게 되었다. 이때의 경제수탈 정책을 병참기지화 정책이라고 한다.

　토지조사 사업과 산미증식 계획에서 보는 것처럼 1920년대까지 한반도는 일본의 식량공급지 역할이 강조되었다. 그러다가 1930년대 세계경제공황으로 투자대상을 찾지 못하던 일본의 독점자본이 조선에 침투하면서 일제의 대륙침략을 뒷받침하는 병참기지가 되어갔다.

　일제는 침략전쟁을 위해 발전소와 군수공장을 건설하고, 광산을 개발하여 지하자원을 채굴하고, 금속·기계·중화학공업 등을 육성하였다. 그러한 군수산업들은 일제가 전쟁을 수행하기 위한 것이었다. 따라서 한국인들은 노동력과 자원만 수탈당할 뿐이었고, 한반도는 일본에게 더욱 더 철저히 예속되어 갈 뿐이었다.

　1930년대 초에는 남면북양(南棉北羊) 정책이 강요되었다. 즉 조선의 남쪽 지방에서는 면화를 길러서 전쟁에 필요한 옷감을 만드는 데에 사용하고, 조선의 북쪽 지방에서는 양을 길러서 군인들에게 따뜻한 양피와 단백질을 제공하게 한다는 것이다.

　중일전쟁 이후에는 '국가총동원법'을 제정하여 수탈을 더욱 더 강화했다. 중단되었던 산미증식계획이 재개되고, 목표량을 할당했다. 태평양전쟁이 시작되면서부터는 식량의 배급·공출제도가 실시되어 한국인은 굶주림에 늘 허덕였고, 모든 금속재는 전쟁무기를 제작하기 위해 강제로 공출되었다.

　인적수탈(人的收奪)도 극에 달해서 중일전쟁 때의 지원병제도가 태평양전쟁 시작 이후에는 징병제로 바뀌었다. 그 결과 청년들은 본인의 의사와 관계없이 남의 전쟁터에서 죽어갔고, 장년들은 강제로 징용에 동원되었으며, 심지어 부녀자들은 정신대로 끌려가 일본군의 성적 노리개가 되었다.

③ 일제강점기의 문화

■ 역사 왜곡

1930년대에는 아예 민족정신을 말살하여 한국인을 일본인으로 동화시키려고 우리나라의 역사를 왜곡·변조시키기 시작하였다. 조선총독부 아래 '조선사편수회'를 두고 식민사관에 입각한 '조선사'를 편찬하였다.

경성제국대학 법문학부와 조선총독부의 조선사편수회 간부들이 모여 조선과 만주의 역사와 문화를 연구하는 '청구학회'를 결성하고, 《청구학총》이라는 잡지를 간행하여 식민사관에 의한 역사왜곡을 계속해나갔다.

청구학회에 참여해서 연구한 사람들은 조선사의 부정적 측면을 연구하여 조선역사의 타율성과 정체성을 강조하고 민족의 자율성이나 독창성은 무시하는 사관, 즉 '식민사관'에 입각해서 조선의 역사적 사실들을 기술하고 평가하는 태도를 취했다.

청구학회에 가입한 조선인 사학자는 최남선·이능화·이병도·신석호 등과 같은 친일·매국학자들이었다. 그들은 《청구학총》 발간 이외에 강연회와 강습회 개최, 학술연구 여행 등을 주요 사업으로 삼았다. 그러므로 그들이 조선사를 연구하는 목적은 오로지 일본이 조선을 식민지로 지배하는 데 대한 정당성을 부여하는 것이었다.

➜ 일제의 한국사 왜곡

❖ **목적**……한국사의 주체적 발전 부정 → 식민 통치의 합리화

❖ **단체**……조선사편찬위원회(→ 조선사편수회, 1922), 청구학회

❖ 식민사관의 내용

- **타율성론**…… 한국사는 외세의 간섭과 압력에 의해 타율적으로 저개
  되었다는 주장   예 : 만선사관, 임나일본부설, 반도적성격론
- **정체성론**…… 한국사는 사회 · 경제적 발전없이 고대사회에 머물러 있
  다는 주장   예 : 봉건사회결여론
- **당파성론**…… 한국인은 분열이 강한 민족성을 가져 조선은 당파 싸움
  으로 멸망했다는 주장

■ 출판자유의 억압

일제는 1909년 2월부터 '출판법'을 발효시켜 극심한 제재를 가했다. '출판법'의 주요 내용은 다음과 같다.

제2조 문서 · 도화를 출판하고자 할 때에는 저작자와 발행자가 원고를 지방
　　　장관을 경유해 내부대신에게 허가를 신청해야 한다.

제11조 허가를 받지 아니하고 출판한 저작자 · 발행자는 다음과 같이 처단한
　　　다. 이하는 생략

제13조 내부대신은 본법을 위반해 출판한 문서 · 도화의 발매 또는 반포를 금
　　　지하고 해당 인쇄물을 압수한다.

이처럼 출판법은 원고의 사전 검열은 물론이고 출판 후의 사후 검열도 해서 출판자유를 억압하는 것뿐 아니라 출판업의 발전 자체를 봉쇄해 버렸다. 1928년부터 1941년 1월 말까지 조선총독부를 통해 총 2,820여 종의 도서가 판매금지 처분되었고, 이보다 훨씬 더 많은 도서들이 발매금지 또는 압수당했다.

1937년 조선총독부 도서과에서 발행한《조선출판경찰개요(朝鮮出版警察概要)》에는 다음과 같은 검열기준 사항들이 열거되어 있다.

❖ 황실의 위엄 · 신궁 · 신사 등을 모독할 염려가 있는 사항

❖ 공산주의 · 무정부주의를 지원하거나 선전하는 사항

❖ 혁명운동을 선동하는 사항

❖ 항일 또는 배일사상을 시사 선동하는 사항

❖ 조선의 독립을 선동하거나 상찬하는 사항

❖ 조선 민족의식을 앙양하는 사항

일제의 가혹한 출판 탄압 때문에 수많은 금서가 나왔다. 금서의 종류는 대강 다음과 같은 책들이었다.

❖ 민족사상의 말살 책동으로 우리의 역사책이나 의사·열사·영웅들에 관한 전기(傳記)는 물론 족보, 만세력까지 금서에 포함시켰다.

❖ 한국의 전통문화나 고유문화를 말살시키고자 한국의 인문·지리·풍습에 관한 서적을 금서에 넣었다.

❖ 독립정신이 일어나지 못하도록 외국의 독립운동사(史)나 망국사 같은 외국 역사책까지 금지시켰다.

❖ 민족혼을 일깨우지 못하도록 무궁화나 태극기에 관한 책도 금서에 넣었다.

❖ 서양의 민주주의 사상이나 러시아의 사회주의 사상에 관한 일체의 문헌이다.

❖ 농민운동, 청년운동, 여성운동 또는 야학운동 같은 내용을 다룬 책이다.

결국 일제의 정책에 어긋나는 내용이나 민족운동에 직·간접으로 관계되는 모든 책을 금서로 규정하였다.

■ 문화재 파괴와 밀반출

초대통감 이토히로부미는 "조선의 문화유물을 조사하고 수집해서 보존한다."는 명목으로 일본 헌병·경찰·도굴꾼 등을 고용해 고려 공민왕의 왕릉을 폭발·도굴하여 왕릉 내 보물들을 실어내 갔으며, 2천여 기의 고분들도 대규모로 도굴·약탈했다. 그때 반출된 5대 궁궐 안 유물들은 아직도 도쿄 우에노 박물관에 진열되어 있다.

1대 총독이었던 데라우찌도 조선의 문화를 보존한다는 구실로 조선의 유적들을 닥치는 대로 허물고 파혜쳤다. 평양에서만 1,400여 기의 낙랑 고분들과 대성산 일대 고분들을 도굴했다. 이밖에도 조선의 서원·학교·개인집까지 수색하여 고서적들을 빼앗아 불태웠다. 그리고 이조실록(오대산본), 일성록, 승정원일기, 의정부비변사등록 등 수만 권의 국보적 서적들을 약탈해갔다.

일제는 유물의 소유자는 조선총독의 명령에 의해 그것을 공립박물관 미술관에 바쳐야 한다는 법령을 선포하고 금관, 고려상감자기, 이조백자, 불상 등을 빼돌려 도쿄 우에노박물관에 진열하고 일본의 국보로 세상에 공개하였다.

일제는 길을 내거나 건물을 만든다, 또는 복원한다는 평계로 주로 궁궐이나 유적지 등에 불을 지르고 뜯는 방법을 써서 한국의 문화재 유물들을 하나하나 철거하고 허물었다. 그리고 반출한 한국의 보물급 유물과 서적들은 한국 문화를 연구하고 보존한다는 명목 하에 빼돌렸다. 뿐만 아니라 일본에 불리한 유적이나 사료는 지우거나 폭파 또는 뜯어내 소실시키고 보물급 유물들은 일본으로 밀반출했다.

일제는 규모가 큰 궁궐이나 유적지도 뜯어갈 수만 있으면 다 뜯어가려고 할 정도로 한국 문화재에 대한 집착이 심했고, 일일이 해체해서 일본으로 가져간 것들도 많다.

일제는 또한 우리민족의 찬란한 민족문화와 슬기롭고 유구한 민족사를 알지 못하도록 하면서 민족말살정책을 지원하기 위하여 우리의 민족문화유산을 대대적으로 약탈하고 파괴하였다.

1910년 총독부 안에 '고적조사반'을 만들어서 서울·개성·평양·부여·공주·경주 등에 있는 수많은 고분과 산성·고적을 파괴하고, 수많은 출토품들을 약탈하여 일본으로 실어갔다.

총독부의 고급관리들이 일본인 골동품상과 결탁하여 헌병경찰의 호위를 받으면서 관제 도굴단을 조직하여 경주·공주·부여와 전국 각지의 고적들을 도굴해서 수많은 금관들, 금·은·옥의 부장품들과 불상 등 미술품들을 약탈하여 일본으로 실어갔다.

또한 1910년 11월부터 헌병경찰을 동원하여 전국의 서점·향교·서원뿐만 아니라 다수의 서적을 보관하고 있는 개인집까지 수색하여 우리의 고전들을 약탈하였으며, 그 가운데 약 20만여 책을 불태워버리고 일부는 일본으로 실어갔다. 일제강점기에 침략자들이 파괴하고 약탈해간 민족문화 유산들은 도저히 그 품목을 낱낱이 들 수 없을 정도로 대량이었다.

❹ 일제강점기의 교육과 체육

일제는 조선을 합병하여 완전히 식민지로 만들기 전에 강제로 을사늑약을 체결하여 외교권을 박탈하고 조선에 통감부를 설치하였다. 그 후 일제는 개화당이 주관한 갑오개혁 때 조선의 교육을 근대화한다는 명목으로 소학교령을 폐지하고 보통학교령(1907)을 내려 수업연한을 6년에서 4년으로 개정하였다. 또한 사립학교를 통제하고, 교과서를 통감부에서 인가받도록 하는 교과서 검정제도를 실시하였다. 이는 일제강점기의 조선교육령으로 이어진다.

1910년 경술국치로 국권을 상실한 때부터 1945년의 광복에 이르기까지 일제의 조선에 대한 교육정책을 법으로 정해서 발표한 것이 '조선교육령(朝鮮敎育令)'이다.

1911년에 발표된 '조선교육령(朝鮮敎育令)'을 비롯하여 1922년의 개정교육령, 1938년과 1943년의 3·4차 개정교육령 등 네 차례에 걸쳐 교육령이 공포되었다. 사회정세에 큰 변동이 있을 때마다 그것을 반영하여 교육령을 개정했기 때문에 일제의 식민지교육정책이 어떻게 바뀌었는지 여실히 드러나 있다.

초기에는 되도록 식민지 국민의 교육 수준을 낮추기 위한 우민화정책을 펴려하였다. 3·1운동 직후 일시적으로 식민지 국민들의 의식을 반영해주는 문화정책으로 잠시 바뀌었다가 '내선일체(內鮮一體)'와 '동조동근(同祖同根)'을 앞세워 한민족을 말살하고 한글을 폐지하려는 정책으로 바뀌었다. 마지막에 는 군국주의적 교육을 지향하고 황국신민 배양을 교육목표로 내걸게 되었다.

■ 제1차 조선교육령 시기(1911~1922년)

1911년에 발표된 제1차 조선교육령에서는 사립학교 등을 억제하고, 보통· 실업·전문기술 교육으로 한정하였으며, 일본어 학습을 강요하고, 보통 교육 의 수업연한도 단축하였다.

초대 총독 데라우치 마사타케는 ① 우리 민족의 이성이 발달할 수 있는 교 육기회를 주지 않고, ② 일본신민화(日本臣民化)의 토대가 되는 일본어를 각 학교마다 보급하며, ③ 이른바 충량(忠良)한 제국신민과 그들의 부림을 잘 받 는 실용적인 근로인·하급관리·사무원 양성을 목적으로 하는 제1차 조선교 육령을 공포하였다. 이에 따라 보통학교·고등보통학교·여자고등보통학교· 실업학교·사립학교 등의 교육규칙과 학교관제 등이 공포되었다.

데라우치에 의해 재정된 조선교육령의 내용을 요약하면 다음과 같다.

❖ 모든 학교에서 일본어를 가르치게 하였다.

❖ 우리 민족을 이른바 일본에 '충량한 국민'으로 만들고자 하였다.

❖ 노동력을 착취하기 위하여 한국인에게 저급한 실업교육을 장려하였다.

❖ 조선에는 대학을 설치하지 않고, 필요하면 실업기능교육만 시켜서 한 국인을 우민화(愚民化)시키려고 하였다.

그 뒤 각종 교육법령을 제정하여 교육제도를 정비하게 된다. 그에 따라 보 통학교(3, 4년), 고등보통학교(4년), 여자고등보통학교(3년), 실업학교(2, 3 년), 간이실업학교(수업연한 규정 없음), 전문학교(3, 4년) 등이 설치되었다.

보통교육은 보통의 지식·기능을 가르치고 특히 국민으로서의 성격을 함 양함과 함께 일본어 보급을 목적으로 했다. 실업교육은 농업·상업·공업에 관한 지식과 기능을 베푸는 것을 목적으로 했다. 전문교육은 고등한 학술기예를 수여함을 목적으로 삼았다.

이러한 방침은 한국인을 충량한 일본인으로 만들기 위해 일본어를 습득·보급시키고, 되도록 적은 경비로 실용적이라는 미명하에 초보적인 실업교육을 실시하는 데 주안점을 두었다.

보통학교 교육의 교과목은 읽기·쓰기·셈하기에 중점을 두었으며, 수신·국어·일본어·한문·산수가 필수과목으로 채택되었다. 교육방침은 졸업한 뒤에 곧 실무에 맞는 사람을 키우려고 하였을 뿐 상급학교 진학을 위한 예비교육은 아니었다.

고등보통학교 교육은 실제 생활에 가장 적절한 인물을 양성하는 데 중점을 두었다. 교과목은 수신·국어 및 한문·일본어·역사·지리·수학·이과·실업 및 법제·경제·습자·도화·수공·창가·체조·영어 등이었다.

당시의 학생 수와 학교 수를 일본인 교육과 비교해 보면 1915년 현재 보통학교 수는 399개, 학생 수는 남자 5만 6,253명, 여자 5,976명인 데 비해, 일본인 소학교는 291개, 일본인 학생 수는 남자 3만 1,442명, 여자 2만 8,206명이었다.

또한 (조선인)고등보통학교는 2개 교에 학생 수 822명이었음에 비해(일본인)중학교는 2개 교에 학생 수는 1,034명이었다. (조선인)여자고등보통학교도 2개에 학생 수 250명에 불과했지만 (일본인)고등여학교는 7개 교에 학생 수 1,191명이었다.

당시의 전문학교로는 경성법학전문학교, 경성의학전문학교, 경성공업전문학교, 수원농림전문학교 등이 있었다.

교원의 구성비에도 보통학교 교사 중 전체의 30%가 일본인 교사이고, 고등보통학교에서는 60%였으며, 관립전문학교에서는 한국인 직원 7명에 대하여 일본인이 59명으로 일본인이 절대 다수를 차지하였다.

사립학교 교육은 대한제국 시절에 공포된 '사립학교령'을 개정하여 '사립학교규칙'을 공포하였다. 이는 민족교육의 근거지인 사립학교를 감독하고 통제하려는 것이었다.

1915년에 일제가 공포한 '개정사립학교규칙'의 내용은 다음과 같다.

❖ 조선인을 가르치는 모든 사립학교는 학교의 설치목적, 위치, 교장과 교감의 취임, 교사의 임용, 교과용 도서의 채택 등은 반드시 총독부의 인가를 받아야 한다.

❖ 지리 · 역사 · 성경은 가르치지 못하고, 교원은 일어에 통달해야 한다.

이러한 방침은 그들의 통치에 방해가 되는 민족교육기관인 사학을 철저히 통제하여 일제의 의도대로 교육을 실시하기 위한 것이었다. 따라서 1910년에 1,973개였던 사립학교가 1912년에는 1,317개, 1914년에는 1,240개, 1919년에는 690개로 줄고, 나머지는 모두 폐교되었다.

이렇게 사립학교의 폐쇄를 강요받게 되자 그 대안으로 기존에 있던 서당을 개량해서 서당에서 한문만 가르치는 것이 아니라 근대적 교육도 실시하게 되었다. 이것을 '개량서당운동'이라고 한다. 개량서당운동이 전국적으로 확산되자 일제는 1918년에 서당규칙을 만들어 이를 탄압하기 시작했다.

➜ 서당규칙의 내용

❖ 서당을 개설하려고 할 때에는 도지사의 인가를 받아야 한다.

❖ 서당에서는 조선총독부가 편찬한 교과서를 사용하여야 한다.

❖ 조선총독부가 적격자로 인정하지 않는 자는 서당의 개설자 또는 교사가 될 수 없다.

❖ 도지사는 서당의 폐쇄, 교사의 변경, 기타 필요한 조치를 명령할 수 있다.

조선교육령에 따라 설립된 공립학교에서는 한글 · 한문의 수업시간을 크게 제한하고, 조선의 역사와 지리는 아예 가르치지도 않았다. 대신 일본어 · 일본역사와 일본지리를 가르치고, 수신(修身)을 필수과목으로 삼았다. 수신은 몸과 마음을 닦는다는 의미이지만, 실은 일제의 동화정책에 순종하는 인간을 만들기 위한 과목이었기 때문에 굳이 필수로 삼은 것이다.

한편 일제는 자부심이 강하고 독립심과 단결성이 강한 우리민족에 대하여 일제는 한국민족은 본래 사대성과 당파성이 강한 결점을 가지고 있다고 교육하여 패배의식을 주입시키려고 노력하였다.

한편 날조하고 과장된 일본역사를 강제로 학습시켜 일본숭배 사상을 주입시키고, 한국사를 왜곡하고 날조하여 한국민족은 고대부터 일본의 식민지 지배를 받아온 타율적이고 정체적인 민족이며, 오늘날 일본이 한국을 지배하는 것은 역사적 · 필연적 귀결이라는 의식을 주입시켰다.

일제는 조선의 교육제도를 보통학교 4년, 고등보통학교 4년, 여자고등보통학교 3년, 실업학교 2년 내지 3년, 전문학교 3년 내지 4년으로 해서 교육기간을 짧게 만들었다. 이는 조선인들의 교육기회를 제한함으로써 조선인들의 지적수준과 비판능력이 향상되는 것을 두려워했기 때문이다.

➜ 학교체육

1895년 학교 관제가 공포된 이래 외국인 교사들에 의하여 부분적으로 보급되기 시작한 일부 운동경기를 제외하고는 학교체육의 대부분은 병식체조와 보통체조를 중심으로 행하여졌다. 그러던 것이 한일합방을 전후하여 일본으로부터 스웨덴체조를 위시한 구미제국의 새로운 유희까지 수입되어 학교체육의 내용이 점차로 복잡해져서 새로운 양상을 띠게 되었다.

이러한 과도기에 처한 체육지도자들은 체육과의 지도목표 · 지도내용 · 지도방법 등을 자기 나름대로 지도할 수밖에 없었다. 이에 당혹한 교육당국에서는 학교체육의 향상과 발전을 위한 학교체육 교수요목을 제정하여 체조교수에 필요한 설비대책 등을 강구하는 한편, 체조교원의 부족을 보충하기 위하여 군인체조교원의 촉탁을 군부에 요청하였다.

보통학교의 체육과 관련된 교육규칙은 다음과 같다.

제8조 보통학교는 아동에게 국민교육의 기초인 보통교육을 하는 바, 신체의 발달에 유의하여 국어(일어)를 가르치고 덕육을 베풀어 국민이 될 만한 성격을 양성하며, 생활에 필요한 보통 지식 · 기능을 가르친다(교육령).

제6조 보통학교의 교과목은 수신 · 국어(일어) · 조선어 · 한문 · 산술 · 이과 · 창가 · 체조 · 도화 · 수공 · 제봉 · 수예 · 농업초보 · 상업초보 등으로 한다. 단, 이과 · 창과 · 체조 · 도화 · 수공 · 제봉 · 수예 · 농업초보 · 상업초보 등은 토지의 상황에 따라 당분간 뺄 수도 있다. 수공은 남아에게, 제봉은 여아에게 가르치며, 농업초보 · 상업초보 중의 하나를 남아에게 과함(규칙).

제14조 체조는 신체의 각 부위를 고르게 하여 자세를 단정히 하고 정신을 쾌활하게 하며, 아울러 규율을 지키고 숭상하는 습관을 기름을 요지로 한다. 체조는 유희 · 보통체조를 가르침이 가한다.

지방 사정에 따라 체조를 과하지 않아도 되도록 함으로써 국민의 심신발달을 위하여 필수적으로 과해져야 할 체육을 적당히 처리할 수 있도록 한 것은 매우 가벼운 처사가 아닐 수 없다. 물론 체조교원의 부족, 설비의 미비, 새로운 체육을 이해하지 못하는 한국인의 반발 등으로 지방 사정에 따라 참작할 수 있도록 한 임시방편적인 정책이라고 해석할 수도 있다.

고등보통학교의 체육과 관련된 교육규칙은 다음과 같다.

제7조 고등보통학교의 교과목은 수신 · 국어(일어) · 조선어 · 한문 · 역사 · 지리 · 수학 · 실업 · 법제 · 경제 · 습자 · 도화 · 수공 · 창가 · 체조 · 영어 등으로 한다.

제24조 체조는 신체의 각 부위를 고르게 발육하게 하여 자세를 단정하게 하고, 정신을 쾌활하게 하며, 아울러 규율을 지키게 하고, 절제를 소중히 하는 습관의 기름을 요지로 함. 체조는 보통체조, 기계체조를 가르침이 가한다(규칙).

전문학교의 체육과 관련된 교육규칙은 다음과 같다.

제1조 경성전수학교는 조선인의 남자에게 법률 및 경제에 관한 지식을 가르쳐 공사의 실무에 조사하고자 하는 자를 양성함을 목적으로 한다(규정).

제4조 경성전수학교의 교과목은 수신 · 국어(일어) · 법학통론 · 헌법 · 행정법 · 민법 · 상법 · 형법 · 민사소송법 · 형사소송법 · 국제공법 · 국제사법 · 경제 · 실무연습 및 체조 등으로 한다(규정). 경성전수학교 규칙 제5조에 의하여 위와 같이 매주 교수시수 31시간 가운데 2시간씩 보통체조를 행하도록 지시되어 있다.

이 시기의 우리나라 교육선각자들은 운동회 또는 체육단체를 조직하여 개화운동을 펴는 한편, 민족 단결에 힘썼다. 조선총독부에서는 각종 운동회와 체육단체를 조직해서 활동하는 것이 '국권갱생운동'임을 알고 학부 주최의 관 · 공 · 사립연합운동회 등을 재정난을 이유로 폐지하였다.

이로 말미암아 활기를 띠었던 운동회는 거의 중단되었으나, 사립중등학교들은 이에 불응하여 1910년부터 운동회를 다시 개최하였다. 1912년 5월 10일 제3회 '경성사립학교 연합운동회'가 청파정에서 거행되었는데, 장거리경주에서 선수의 트랙횟수 기록 착오가 문제되어 난투극이 벌어졌다. 이 사건을 핑계로 일제는 사립학교의 연합운동회마저 중지시켜버렸다.

■ 제2차 조선교육령 시기-1 (1922~1927년)

3 · 1운동을 계기로 일본의 교육정책에 약간의 수정이 있었다. 이른바 문화정치를 표방하여 1922년에 개정 교육령을 발표하였다.

이 교육령의 골자는 다음과 같다.

❖ 한국 내에 있는 일본인을 위한 교육제도와 한국인을 위한 교육제도를 따로 마련하여, 전자는 일어를 상용하는 자를 위한 교육제도라 하고 후자는 일어를 사용하지 않는 자를 위한 교육제도라 하였다.

❖ 종래 4년이던 보통학교의 수업연한을 6년으로 연장하고, 각급 학교의 교과목 중 종래에는 폐지되었던 국어를 필수과목으로 하였다.

❖ 종래의 보통학교 · 고등보통학교 · 여자고등보통학교 외에 사범학교와

전문학교 등을 설치하였다.

❖ 당시 민족지도자들에 의해 추진된 사립대학 설치운동을 무마하고 관이 통제하는 대학교육을 실시하려고 '경성제국대학설치에 관한 법률'을 반포하고 이듬해에 개교하였다.

이러한 개정 교육령은 표면상으로는 일본학제와 동일하게 마련한 것이다. 그러나 내면에 있는 교육정책은 융화정책을 통해 일본식 교육을 강화하고 우리 민족의 사상을 일본화 내지 말살하려는 데 있었다. 즉 초·중등학교의 일본어 시간은 국어 시간의 2~3배였으며, 보통학교에서 일본역사와 일본지리를 가르쳐서 일본문화를 주입하려 하였다.

어쨌든 개정 교육령으로 우리나라 학생들도 사범학교 및 대학에 진학할 수 있는 길이 열렸다. 보통교육(초등학교)의 교육연한을 4년에서 6년으로 연장하였으며, 3개 면에 1개의 학교를 설치하여 교육시설을 확대하였고, 각급 학교의 교육 수준도 다소 높아졌다.

➔ 학교체육

1914년 6월 공포된 학교체조교수요목을 여러 차례 수정하여 1922년에 발표한 개정 교육령과 부속규칙에 정해진 요강은 다음과 같다.

❖ 보통학교의 체육

- 제4조 보통학교는 아동의 신체의 발달에 유의하여 덕육을 베풀고, 생활에 필요한 보통의 지식·기능을 가르치며, 국민의 성격을 함양하고 국어(일어)를 습득하게 함을 목적으로 한다(조선교육령).
- 제5조 보통학교의 수업연한은 6년으로 한다. 단, 토지의 정황에 따라 5년 또는 4년으로 할 수 있다(조선교육령).
- 제7조 보통학교의 교과목은 수신·국어(일어)·조선어·산술·일본역사지리·이과·도화·창가 및 체조 등으로 하고, 여아를 위해서는 재봉을 가한다(시행규정).
- 제18조 체조는 신체 각 부위를 생리적으로 발육하게 하고, 사지의 동

작을 기민하게 하여 전신의 건강을 보호 증진하며, 정신을 쾌활하게 한다. 아울러 규칙을 지키게 하고 협동을 숭상하는 습관을 기름을 요지로 한다(시행규정). 체조는 체조·교련 및 유희에 대하여 간단한 동작으로 시작하여 점차적으로 정도를 높여서 교수할 것이며, 또 남아 및 여아의 구별에 따라 교수할 사항을 참작함이 가하다. 토지의 정황에 따라 체조시간의 일부 혹은 교수시간 외 적당한 옥외운동을 하게 하며, 또 수영을 교수함도 가하다.

❖ **고등보통학교의 체육**

1922년에 발표된 교육령시행규정에 의한 고등보통학교 체조과 교수목표와 내용은 다음과 같다.

- 제22조 체조는 신체의 각 부위를 생리적으로 발육하게 하며, 신체를 강건하게 하며, 동작을 기민하게 하며, 쾌활 강직하고, 견인지구(堅忍持久 ; 끝까지 참고 견딤)의 정신과 규율을 지키며, 협동을 소중히 하는 습관을 기름을 요지로 함.
- 이 요지는 보통학교의 경우와 거의 같으나, 다만 '신체를 강건하게 하며'라 하고, '견인지구의 정신'을 지킨다고 하여 보통학교의 것보다 일층 적극적인 단련의 필요성이 강조되었다.
- 체조과의 교재는 종전과 같이 체조 및 교련으로 되어 있고, 검도 및 유도도 가할 수 있다고 지시되어 있다.
- 매주 교수시간 수는 1919년에는 각 학년마다 2시간으로 감소되었던 것을 종전과 같은 3시간으로 하였다.

❖ **사범학교의 체육**

1921년 4월 '사범학교관제'를 공포하고 다음해 2월 '사범학교규정'을 공포하는데, 그 내용은 다음과 같다.

- "신체를 강건하게 함을 기하여 항상 체육 및 위생에 유의함을 요함."이라 하여 교원될 사람은 건강증진이 특히 중요하다고 강조하였다.

- "체조는 신체 각 부위를 생리적으로 발육하게 하여 이를 강건하게 하고, 사지의 동작을 기민하게 하여 용의를 바르게 하며, 정신을 쾌활하게 하며, 아울러 규율을 지키게 하여 협동을 소중히 하는 습관을 기름을 요지로 함."이라고 체조과 지시목표를 밝혔다.
- 한편 사범학교에서 행할 체조과의 교재에 대하여 "체조는 체조·교련 및 유희를 교수함이 가하고, 특히 남학생에게는 검도 및 유도를 가할 수 있음."으로 되어 있다.

❖ 실업학교 및 전문학교의 체육

1922년 2월에 발표된 '실업학교령'과 '실업학교규정'에서 교수상 특히 주의해야 할 사항은 다음과 같다.

- "생도의 신체를 건전히 발달하게 함을 기하며, 어느 학과목에든지 교수는 생도의 심신발달의 정도에 알맞게 함을 요함."이라고 하였다.
- 매주 체조학과목의 교수시간 수가 학년별 3시간 내외로 지시되어 있을 뿐 구체적인 교수내용의 지시가 없는 것으로 보아 실업학교와 전문학교의 체육에는 별로 진전이 없었다.

❖ 학교단위의 운동부 결성

조선교육령이 개정되면서 학교단위의 운동부를 결성하고, 학교대항 경기가 활발하게 이루어졌다. 그 이유는 학교에서는 운동선수를 양성하기 쉬웠을 뿐만 아니라 새로운 운동경기를 도입하여 보급시키기도 수월했기 때문으로 생각된다.

여학교에서도 농구·배구·야구 외에 탁구가 가장 인기있는 종목이었다. 초창기에는 여학생에게 야구도 보급되었지만, 점차 남학생의 종목으로 여겨지고 여학생들은 소프트볼 경기를 많이 했다. 그리고 동계 체육활동으로 가장 인기있는 종목은 당연 스케이트였다.

1913년부터 이화학당에는 한국 최초로 정구와 농구가 소개되었고, 그 이후에 배구·탁구·야구 등의 구기종목과 아령체조·곤봉체조·덤블링·육상경기 · 등산 · 조깅 등이 계속해서 도입되었다.

➜ YMCA의 체육활동

1910년대 일제의 무단통치기에 비교적 활발히 체육활동을 전개할 수 있었던 단체는 기독교청년회(YMCA)가 유일하였다. 당시의 체육은 대부분 일본인에 의해 주도되었으나, 기독교청년회에서는 새로운 체육시설을 확장하거나 새로운 운동경기를 소개 · 보급하여 우리나라 근대체육사에 큰 족적을 남겼다.

YMCA의 체육활동은 구 한말 때부터 매우 활발히 전개되었지만 1916년 실내체육관 준공을 계기로 더욱 더 본격화된다. 실내체육관은 큰 인기를 얻어 개관 7개월 동안에 참가한 연인원이 성인부는 20만, 소년부는 3만에 달했고, 매우 다양한 체육활동을 매주 전개하였다.

YMCA에서는 매주 2회씩 외국선교사 · 의사 · 교사 · 실업인 · 외교관들이 모여서 운동을 하였고, 일본인들과 정규시합을 가졌다. 이때에는 구기운동뿐 아니라 육상경기, 덴마크체조, 권투, 유도, 씨름, 궁술 등을 다양하게 전개하였다.

YMCA 주최로 열린 주요 대회는 다음과 같다.

- ❖ 1924년 : 제1회 조선학생기독교청년회연합회 축구대회
- ❖ 1925년 : 전조선 중등학교 농구선수권대회, 배구선수권대회
- ❖ 1927년 : 전조선 기계체조대회
- ❖ 1928년 : 전조선 아마추어권투선수권대회, 전조선 탁구선수권대회, 전조선 씨름대회, 제1회 전조선 궁술대회
- ❖ 1929년 : 전조선 단체유도대회

➜ 청년회 중심의 체육활동

3. 1운동 이후 민족운동은 언론 · 문화 · 교육 · 종교의 발흥과 그를 통한 저항, 여성 및 소년운동, 계급해방의 사회 · 인권운동, 사업개발과 자립경제운동 등으로 나타나게 된다. 이와 같은 청년단체는 1922년 말에는 759개에 이르렀다.

청년회는 각 지방에서 교육열을 진작시키는 한편, 신사상을 보급하거나 경제적 권리회복운동을 전개했다. 이들의 주된 활동은 강연회, 토론회, 야학경영, 체육활동, 연예활동, 회지발간, 웅변대회, 교육사업 후원, 노동쟁의 개입, 소년단체 활동 등 다양한 영역에 걸쳐 있었다.

이 가운데서도 체육활동은 청년들의 능력배양과 함께 일제에 대한 저항의 표현으로 매우 중요하게 인식되었다. 이처럼 청년회가 중심이 된 체육운동은 문화운동의 한 부분으로 전개되었지만, 그 목표는 민족해방에 있었다.

1920년대 전국적으로 조직된 청년회에는 대부분 체육부를 두어 체육활동을 장려하고, 각종 운동대회도 개최하였다. 예를 들어 1922년에 열린 제1회 황해도축구대회는 재령청년회 주최로 열렸는데, 20여 단체가 참가하여 대성황을 이루었다.

이와 같은 청년회의 체육활동은 체육을 일상화하는 계기를 만들었으며, 체육을 수용할 사회세력을 확충한 결과를 만들어내게 되었다. 특히 이들의 체육활동은 민족운동의 한 부분인 문화운동의 방편으로 전개되었다는 데서 식민지 민중들의 큰 호응을 얻을 수 있었다. 이러한 것은 1920년대 조선인체육단체를 결성하게 되는 사회적 배경으로서 아주 중요한 의미를 가지고 있다.

➔ 체육단체의 결성

1894년 갑오경장을 전후해 우리나라에 들어오기 시작한 근대체육은 당시 열강들의 침략 위협으로부터 나라를 지키기 위한 국가주의 체육으로 받아들여졌다. 이에 따라 정부, 각급 학교, 민간단체 등은 국민들과 학생들을 대상으로 몸과 마음을 강건히 해 나라 지키기에 나서도록 했다.

3·1운동 이후 일제가 펼친 문화정책에 따라 조선일보, 동아일보, 조선중앙일보 등의 우리말 신문들이 창간되었다. 그 신문들의 한결같은 주장과 후원에 힘입어 1920년 7월 13일 조선체육회가 창립되었다.

우리민족이 설립한 '조선체육회'보다 1년이 앞선 1919년에 일본인이 설립한 '조선체육협회'가 주최하는 육상경기대회 등에서 적지 않은 자극을 받아서 모든 체육운동을 민족운동의 일환으로 적극 추진함으로써 전국 각지의 사회 단체와 청년회에서 조직적인 체육대회를 열기에 이르렀다.

이런 영향으로 학교체육은 물론, 일반사회에서도 나라의 주권을 잃고 침체에 빠져 있던 각종 경기단체가 조직되기 시작해서 1920년부터 1934년까지 전국 각지에서 90여 개의 체육단체가 결성되었다.

➔ 조선체육회의 활동

조선체육회가 주최한 주요 경기대회는 다음과 같다.

❖ 1920년 11월 : 제1회 전조선야구대회

❖ 1921년 2월 : 제1회 조선축구대회

❖ 1921년 10월 : 제1회 전조선정구대회

❖ 1924년 6월 : 제1회 전조선육상경기대회

❖ 1925년 1월 : 제1회 전조선빙상경기대회

그 후 1929년부터 조선체육회에서는 종전 개별적으로 거행해 오던 야구·정구·육상경기대회를 체육회 창립 10주년 기념으로 6월 13일부터 3일간 '전조선경기대회'라는 이름으로 우리나라 최초의 종합체육대회를 개최하였다. 이 대회가 오늘날 첫 '전국체육대회'가 되었는데, 개최횟수는 체육회의 창립연륜에 따른 것이다.

▶ 그림 4-12 전조선야구대회

한편 조선체육회는 운동경기에 대한 연구도 하였다. 예를 들면 1923년 7월 제4회 정기총회에서 육상경기연구위원회를 구성하여 육상경기에 대한 과학적 연구를 하게 된 것이다. 이 위원회에서 연구된 결과가 그 이듬해 원단(元旦)호에 《육상경기 규칙 및 부록》으로 편찬되기도 하였다. 또한 1931년 6월 22일 창립된 조선체육연구회와 서로 밀접한 관계를 맺고 체육연구를 진행시켰다.

■ 제2차 조선교육령 시기-2 (1927~1937년)

1927년 4월 총독부훈령 제8호로 학교체조교수요목을 개정 · 공포하였다.

개정된 교수요목과 1914년에 발표된 교수요목에는 다음과 같은 차이점이 있다.

❖ 유희와 운동경기(스포츠)를 체조과목의 교재로 많이 채용하였다.

❖ 체조의 내용이 스웨덴체조에 독일식 체조를 가미한 것이 주를 이룬 점은 같았으나, 기계체조와 회전운동에도 중점을 두었다는 점은 큰 변화였다.

이것은 학교체육이 체조 중심에서 유희와 스포츠 중심으로 변화되었다는 것을 의미한다. 그에 따라 각종 학교대항 운동경기대회가 성행하여 연고전의 효시인 연희전문학교와 보성전문학교 간의 경기대회가 열리게 되었고, 스포츠 국제무대에도 진출해서 민족의식을 고취하는 계기가 되었다.

➜ 덴마크체조의 보급

당시 체조는 오늘날의 맨손체조처럼 신체 이외의 다른 도구나 기구를 사용하지 않고 실시하도록 고안되었다. 이 체조를 기계체조와 구분하기 위해서 보통체조 · 자유체조 · 도수체조 등으로 불리기도 하였다.

우리나라의 보건운동 보급이라는 가치하에 당시 보성고등보통학교 교원이자 조선체육연구회 주사인 김보영을 강사로 '덴마크체조의 이론과 실제'라는 강습회를 개최하였다. 뒤이어 중앙기독청년회, 관서체육회, 평양기독청년회 등에서 보건체조강습회를 열면서 덴마크체조가 급속도로 보급되었다.

덴마크체조의 창시자 닐스북 일행이 1931년 가을에 경성운동장에서 직접 시범을 보였다. 전국적으로 조기체조회(이른 아침에 모여서 체조를 하는 모임) 운동이 전개되어 점차 대중화됨으로써 우리나라 체조 발전에 큰 영향을 주었다.

1930년대에 조선인 체육지도자들이 체육대중화를 위해서 보급한 체조는 특별히 '보건체조'라고 불렀다.

➜ 조선인 운동선수들의 국제무대 진출

1927년에서 1937년까지 약 10년 동안 조선총독부에서는 정치적인 면뿐만 아니라 체육적인 면까지도 감시와 압제의 손을 뻗쳤다. 그러나 우리 선수들은 민족의 전통인 불굴의 정신으로 일본 선수들을 압도하였다.

조선신궁경기대회(朝鮮神宮競技大会)란 조선에 있는 일본인들이 설립한 조선체육협회가 주관하는 전국 규모의 종합경기대회로 1925년부터 1942년까지 총 18회에 걸쳐 개최된 대회이다.

제2회 조선신궁경기대회 때부터 재조선 일본인뿐만 아니라 조선인도 참가할 수 있게 되었다. 조선인들이 각 종목에서 밥 먹듯이 우승을 차지했다. 우승팀은 가을에 일본에서 열리는 명치신궁경기대회(明治神宮競技大会)에 조선대표로 출전할 수 있는 자격을 얻었다. 덕분에 조선 선수들이 명치신궁경기대회에서도 일본팀들을 격파하고 우승을 차지하는 일이 많았다.

일본 정부와 일본인 선수들의 갖은 압력에도 불구하고 우리나라 선수들은 단연 일본인 선수들을 제압하고, 1932년 로스앤젤레스올림픽대회, 1936년 베를린올림픽대회 등에서 눈부시게 활약하여 온 세계를 놀라게 하였다.

당시 우리 민족은 일제의 탄압으로 어디에 호소할 바 없는 괴로운 처지에 놓여 있었다. 그러나 끊임없는 그들의 탄압에도 불구하고 이 민족을 위하여 일본에 항쟁한 고귀한 정신을 우리는 본받아야 할 것이다. 일인들은 일장기말살사건을 계기로 체육단체의 해체와 더불어 탄압적인 단속 등으로 우리의 체육활동을 더욱 더 탄압하기 시작하였다. 그러다가 1943년에는 체육대회 등 모든 문화활동을 전면 중단시키면서 폐지해버렸다.

➜ 신간회의 결성 및 활동

신간회(新幹會)는 1927년 2월 민족주의 진영(현재의 남한측 인사들)과 사회주의 진영(현재의 북한측 인사들)이 제휴하여 창립한 민족운동단체이다.

신간회의 활동목표는 다음과 같았다.

❖ 민족적 · 정치적 · 경제적 예속의 탈피와 언론 · 집회 · 결사 · 출판의 자유 쟁취

❖ 청소년 · 여성의 형평운동 지원 및 파벌주의와 족보주의 배격

❖ 동양척식회사 반대와 근검절약운동 전개

신간회는 전국에 지회(支會)와 분회(分會)를 조직하며 세력을 확장해서 1930 년에는 전국에 140여 개의 지회와 3만 9,000여 명의 회원을 확보하였다.

신간회의 세력이 이렇게 성장하자 일제는 신간회의 성격을 "배일선인(排 日鮮人 ; 일본을 배척하는 조선인) 가운데 저명한 인물은 거의 다 신간회에 가 입하였고, 이들이 각종 집회에서 하는 언동으로 보아 신간회의 목표는 조선의 독립에 있음을 알 수 있다."라고 규정하고 신간회를 탄압하기 시작하였다.

1929년 11월 광주학생운동이 일어나자 신간회는 진상조사단을 파견하고 일제에 학생운동의 탄압을 엄중 항의했다. 또한 이를 계기로 독립운동을 지향 한 민중대회를 열 것을 계획했다가, 조병옥 등 주요 인사 44명이 체포되어 신 간회의 뿌리가 흔들리게 되었다.

신간회는 표면적으로 좌우익 세력이 합작하여 만든 단체였지만, 민족주의 진영에게 주도권을 빼앗긴 데 대해 사회주의 진영의 불만이 높았다. 신간회의 주요 간부들이 투옥된 사이를 이용하여 사회주의 진영에서 해산운동을 벌여 1931년 5월 발족한 지 4년 만에 신간회는 해산되었다.

■ 제3차 조선교육령 시기(1938~1943년)

일제는 1938년 3월에 제3차 조선교육령을 반포하면서 '국체명징', '내선일 체', '인고단련'이라는 3대 교육방침을 내세웠다.

국체명징(國體明徵)은 "나라의 근본이 천황에게 있음을 분명히 한다."는 뜻이고, 내선일체(內鮮一體)는 "일본과 조선은 하나다."는 뜻이며, 인고단련

(忍苦鍛鍊)은 "몸이 괴롭고 고달프지만 참고 견뎌서 튼튼하게 단련하자."는 뜻이다. 이는 결국 "일본이 전쟁에서 승리할 수 있도록 몸과 마음을 다 바쳐서 천황에게 충성하자."는 말이다. 즉 조선의 모든 교육을 완전히 전시체제화하겠다는 의중을 드러낸 것이다.

제3차 조선교육령의 내용을 간단히 요약하면 다음과 같다.

❖ 교명을 일본인 학교와 동일하게 개칭하여 한국인과 일본인 간의 차별 대우를 철폐한다. 즉 보통학교를 심상소학교, 고등보통학교를 중학교, 여자고등보통학교를 고등여학교라고 하였다. 그러나 실상은 공립학교뿐만 아니라 사립학교의 교장이나 교무주임 자리까지도 일본인이 차지하도록 하는 방침이었다.

❖ 교육내용 면에서는 일본어·일본사·수신·체육 등의 교과를 강화하고, 조선어를 필수과목에서 선택과목으로 변경하였다. 이것은 모든 교육내용에서 일본적인 것을 강화하고, 수업을 일본어로 할 것이며, 조선어를 가르치지 않음으로써 조선인을 황국신민으로 만드는 교육을 철저히 하겠다는 뜻이었다.

➔ 조선체육회의 강제 해산

일제가 1937년 7월 중일전쟁을 일으켜 전시체제로 돌입하면서 우리나라에 국가총동원법을 실시였다. 국가총동원법에 의하여 국민정신총력연맹 조선지부를 설치하고, 모든 조선인 민간단체를 일본인 단체와 일원화하는 정책을 펴기 시작했다.

국민정신총력연맹 담당자들이 조선체육회에 압력을 넣어 일본인 체육단체인 조선체육협회와 일원화할 것을 강요하였다. 조선체육회는 압력을 견디지 못하여 결국 조선체육협회에 흡수·통합되고 말았다.

이로써 1920년부터 1938년까지 거의 20년 동안 일제식민지치하라는 가혹한 상황에서도 우리나라 근대체육을 민족주의적 체육으로 성장시켰던 조선체육회는 결국 해산되고 말았다.

➔ 체육단체의 활동 제한

1938년 9월 총독부 학무국에서는 '국민체력향상'이라는 목적을 달성하기 위해서 전조선의 체육단체를 지도·통제하기로 결정하고, 각 도지사에게 아래와 같은 지도·통제기준을 하달하였다.

- ❖ 체육운동단체는 대소공사(大小公私)의 구별없이 국민체력향상기관으로 긴요한 만큼 조직을 강화하고 체육운동을 통해서 내선일체의 결실을 앙양하게 한다.
- ❖ 이의 지도에는 토지의 상황과 단체원의 환경 등을 참작하여 단체훈련으로 합동체조·체조대회·단체행진 및 무도경기를 엄격한 규율하에 실시한다.
- ❖ 운동경기대회의 개최 시에는 궁성 요배·일장기 게양·기미가요 합창 등을 하며, 황군(일본군)의 무운장구를 기원한다.
- ❖ 황국신민의식 앙양에 철저에 노력하고, 나아가 운동경기 등의 용어는 일본어를 사용한다.
- ❖ 국민체육의 진의를 천명하고 체육운동의 결실을 올리기 위해서는 체육단체의 지도·통제가 매우 긴요하므로 모든 경기를 통제·지도한다.
- ❖ 운동경기장을 신설·확장·개조할 때는 경비를 절약하여 단체원의 봉사 작업으로 하게 한다.

이외에도 일제는 전시체제에 맞춰 학생들의 노동력을 착취하기 위해서 1941년 6월 '근로보국대(勤勞保國隊) 활동 강화요강'을 전국 각급 학교에 통첩하여 남학생은 비행장이나 공장으로 보내고, 여학생은 교내에서 군복 깁기 등을 하게 하였다. 뿐만 아니라 방공훈련이나 군대식 체조훈련 받기, 위문대 제작, 폐물수집 등으로 학업은 거의 전폐되다시피 하였다.

➔ 스포츠의 국방경기로 전환

1920~30년대에는 운동방법의 과학화와 합리화를 주장하고, 체육의 교육적·도덕적 가치를 역설한 시기였다. 그러나 전 세계가 연합국과 추축국으로

나뉘고, 강한 나라가 약한 나라를 식민지화하는 것이 당연시되면서 차차 전제주의적·군국주의적인 경향으로 흘러가게 되었다.

중·일 전쟁이 점차 확대되고, 마침내 1941년 12월에 태평양전쟁이 발발하자 일제는 극도의 군국주의와 국가주의로 편향되게 되었다. 이에 따라 자유주의 스포츠는 국방경기로 방향을 전환하게 되었다.

일본 제국주의자들은 체육기관에 대한 통제뿐만 아니라 우리나라 청년들의 피를 강요하는 징병제를 실시하였고, 일반체육과 학교체육을 모두 군국주의 전시체제로 변경시켜버렸다.

조선체육회를 흡수통합해버린 조선체육협회에서는 1942년 2월에 어용단체인 조선체육진흥회를 발족시켜 모든 구기경기 대회를 중단하고 국방경기를 의무적으로 실시하도록 하였다.

국방경기는 개인경기가 아니고 16명이 한 팀으로 구성되는 단체경기이다. 경기종목은 견인(牽引)경기, 수류탄투척, 장애물경기, 토양운반, 단체행군 등 다섯 종목이었고, 종합성적으로 등급을 결정했다.

토양운반경기는 무장을 하고 약 30킬로의 모래를 넣은 가마니를 어깨에 메고 100m씩 계주하는 경기이고, 행군은 완전무장을 한 16명 전원이 4km를 달려야 하는 경기였다. 말로만 운동경기이지 군대에서 똑같이 완전무장을 하고 뛰고, 던지고, 넘는 것이어서 연습을 연성(鍊成)이라 할 정도로 심한 신체단련 수단이었다.

국방경기는 일제가 대륙침략을 승리로 이끌기 위해 전력증강의 일환으로 창안하여 의무적으로 참가토록 한 경기였다. 외적으로는 신체단련과 협동심을 배양하는 운동이었지만, 내부적으로는 학생들을 전투요원으로 양성하기 위한 수단이었다.

➜ 각급 학교의 체육

1938년 3월 총독부령으로 공포된 각급 학교 시행규칙에 따라 다음과 같이 적극적인 단련주의 훈련에 돌입하게 되었다.

❖ 소학교령 시행규칙

- 심상소학교에는 체조 · 교련 · 유희 및 경기에 대하여 간이한 동작부터 시작하여 점진적으로 그 정도를 높여 가르치는 동시에 검도의 기본동작도 가르친다.
- 남아 · 여아를 구별하여 가르칠 사항을 정한다.
- 고등소학교에서는 전 항에 준하여 더 정도를 높여 가르친다.
- 체조 지도에 의하여 익힌 자세는 항상 이를 유지하게 하도록 힘쓴다.

❖ 중학교령 시행규칙

- 체조는 체조, 교련, 검도 및 유도 경기를 가르친다. 또는 궁도, 씨름, 수영, 설활(스키), 빙활(스케이트)을 가할 수 있다.
- 체조를 가르칠 때에는 일부 또는 기교에만 치우침이 없이 항상 신체의 연성, 정신통일을 목표로 하여 아국(일본) 전통무도의 정신을 체득하게 함으로써 황국신민으로서의 기백 함양에 힘쓴다.

❖ 고등여학교령 시행규칙

- 체조는 체조, 교련, 유희 및 경기를 가르친다. 또 검도 또는 유도의 기본동작, 궁도, 체도(자루가 달린 칼), 수영, 스키, 스케이트 등을 가할 수 있다.
- 체조를 가르칠 때에는 그 일부 또는 기교에만 치우치는 일이 없이 항상 신체의 연성, 정신통일올 목표로 하여 황국여성으로서의 기백 함양과 자세 동작을 단정 · 아담하게 하는 데 힘쓴다.

❖ 사범학교령 시행규칙

- 체조는 체조 · 교련 · 유희 및 경기 외에 남학생에게는 검도와 유도, 여학생에게는 그 기본동작을 가르친다. 또 궁도, 씨름. 체도. 수영, 스키, 스케이트 등을 가할 수 있다.
- 체조를 가르칠 때에는 그 일부 또는 기교에만 치우치는 일없이 항상 신체의 연성, 정신통일을 목표로 하여 황국신민으로서의 기백 함양

에 힘쓰는 한편 특히 남학생에게는 아국(일본) 전통 무도정신을 체득시키고, 여학생에게는 자세 동작을 단정·아담하게 하도록 유의한다.

➤ 국민학교의 설치

일제는 1941년 2월 칙령 제148호로 '국민학교령'을 공포하여 기존의 소학교를 폐지하고 '국민학교(國民學校)'를 설치하였다.

우리나라에서는 '국민학교'라는 용어가 '황국신민의 학교'라는 의미로 잘못 알려져 있지만, 실은 독일어 Volksschule를 직역한 용어이다. 일본은 2차 대전 이후 바로 '소학교'로 이름을 바꾸었지만 우리나라에서는 광복 이후에도 계속해서 '국민학교'라는 이름을 사용해 오다가, 1996년 민족정기를 회복한다는 차원에서 '초등학교'로 변경했다.

당시 발표되었던 '국민학교령' 중에서 중요한 부분은 다음과 같다.

❖ '국민학교'는 초등보통교육을 실시하여 나라의 기초적 연성(鍊成)을 행(行)하는 것을 목적으로 한다.

❖ 초등과와 고등과를 둘 수 있고, 수업연한을 초등과는 6년, 고등과는 2년으로 한다. 수업연한이 4년이던 소학교보다 2년이 더 늘어났다. 현재 우리나라 초등학교의 수업연한이 6년인 것은 이때부터 계속 유지되어 온 것이다.

❖ 교과는 초등과 및 고등과를 통틀어서 국민과, 이수과, 체련과 및 예능과로 하며, 고등과에 실업과를 더한다. 교과목 수를 전쟁에 필요한 과목으로 줄였다.

❖ 국민과는 수신(修身), 국어(일본어), 국사(일본사) 및 지리(일본지리)로 나눈다. 민족을 말살시키려는 의도로 한국어, 한국사, 한국지리를 제외시켰다.

❖ 이수(理數)과는 산수 및 이과의 과목으로 나눈다.

❖ 연성(鍊成)과는 체조 및 무도의 과목으로 나눈다. 단, 여아에 대하여는 무도를 결(缺)할 수 있다. 전 국민을 전쟁에 동원할 목적으로 어린 학

생에게도 무도를 가르치게 한 것이다.

❖ 예능과는 음악, 습자, 도화 및 공작과목으로 나누며, 초등과 여아에 대해서는 재봉, 고등과 여아에 대해서는 가사 및 재봉을 더한다.

❖ 실업과는 농업, 공업, 상업, 또는 수산의 과목으로 나눈다.

❖ 앞에 기재된 과목 이외에 고등과에 대해서는 외국어, 기타 필요한 과목을 둘 수 있다. 학과목을 5개로 단순화시켜 우리나라를 전쟁물자를 생산하는 기지로 만들고, 학생들은 전쟁물자를 생산하는 공장에서 일하는 노동자로 만들려고 한 것이다.

❖ '국민학교'의 교육용 도서는 문부성에서 저작권을 가진 것으로 하여야 한다. 즉 국가에서 정해준 내용만 가르치도록 한 것이다.

■ 제4차 조선교육령 시기(1942~1945년)

태평양전쟁으로 전쟁물자가 급격하게 필요한 시점이었던 1943년에는 제4차 조선교육령인 '교육에 관한 전시비상조치령'을 내려서 모든 교육체제를 '전시교육체제' 전환시켰다.

'교육에 관한 전시비상조치령'을 근거로 '학생동원체제 정비에 관한 훈령', '학도동원본부의 설치', '학도근로령', '결전교육조치 요강' 등의 법령을 공포하여 학교교육을 군사체제화해서 전쟁수행의 도구로 만들었다.

제4차 조선교육령의 주요골자는 다음과 같다.

❖ 국민학교는 대륙침략에 이용하는 병사의 준비와 관련해서 의무교육제 준비를 실시한다.

❖ 중학교는 일본에 준해서 조처한다.

❖ 제국대학 예과는 문과의 정원을 최소한으로 감소시키고 이공과의 정원을 증원시킨다.

❖ 이과계통의 전문학교는 학생 수를 증가해서 실시한다.

❖ 문과계통의 사립 전문학교를 이과계통의 학교로 바꾸는 동시에 잔여

　　　　　문과계통의 전문학교는 통합한다.

　　❖ 문과계통의 여자전문학교는 여자실무자나 여자지방보도원 양성으로 전
　　　환한다.

　　1941년부터는 전시에 응하여 전문학교의 수업연한을 단축했다. 제4차 조
선교육령을 공포한 다음에는 모든 교육기관에 대한 수업연한을 단축하는 동
시에 '황국의 도에 따른 국민연성'을 교육목적의 주안점으로 하였고, 중등학
교에 '결전학년(決戰學年)'이라는 새 교과서를 만들어 사용하게 하였다.

　　이에 따라 민간인 사립학교와 기독교 학교의 교육목적도 강제적으로 바뀌
었다. 그들의 침략정책에 맞도록 편찬된 결전학년의 교과서를 쓰지 않을 수
없게 되었다. 다른 각급 학교도 군부의 통제를 받아 젊은 학도들은 학병으로
끌려 나갔고, 정규교육보다는 근로봉사 내지 군사훈련에 더 바쁜 교육 황무지
시기를 맞이하게 되었다.

➔ 조선어학회사건

　　대한제국 말기에 일어났던 '한글운동'이 일제의 무단통치로 수그러졌다가
3 · 1운동 후 다시 일어났다. 1921년에 '조선어연구회'가 창립되었고, 1929년
에는 '조선어사전편찬회'가 조직되었다. 이로써 일제강점기에도 한글에 대한
연구는 계속되었다.

　　한편 일제는 조선민족사상을 꺾고 나아가 조선민족을 말살하기 위해서 조
선어 교육을 단계적으로 폐지하였다. 그대신 '조선사상범예방구금령(朝鮮思
想犯豫防拘禁令)'이라는 말도 안 되는 법을 만들어서 조선의 독립운동가를 언
제든지 검거할 수 있는 길을 터놓았다.

　　일제의 조선어 탄압이 점점 거세지자 조선어학회는《조선어사전》의 편찬
을 서둘러 1942년 4월에 그 일부를 대동출판사에 넘겨 인쇄를 하게 되었다.
일제는 이를 못마땅하게 여겨 조선어사전 편찬을 저지할 수 있는 꼬투리를 찾
고 있었다.

　　이러한 시대적 배경 속에서 함흥영생고등여학교 학생이 기차 안에서 친구

들과 한국말로 대화하다가 조선인 경찰관에게 발각되어 취조를 받게 되었다. 일본 경찰은 여학생들에게 민족주의적 감화를 준 사람이 서울에서 조선어사전을 편찬하고 있던 정태진임을 알아내고, 정태진을 연행해서 "조선어학회가 민족주의단체이고, 독립운동을 목적으로 하고 있다."는 자백을 받아냈다.

그 자백을 근거로 이중화 · 장지영 · 최현배 등 33명을 재판에 넘겼고, 조선어학회를 해산시켰으며, 한글운동을 폐지하였다. 재판에 넘겨진 한글학자들에게는 "고유 언어는 민족의식을 양성하는 것이므로 조선어학회의 사전편찬은 조선민족정신을 유지하는 민족운동의 형태이다. ……."라는 함흥지방재판소의 예심종결 결정문에 따라 '치안유지법'에 의한 내란죄가 적용되었다.

재판을 받다가 죽은 사람도 있고, 만기가 되어 풀려나온 사람도 있었다. 판결에 불복해 끝까지 상고한 이극로 · 최현배 · 이희승 · 정인승 등 4명은 광복을 맞아 8월 17일에 출소하였다.

➜ 군국주의적 체육정책

일제는 군국주의적 체육정책을 세워 본격적으로 체육단체를 통제했는데, 조선체육회가 1938년 조선체육협회로 강제통합된 것도 그 일환이었다. 또한 YMCA연합도 1938년 일본 YMCA동맹에 병합되면서 그 명칭도 조선기독교청년회연합회에서 일본기독교청년회조선연합회로 변경되었다.

이에 따라 YMCA의 체육활동도 성격이 변질될 수밖에 없었다. 즉 YMCA는 일본의 무도와 무사도를 장려하는 중심기관으로 전락되어버렸고, 그 후 한국 YMCA연합회는 1943년 4월 완전히 해체되었다.

일제는 1942년 2월에 조선체육진흥회를 설립하여 우리의 모든 체육단체를 흡수시키면서 체육이 황국신민 양성과 전력증강의 도구임을 천명했다. 이러한 일제의 군국주의적 체육정책은 운동경기 주최에도 영향을 미쳤다.

총독부는 1942년 '조선학도체육대회 실시요강'을 발표하여 체육대회의 개최횟수 · 주최자 · 대회참가 등을 통제하기 시작했다. 1943년에는 '결전하일반국민체육 실시요강'을 제정하여 일반인들의 체육활동까지 통제하였다.

이 요강은 운동경기 종목을 직접적으로 전력증강효과를 얻을 수 있는 5종목으로 한정했고, 체육의 실시도 항상 근로작업과 밀접히 연관되도록 하였다.

국방체육의 성격을 가진 수영·스키·씨름 등의 대회가 열렸으며, 집단체조도 실시되었다. 집단체조에는 라디오를 동원하기도 하였는데, 그것이 이른바 '라디오체조'이다.

라디오체조는 1928년 11월 1일 도쿄에서 첫 방송을 시작하고, 1929년에는 조선에서 학교를 중심으로 보급되었다. 황국신민화정책이 강화되면서 조선신궁을 비롯하여 관공서·군대 등에서 라디오체조가 실시되었으며, 라디오가 없는 곳에서는 호령에 따라 같은 시간에 전 국민이 일제히 같은 체조를 하도록 하였다.

이것은 국민적 일체감과 애국심을 고취하여 일본정신의 함양을 강제하려는 의도였다. 조선총독부의 방침에 따라 중학교에서 "검도·유도를 필수로 하고, 일본의 전통적인 무도정신을 체득하는 것에 유의하면서 황국신민으로서의 기백함양에 기여하도록 한다."라고 하였다. 이는 일제가 황국신민으로서의 기백함양을 통하여 직접적인 전력을 증강하려는 체육정책이었다.

➔ 조선체육진흥회의 발족

태평양전쟁을 일으켜 심각한 정세에 놓이게 된 일제는 "종래에 체육계를 지배하던 자유정신과 올림픽정신을 근절시키고, 경기 자체에서도 건전한 체육향상을 목표로 하여 국책에 순응할 모든 태세를 갖추기 위하여 각 운동단체를 해체한다."는 구실 아래 일본인의 체육단체인 조선체육협회마저 해체하고, '조선체육진흥회'라는 어용단체를 발족시켜 체육계에 큰 변화를 가져왔다.

1942년 5월 대학·전문학교 총장 및 교장회의가 경성에서 열려 '학교체육쇄신지도방침에 따른 학교경기종목 정리'를 협의한 후 "대학·전문학교에서 구기경기를 폐지하고, 중등학교의 구기경기대항전도 제한한다."고 결정함으로써 학생의 체육경기대회는 전면적인 제약을 받게 되었다.

태평양전쟁에서 점차 패색이 짙어지자 일본은 우리나라의 청소년들을 모두 전장에 투입하기 위해 소위 '국민정신총동원조선연맹'을 1942년 7월에 조직하였다. 계속해서 8월에는 '체력장검정요강', 10월에는 '조선청년특별연성령', 다음해 3월에는 '징병제', 5월에는 '일반국민체육실시요강', 7월에는 '학도전시동원체제확립요강', 8월에는 '학도근로령' 등을 공포하였다.

그리하여 종래의 체육대회가 국민체육대회 → 국민연성대회 → 전장운동대회 → 전력증강운동회 → 국방체력연성대회 등으로 개칭되었다. 이에 따라 각종 대회에서 스포츠경기를 폐지하고 남자에게는 전기훈련(戰技訓練)이라 하여 행군·전장운동·총검술·사격기본훈련·체조·육상운동·검도·씨름·수영·설활(스키) 등과 특기훈련(特技訓練)이라 하여 해양·항공·기갑·전차 등을 실시하였다. 여자에게는 체조·육상운동·기갑·무도·수영·설활(스키)·구기·해양훈련 등을 실시하였다.

이 중 육상운동의 경우 올림픽 색채를 일소한다고 하여 중량물운반경주·수류탄투척·장애물통과·행군경주 등 전투력향상 훈련종목만을 채택함으로써 모든 대회를 완전한 전시체육으로 통제하였다.

그 외에 징병제의 확충과 노력동원에 필요한 기초자료를 얻고자 1942년 3월부터 1개월 동안 19세의 조선청년 전체를 대상으로 체력검사를 하였다. 또한 청년들을 대상으로 경성운동장에서 5월부터 1주간 '국방경기지도강습회'라는 명목으로 전투훈련을 시켰다.

다음해 1월에는 전국에서 '청년단훈련시무식'을 거행하여 우리나라의 남녀 청소년들을 소위 국토방위의 정신대로 전락시켰다. 또한 8월에는 경성운동장에서 징병제실시기념 국방체력연성대회를 열어 전투력향상 훈련을 목표로 하는 경기대회도 열었다.

제5장

광복 이후의 체육

광복 이후는 역사·정치·경제·사회·문화 등에 관한 내용은 생략하고, 시대적 상황을 간단히 설명한 다음 체육(스포츠)과 관련된 내용만을 기술하기로 한다.

아래 그림은 광복 이후 현재까지의 시대 구분이다. 문재인 정부는 헌법이 바뀌지 않았으므로 제6공화국이다.

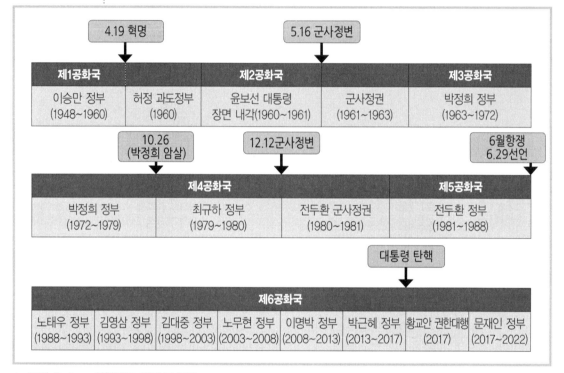

▶ 그림 5-1   대한민국 역대 공화국

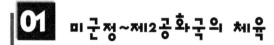

01 미군정~제2공화국의 체육

❶ 시대적 배경

1945년 9월 8일부터 1948년 8월 15일 남한에서 단독정부가 수립되기까지 3년 동안 미군이 통치한 시기를 미군정기, 이승만이 대한민국 초대 대통령으로 취임한 다음 3 · 15 부정선거가 원인이 되어 4 · 19 혁명이 일어나서 대통령이 하야할 때까지를 제1공화국, 윤보선이 제2대 대통령(장면이 국무총리)으로 다음부터 1961년에 5 · 16 군사쿠데타로 박정희가 정권을 잡기 전(군사정부 직전)까지를 제2공화국이라고 한다.

미군정기	제1공화국	허정과도정부	제2공화국
하지 중장	이승만 정부	허정 수반	윤보선·장면 정부
1945~1948	1948~1960	1960	1961~1962

　북위38도선 이남은 미군이, 이북은 소련군이 통치하던 시기에 우리나라 정치인들은 김구를 중심으로 하는 중도우파 민족주의 진영, 여운형을 중심으로 하는 중도좌파 사회주의 진영, 박헌영을 중심으로 하는 극좌파 사회주의 진영, 이승만을 중심으로 하는 우파 민주주의 진영으로 나뉘어서 심한 갈등과 폭력이 난무해서 사회가 극도로 불안했다.

　모스크바에서 미국 · 영국 · 소련의 외상(외교부 장관)들이 모여서 조선을 신탁통치하기로 결정하자, 신탁통치를 반대하는 쪽과 찬성하는 쪽의 싸움에 진영 간의 싸움에 더해져서 사회는 걷잡을 수 없을 정도로 혼란해졌다.

　미국 육군사령관 하지(John R. Hodge) 중장이 일본인 조선총독으로부터 정식으로 항복문서를 접수한 다음 아놀드(A. V. Arnold) 소장을 군정장관에 임명함으로써 남한에서는 본격적인 미군정 통치가 시작되었다.

　당시 미국의 루즈벨트 대통령과 고위 정치인들은 조선은 일본과 전쟁을 해서 독립이 된 나라가 아니기 때문에 일본과 똑같은 패전국으로 취급하였다. 그래서 상해임시정부, 건국준비위원회, 조선인민공화국 등을 모두 인정하지 않고, 승전국인 자신들이 주도해서 새 정부를 건설하려고 하였다.

　미군이 조선을 통치하는 기본이념은 다음과 같았다.

❖ 자본주의 체제를 유지하기 위하여 소련을 중심으로 하는 사회주의 세력의 팽창을 억제한다.

❖ 제3세계에서 민족혁명이 일어나는 것을 저지하고, 신생 독립국가들은 자치능력이 없으므로 신탁통치를 적용한다.

❖ 제2차 세계대전 이전에 존재했던 제국주의 세력들의 블록 경제체제를 타파하고, 미국이 자본주의 세계를 지배한다.

따라서 미군정이 조선을 통치하는 통치 방향도 "자본주의 질서를 확립하고, 급진적 사회주의 세력을 억압하며, 미국의 지배력을 확보하는 것"이었다.

❖ 일제의 조선총독부 조직을 크게 바꾸지 않고 그대로 미군정의 정부조직으로 습용(習用 ; 연습적으로 사용)한다.

• 해방이 되었는지, 아직도 일제의 식민통치가 계속되고 있는지 구분이 잘 안 되는 상황이 되었다.

❖ 일제의 조선 식민통치에 협력했던 친일파를 본래 자리에 그대로 두고 이용한다.

• 일제의 잔재를 청산하는 것이 아니라 오히려 친일파는 득세하고, 독립운동을 하다가 귀국한 인사들은 푸대접받는 결과를 낳았다.

❖ 미국 유학생들을 적극적으로 끌어들여 조선인들이 미국의 정책에 호응하도록 유도한다.

• 청(중국)나라가 미국으로 바뀌었을 뿐, 힘 있고 큰 나라가 하라는 대로 하는 사대주의 사상은 계속 이어졌다.

❖ 북한의 토지개혁으로 토지를 빼앗기고 남하한 사람들(예 : 서북청년단)을 이용하여 사회주의 세력의 침투를 철저하게 막는다.

• '반공을 국시의 제1로 삼는' 극단적인 반공국가가 만들어져서 남북한 사이에 교류가 전혀 없고, 분단의 영구화(永久化)가 진행되게 되었다.

❖ 남한의 지주들과 자본주의에 호의적인 지식인들을 활용하여 자본주의를 확립한다.

• 국민들이 자본주의의 장점과 단점을 잘 알지 못하는 상태였기 때문

에 배금주의(拜金主義)와 이기주의(利己主義)가 사회에 만연하게 되었다.

1948년 남한만의 단독선거에 의해 수립된 이승만 정부가 미군정으로부터 정권을 인수한 다음에 해야 할 일은 우선 치안유지를 위하여 남로당의 지하조직을 발본색원하고, 반국가적 소요를 막는 데 총력을 기울이는 것이었다.

외교 면에서는 먼저 국제적 승인을 얻으려고 노력하면서 미국과의 유대강화에 힘썼다. 그 결과 UN을 비롯하여 미국, 영국, 자유중국(대만), 프랑스 등과 국교를 수립하는 데 성공하였고, 미국과는 '한미상호방위원조협정(1950.1.)'을 체결하였다.

제1공화국에서 국가 안보 강화에 못지 않게 시급한 것은 국민경제의 안정이었다. 그러나 일제의 식민통치로 민족자본과 국가산업이 너무 취약한 상태였기 때문에 국민경제의 안정은 거의 불가능하였다. 그렇지만 '한미경제원조협정'을 체결하고, '농지개혁법'을 공포하여 경제안정의 기틀을 마련하려는 찰나에 한국전쟁이 일어나 더 심각한 경제난에 빠지게 되었다.

6·25전쟁을 겪고 난 한국정부는 전후 복구라는 시급한 난제를 안고 있었지만, 이승만을 중심으로 하는 집권당은 전후 복구보다는 장기집권에 더 관심을 가지고 있었다. 그들은 간첩사건을 조작하고, 국회의원을 감금·협박하고, 계엄령을 선포하여 '발췌개헌안'을 통과시키는 등 온갖 부정과 비리를 저질렀다.

거기에 더하여 '제주도폭동', '여·순사건', '김구 암살사건', '거창양민학살사건' 등이 계속 발생하여 사회가 혼란하고, 부정부패로 정의가 사라진 상태에서 대통령 선거가 치러졌다.

민심이 이반되어 패색이 짙어진 정부와 여당이 3·15 부정선거를 감행하자 학생들과 국민의 분노가 폭발하여 4·19 혁명이 일어났다. 정부에 항의하는 군중들을 폭도로 규정한 경찰이 데모대를 향하여 발포해서 사상자가 속출하자 대통령이 하야 성명을 하고 제1공화국은 무너졌다.

4·19 혁명 후 과도국회에서 영국식 의원내각제를 모방한 헌법개정안과 새 선거법이 통과되어 민의원과 참의원을 선출하였다. 1960년 8월 12일 민의원과 참의원의 합동회의에서 대통령에 윤보선, 국무총리에 장면을 선출함으로써 제2공화국이 탄생하였다. 제2공화국은 4·19 혁명의 이념과 기본정신을 충실하게 반영하는 헌정체제를 지향하였다.

제2공화국의 특성은 다음과 같았다.

❖ 국민의 기본권 보장을 강화하여 최대한으로 자유를 신장할 수 있게 하였다. 즉 국민의 기본권을 제한하는 법률을 제정할 수 있는 헌법조항을 배제하였다.

❖ 대통령은 의례적인 국가원수이고, 정치적 실권은 국무총리에게 있는 내각책임제 정부였다. 그래서 내각의 '민의원해산권'과 민의원의 '내각불신임권'을 제도화하였다.

❖ 국회는 민의원과 참의원으로 구성되는 양원제를 채택하였고, 지방자치단체장(시·읍·면의 장)을 직접선거로 선출하였고, 경찰의 중립화를 제도화하였다.

그러나 "국민의 기본권을 최대한 보장해준다"는 기본 정신을 "무엇이든 여러 사람이 모여서 데모를 하면 해결된다"고 잘못 받아들인 사람들이 많았다. 그래서 하루도 데모가 없는 날이 없고, 심지어 초등학생들까지 데모에 나서면서 사회는 점점 더 혼란에 빠져들었다. 또한 면장과 면의원은 물론이고 교육 책임자까지도 선거로 선출하게 되면서 선거가 잦아지고, 선거 때마다 후보자들이 선물을 돌리고 동네잔치를 벌리는 등 금권선거와 부정선거가 횡행하였다.

이때 "이 모든 문제가 장면 정권이 무능해서 벌어진 일"이라고 주장하면서 박정희가 군사쿠데타를 일으키자 제2공화국은 탄생 9개월 만에 붕괴되었다.

❷ 교육(체육)정책과 제도 ·······································

미군정의 교육정책은 제2차 세계대전 이후 미국의 세계정책과 대한정책 (對韓政策)의 연장선 위에 있을 수밖에 없었다. 즉 '미국식 민주교육제도'를 남한에 이식하고, 남한을 공산주의에 대한 이념적·정서적 방벽으로 만들어 남한 사회를 자본주의 세계시장에 편입시키는 것이 교육정책의 목적이다.

이를 위해 미군정의 학무국은 해방 후 공백상태에 놓인 남한의 교육행정 기구를 새로이 조직하는 한편, 여러 가지 시급한 교육 현안을 처리해야만 했다. 휴교 상태에 있는 학교의 문을 여는 일, 한국인 교육지도자들에게 교육문제에 대한 조언을 듣는 일, 학무국과 각 학교에 일본인 교원을 대신하여 일할 수 있는 한국인을 배치하는 일 등이 당시 무엇보다 시급한 문제들이었다.

그리하여 교육계 각 분야 10인을 선출하여 '조선교육위원회'를 구성하게 되었다. 이 위원회는 공식적으로 자문기관의 성격을 지녔으나, 실질적으로는 교육의 모든 분야에 걸친 중요한 문제들을 심의·결정하였다. 그리고 일본인이 차시하고 있었던 각 도(道)의 교육책임자와 전국의 많은 학교장 자리를 한국인으로 재편성하는 일과 같은 주요 인사 문제를 다루었다.

1945년 11월에는 교육계와 학계의 권위자 100여 명을 초청하여 조선교육위원회를 확대·발전시킨 '조선교육심의회'를 새로이 구성하였다.

조선교육심의회에서 제일 먼저 한 일은 "홍익인간의 건국 이상에 기(基)하여 인격이 완전하고 애국정신이 투철한 민주국가의 공민을 양성함을 교육의 근본이념으로 함"이라는 교육이념의 제정이다.

그리고 다음과 같은 교육개혁을 단행하였다. 미군정의 교육개혁은 우리나라 건국 이래 최대의 교육개혁이었고, 지금도 우리나라의 교육에 큰 영향을 미치고 있다.

❖ 인문학교와 실업학교의 학제가 완전히 분리되어 있던 복선형 학제를 단선형 학제로 바꿈으로써 빈부에 의한 학교 진학의 차이를 없애려 하였다.

❖ 미국식 수업연한을 도입하여 초등학교에서 대학교까지의 수업연한을 6-3-3-4제로 전환하였다.

❖ 조선교육심의회에서는 1946년 9월부터 국민학교 의무교육의 실시를 가결하였다. 이후 문교부는 국민들의 진학을 꾸준히 권장한 결과 1948년에는 전체 취학연령 아동 중 75%를 국민학교에 취학시킬 수 있었다.

❖ 대규모 교원 양성과 재교육을 실시하였으며, 일제강점기의 교과서를 폐지하고 새로운 교과서를 편찬하였다.

❖ 취학시기를 놓친 사람들에게 성인교육을 실시하였고, 미군정 말기에는 교육자치제 실시계획을 담은 군정 법령을 공포하기도 하였다.

❖ 종전의 강의식 수업을 지양하고 분단 조직을 통한 학생들의 발표와 토론이 이루어지는 토론식 수업을 권장하였다.

1948년 8월 15일에 출범한 제1공화국 정부는 1949년 말에 교육법을 제정·공포하였다. 그 주요 내용은 교육의 기회균등, 무상·의무교육(초등학교) 실시, 교육이념(홍익인간) 명시, 학생의 인격과 개성 존중, 교육의 중립성 확보, 교원의 신분 보장 등이었다.

6·25전쟁이 발발하자 정부는 피난학교 설치, 임시교재 및 교과서 발행, 전시 연합대학 설립 등을 내용으로 하는 '교육특별조치요강'을 발표하였다. 이는 한국인들의 뜨거운 교육열을 단적으로 보여준 사례였다.

그리고 1955년에는 초·중·고등학교 제1차 교육과정이 공포되었다. 이 시기의 교육과정은 학생의 생활경험을 중시하는 미국의 진보주의 교육철학을 반영한 것이었으나, 실제 운영에서는 종전과 마찬가지로 교과서 중심 주입식 교육이 이루어졌다. 그렇게 된 가장 큰 원인은 중학교 이상의 학교들이 입시를 통해서 학생을 선발하였기 때문이었다.

이후 4·19혁명을 계기로 출범한 제2공화국(1960~1961)에서는 자유당 정부의 독재정치 잔재를 일소하기 위해 사회 전반에 걸쳐 민주화를 추진하였다. 교육 분야에서는 학원 민주화와 교육자치제 강화 방침으로 구체화되었다.

그러나 제2공화국정부는 5·16 군사쿠데타로 단기간의 집권으로 끝나면서 이렇다 할 교육정책을 시행하지도 못한 채 막을 내렸다.

▶ 표 5-1 미군정의 교육개혁 내용

교육이념 제정	홍익인간의 건국 이상에 기(基)하여 인격이 완전하고 애국정신이 투철한 민주국가의 공민을 양성함
학제 개혁	단선형, 2학기제, 남녀 공학의 원칙
사범대학 창설	교사 양성을 위한 사범대학 창설
문해(文解)교육 실시	문맹을 퇴치하기 위해서 기본적인 문자의 해독, 사회생활에 필요한 정보의 획득, 지적 의사표현이 가능하도록 사회교육을 실시했다.
의무교육 실시계획	초등학교 의무교육을 실시하려고 계획하였으나 재정 사정으로 연기
학교 간 차이 철폐	복선형 학제가 단선형 학제로 바뀌면서 학교 간 차이가 없어졌다.
중등교육기관의 확충	일제 때 4년제 공립중학교를 6년제 중·고등학교로 바꿔서 교육의 질적 수준이 향상되고, 많은 중등교육기관이 새로 설립되었다.
대학교육 확충	일제 때 전문학교가 대학으로 승격되어 22개 대학이 새로 생겼다.

❸ 체육단체와 활동

일제 때의 총독부 학무국이 미군정기(美軍政期)에 문교부로 승격됨에 따라 문교부 교화국 내에 체육과가 설치되어 체육진흥 업무를 전담하게 되었다. 이 때 일제에 의해 강제 해산되거나 일본기관과 강제 통합되었던 민간단체들도 재건되기 시작하였다. 1945년 9월 조선체육회 재건을 시작으로 조선육상경기연맹, 조선축구협회, 조선농구협회 등 종목별 경기단체들이 재건되거나 창립되었다. 이 단체들이 많은 경기대회를 개최하여 각 경기종목이 활성화되었다.

■ 대한체육회

1948년 8월 15일 대한민국 정부가 수립된 다음 9월 3일 YMCA회관에서 열린 평의원회에서 정관을 개정하여 '조선체육회'를 '대한체육회'로 개칭하였다. 그리고 광복 이후 '조선올림픽대회' 또는 '전국종합경기대회'라고 했던 대회를 '전국체육대회'로 명칭을 변경하였다.

대한체육회는 1948년 제14회 런던올림픽에 참가하기 위해 유억겸 위원장을 중심으로 NOC(국가올림픽위원회)를 구성하여 육상, 축구, 복싱, 역도, 농구, 사이클 등 8개 경기단체가 국제경기단체에 가입하였다.

이후 대한올림픽위원회(KOC)는 1947년 6월 20일 제40회 IOC총회에서 회원국으로 승인을 받아서 올림픽에 참가하게 되었다. 1948년 1월 생모리츠 동계올림픽과 8월에 개최된 제14회 런던올림픽에 참가하게 되면서 한국 스포츠의 국제적인 활동이 본격화되었다.

대한체육회는 1952년 헬싱키올림픽 기간에 열린 아시아경기연맹(AGF) 임시총회에서 회원국으로 가입하여 1954년 제2회 마닐라아시아경기대회부터 참가하기 시작하였다. 또한 대한체육회는 1954년 3월 16일에 사단법인으로 인가를 받았다.

대한체육회의 정관에는 "본 회는 대한민국의 아마추어 체육운동단체를 통합 대표하여 국민체육의 향상과 운동정신의 앙양을 기도하고, 건강하고 유능한 국민을 배양함을 목적으로 한다."라고 국민체육진흥단체로서의 성격을 뚜렷하게 밝히고 있다.

■ 대한올림픽위원회

대한체육회는 1959년에 열린 정기총회에서 KOC(대한올림픽위원회)를 대한체육회에서 분리하기로 의결하였다. KOC는 1964년 9월 8일 문교부의 승인을 받아 대한체육회와 완전 분리된 독립기구가 되었다. 이에 따라 NOC로서의 자치권을 행사할 수 있게 되었으며, 이상백 위원장을 중심으로 새 출발하게 되었다.

대한올림픽위원회의 주요 기능은 올림픽대회 및 아시아경기대회 참가와 IOC의 후원을 받는 지역대회와 대륙 간 대회에 선수단 구성 및 파견, 올림픽 청소년캠프 · 올림픽아카데미 · 스포츠예술전 등 올림픽문화 행사 주관, 스포츠의학 및 약물에 관한 사업, 올림픽운동 홍보사업, 대한대학스포츠위원회 사업, 각국 올림픽위원회와의 스포츠 교류, 올림픽대회 및 아시아경기대회 개최 시 대회조직 책임 등이다.

■ 대한학교체육회

대한학교체육회는 1956년 4월 14일 체육교사의 권익보호 및 자질향상과 학교체육의 건전한 발전이라는 목적으로 출범하였다. 주요 사업은 학교체육 발전책 강구, 학교체육에 관한 정부 자문과 기타 관계 기관에 건의, 세계 각국의 학교체육단체와의 유대강화, 가맹단체와 시 · 도 학교체육회 관리 · 감독, 학교체육행사 후원, 학교체육에 관한 조사 및 자료 수집, 학교체육에 관한 계몽 · 선전, 연구발표회 및 강습회 개최, 학교체육 유공자 표창, 학생경기단체 육성 · 지도, 교원 및 학생체육대회 주최 등이다.

1957년 3월 17일 대한학교체육회는 문교부의 승인을 받아 사단법인으로 공식 출범하여 이듬해에는 제1회 전국학도체육대회를 효창운동장에서 개최하였다.

❹ 학교체육

■ 학교체육 정책

정부 수립 후 1950년대에는 전체주의적 · 식민주의적 체육을 종식시키고 민주적 체육을 정립하려고 노력한 시기였다. 정부에서는 체육이 기본적인 교과로 자리매김할 수 있도록 하기 위해서 체육교과의 교육목표나 교육내용에서 체육의 교육적 가치를 강조하였다.

그러나 이 시기에 실제로 나타난 체육교육의 효과는 국민 건강 향상을 통한 국방력과 생산력 향상이었다. 즉 학교 현장에서 실행하고 있는 체육교육은 대부분 엄격한 분위기 속에서 제식훈련 위주의 국방체육이 이루어졌다.

미국 체육교육의 영향을 받아 체육교과는 많은 수업시간을 배당받아 보건과 위생에 역점을 두고 가르치려고 하였다. 즉 교과목 이름 자체를 국민학교는 '보건', 중등학교는 '체육·보건'이라고 하였다.

체육교육에 대한 높은 관심에도 불구하고 체육교과서나 체육교사 등은 거의 준비가 안 되어 있었다. 따라서 교육과정에서 제시한 교육목표나 교육내용과는 무관하게 일제강점기에 시행해 오던 군사훈련 중심의 체육수업이 이루어질 수밖에 없었다.

제1차 교육과정을 개발할 때부터 학교체육의 목적을 국방력 강화나 생산력 향상에 두지 않고, 학생 개개인의 심신의 발달에 두었다.

■ 체육과교육과정 제정

광복 후 우리나라 교육의 최대 과제 중 하나는 일제가 남긴 전체주의 교육을 빨리 탈피하여 민주주의 교육으로 바꾸는 것이었다. 그렇게 하는 방법의 하나가 교육방법의 개선이었다.

이러한 분위기 속에서 1945년 중등학교 체육교사 120여 명을 포함한 체육전문가 200여 명이 참여하여 '조선체육지도연구회'를 결성하여 체육과교육과정의 기초라고 할 수 있는 '체육과교수요목'을 제정하였다.

1954년에는 문교부에서 '교과과정시간배당기준령'을 공포하였고, 이를 바탕으로 마련된 제1차교육과정(1954~1963)이 제정되었다. 당시에 발표된 문교부령에 따르면 초등학교 보건은 주당 110~170분, 중등학교 체육시간은 주당 2시간, 고등학교는 필수 1시간, 선택 0~6시간, 교련 4시간, 사범학교는 2~4시간을 실시하도록 되어 있다.

제1차 교육과정에서 체육과의 명칭은 국민학교에서는 '보건', 중등학교에서는 '체육'이라 하였다. 체육과의 교육목적은 민주 생활을 위한 신체적 발달, 사회적 발달 및 위생으로 구분되어 있다. 제1차 교육과정의 보건과 및 체육과 교육내용은 체조, 스포츠, 무용, 위생, 체육이론 등으로 구분하였다(표 5-2 참조).

■ 체육 교사 및 교재의 마련

체육과교육과정이 처음 제정될 즈음에는 체육을 가르칠 수 있는 교사도 부족하고, 교과서를 비롯한 교구·교재가 없어서 학생들에게 체육을 제대로 가르칠 수 없었다.

1952년 5월에 장영완 선생님이 만든 ≪고등체육과 고등체육교본≫이라는 책을 수정해서 문교부의 검정을 받은 것이 우리나라 최초의 체육교과서이다.

▶ 표 5-2 제1차 체육과교육과정

항 목	제1차 체육과교육과정		
보건과 및 체육과의 목적	보건과 및 체육과는 원만한 환경 하에서 신체활동을 통하여 신체 각 부위를 고르게 튼튼히 발달시키고, 굳세고 아름다운 정신과 건전한 사회적 성격을 기르며, 위생 생활을 습관화하여 민주적 사회활동에 자기의 최선을 다 발휘할 수 있는 능력을 가지게 한다.		
보건과 및 체육과의 목표	**국민학교 목표**	**중학교 목표**	**고등학교 목표**
	» 신체적 목표 » 사회적 목표 » 지적·정서적 목표 » 안전 지도 » 레크리에이션 지도	» 신체적 목표 » 사회적 목표 » 지적·정서적 목표 » 안전 지도 » 레크리에이션 지도	» 신체적 목표 » 사회적 목표 » 지적·정서적 목표 » 안전 지도 » 레크리에이션 지도
보건과 및 체육과의 지도 내용	**국민학교(1~6학년)**	**중학교(1~3학년)**	**고등학교(1~3학년)**
	» 체조놀이(맨손놀이, 재주놀이) » 놀이(달리기놀이, 던지기놀이, 뜀뛰기놀이, 공놀이, 물놀이) » 리듬놀이(노래 맞추기, 표현놀이, 기타) » 위생	» 맨손체조(맨손체조, 기계체조, 스턴츠) » 스포츠(육상경기, 구기, 헤엄, 투기) » 무용 » 위생 » 체육이론	» 맨손체조(맨손체조, 기계체조, 스턴츠) » 스포츠(육상경기, 구기, 헤엄, 투기) » 무용 » 위생 » 체육이론

이후 1957년에 이병위 선생님이 지어서 검인정을 받은 ≪중등체육≫이라는 책이 학교체육 교과서로 활용되었다. 이때의 교과서는 실기종목에 대한 설명은 없었고, 보건과 관련된 내용이 절반을 차지하였다.

부족한 체육교사를 충원하기 위한 대책으로는 몇몇 4년제 대학에 설립된 체육과에서 '체육과 정교사'를 양성하는 것과, 2년제 대학에 교사양성과정을 설립하여 '체육과 준교사'를 양성하는 것이었다. 일단 중·고등학교 체육교사로 임용되면 정교사와 준교사 간에는 차이가 없었다.

체육교사의 양성과 함께 체육교사의 자격 강화와 자질 향상을 위하여 많은 체육강습회를 열었다. 1954년 서울 수도여고에서 열린 강습회를 계기로 수료자들은 '한국체육교사연맹'을 결성해 체육교사 스스로 실력을 향상시키기 위한 노력을 기울이게 되었다.

1955년에는 문교부 주관 체육강습회를 통해 특별검정으로 준교사증을 부여하였다. 이어서 1956년에는 한국체육학회와 대한체조연맹의 공동주최로 '체육강습회'를 열어 중·고등학교의 체육교사 자격고시에 응시하려는 '예비 체육교사'들을 교육시키기도 하였다.

▶ 표 5-3   1945~1955년에 설립된 체육계 학과

구분	학과 명칭	설립일
4년제	이화여자대학교 문리과대학 체육학과	1945. 10.
	서울대학교 사범대학 체육학과	1946. 8. 22.
	경북대학교 사범대학 체육학과	1952. 5. 28.
	조선대학교 문리과대학 체육학과	1953. 3. 21. 승격
	경희대학교(신흥대학) 체육학과	1952. 2. 14. 승격
2년제	조선대학교 체육과	1951. 8. 31.
	경희대학교(신흥대학) 체육과	1949. 2. 21.
	서라벌예술대학 체육무용과	1952. 3. 9.
	대한유도학교	1953. 6. 15.
	부산사범대학	1955. 2. 25.
	광주사범대학	1955. 2. 25.
	수도여자사범대학 체육과	1955. 7.

■ 방과 후 체육

운동회의 뜻은 '많은 사람들이 모여 각종 운동을 즐기는 모임'이라고 할 수 있다. 학교운동회는 여기에 단체교육의 의도가 더하여져 운동회 참여를 통해 학생 개개인이 스포츠정신과 사회적 성격을 길러 성장·발달을 도모하는 교육적 효과를 꾀할 수 있는 기회가 된다.

개화기에는 교육을 통한 부국강병 및 국권회복이라는 목적이 있었기 때문에 근대식 학교에서의 체육은 병식체조(근대식 체조)와 전통무술 교육을 위주로 한 민족주의적 체육활동이 주로 이루어졌다.

그렇기 때문에 우리나라에서 운동회는 근대적 체육을 일반에게 널리 보급시키는 역할을 수행했을 뿐만 아니라 당시 민족적 위기를 맞아 새로운 지식을 계몽하고 민족의식을 고취시키는 사회적 기능도 담당하였다.

근대 초기 운동회는 학생이 중심이 되었고, 축제적 성격을 띠고 있었으며, 경기뿐만 아니라 교육적 기능도 함께 가지고 있었다. 남학생과 여학생이 구분된 종목들로 신체발달 정도에 맞게 프로그램이 구성되었고, 군사훈련적인 요소도 포함되어 있었다.

▶ 그림 5-2　초등학교 운동회의 꾸미기체조

해방 후 국민학교의 운동회는 학생들이 평소에 운동·유희의 학습으로 성장된 모습을 부모 및 일반인들에게 보여드림으로써 학교체육의 성과를 홍보하고, 지역 주민들에게 체육의 가치와 필요성을 인식시킴으로써 사회체육의 발달을 도모할 목적으로 시작되었다. 아울러 그것의 실행에서 기획·조직·운영 등의 경험을 통해 학생들이 자주성·협력·책임 등을 체험하게 하는 현장교육으로서의 의의도 지니고 있었다.

02 제3공화국의 체육

① 시대적 배경

5·16 군사쿠데타로 박정희가 정권을 잡은 후부터 헌법을 개정해서 새로운 헌법에 의하여 박정희가 대통령으로 취임하기 전까지를 박정희의 군사정권이라 하고, 박정희가 대통령으로 취임해서 10·26 사태로 암살될 때까지를 박정희 정부라고 한다.

짧은 기간 동안이지만 박정희 대통령이 암살된 후부터 12·12 군사쿠데타로 전두환이 정권을 잡을 때까지를 최규하 정부라 한다. 박정희의 군사정권에서 박정희 정부를 거쳐서 최규하 정부가 끝날 때까지를 편의상 '제3공화국'이라고 통칭해서 설명하기로 한다.

군사정권	제3공화국	
박정희 소장	박정희 정부	최규하 정부
1961년 5월 16일~	1963년 12월 17일~	1979년 10월 26일~12월 12일

군사쿠데타로 집권한 박정희는 국가재건최고회의를 만들어 "반공을 국시

의 제1로 삼는다"를 국가의 가장 기본적인 이념으로 천명하였다. 이것은 사상과 양심의 자유를 국민의 기본권으로 보장하는 자유민주주의와는 배치되는 이념이었지만, 미국이 바라는 것이었기 때문에 별 저항 없이 새로운 헌법으로 채택되었다. 그러나 정권에 위협이 될 만한 개인이나 단체를 '반혁명 반국가 행위자'로 몰아서 제거할 때 이 헌법 조항을 이용하였다.

새로운 헌법을 만들어 수립된 박정희 정부는 '근대화와 산업구조의 고도화'를 내세우며 '경제규모의 확대와 경제성장'을 급속히 추진하였다. 특히 새마을운동을 통하여 국민의 정신을 계몽하고 생활환경을 개선하는 데 큰 성과를 올렸다.

그동안 국교가 단절되었던 일본과 국교를 정상화하는 조건으로 획득한 (1965년) 대일청구권 자금과 서독에 간호사와 광부를 파견하여 얻은 외화를 종자돈으로 구미공단과 포항제철을 만들어 산업화의 기틀을 수립하였다. 이어서 월남에 군대와 민간 인력을 파견하여 벌어들인 자금으로 경부고속도로를 건설함으로써 대한민국의 경제발전에 획기적인 계기를 만들었다.

수출을 장려하여 전국에 공업단지가 생기고, 철강산업을 기반으로 하는 조선·자동차·건설 등의 산업이 급성장하여 후진국에서 개발도상국을 넘어 세계적인 산업국가로 발돋움하였다. 또한 중동 등에 건설 인력을 파견하여 벌어들인 외화와 각종 산업의 생산성 증가로 국민의 생활수준이 현저하게 향상되어 살기 좋은 나라가 되는 듯하였다.

그러나 장기집권의 욕망이 생긴 박정희는 대통령을 3번 연임할 수 있도록 개헌(1969년)을 강행한 후, 야당 후보(김대중)와 치열한 접전 끝에 대통령 3선에 성공하였다. 그러나 세계에 유례가 없는 초고속 경제성장 과정에서 생긴 소외된 노동자 문제가 표출되고, 산업화 과정에서 생긴 지역갈등과 철거민 문제가 '경제적 불평등'이라는 사회적 불만으로 쌓이게 되었다.

국민들의 사회적 불만이 정치적 혼란으로 이어질 것을 두려워한 박정희 대통령은 1972년 10월에 '특별선언문'을 통해 유신을 선포하고, 유신헌법에 대한 찬·반을 국민투표에 붙여 압도적인 찬성으로 통과시켰다.

유신헌법의 주요 내용은 다음과 같았다.

❖ 통일주체국민회의에서 대통령을 선출한다.

❖ 대통령이 통일주체국민회의의 의장이 되어 국회의원 1/3을 선출한다.

❖ 긴급조치권 및 국회해산권 등 초헌법적 권한을 대통령에게 부여한다.

❖ 긴급조치로 법률을 일시적으로 유보함으로써 국민의 기본권을 대폭 축소한다.

❖ 대통령 임기를 6년으로 연장하고, 중임제한 조항을 철폐한다.

❖ 국회의 회기를 단축하여 국회의 권한을 약화시키고, 모든 법관은 대통령이 임명하며, 헌법재판소를 폐지하고 헌법위원회를 설치한다.

이는 삼권분립이라는 민주주의의 기본정신을 훼손시키는 악법이자 대통령이 전제군주보다 더 강력한 통치권을 갖는 헌법이었다. 하지만 1974년 문인 및 지식인이 개헌청원 서명을 발표하였고, 전남대생 1,000명의 개헌요구 시위가 발생하게 되었다. 이에 박정희 정권은 긴급조치를 선포하여 헌법에 대한 일체의 논의를 금지시키고, 위반자는 영장 없이 체포하여 15년 이하의 징역에 처하도록 하였다. 또한 긴급조치 위반자를 처벌하기 위해서 비상군법회의를 설치하였다.

그럼에도 국민의 저항이 계속되자 계엄을 선포하여 국민의 기본권을 제한하면서 간첩단사건 등을 만들어 공포 분위기를 조성하여 정권을 유지하려고 하였으나, 김재규의 대통령 암살로 박정희 정부는 막을 내리게 되었다.

❷ 체육정책과 조직

5·16 군사쿠데타로 정권을 잡은 군사정부는 국민을 통합하여 정권을 강화하는 방법으로 엘리트체육 육성정책, 경제성장을 지원하는 방법의 하나로 국민체력 향상정책을 추진하였다.

■ 국민체육진흥법의 제정

국민체육진흥법(國民體育振興法)은 1962년에 "국민체육을 진흥하여 국민의 체력을 증진하고 건전한 정신과 명랑한 생활을 영위케 한다."는 목적으로 제정되었다. 제정 당시의 법조문은 17개에 불과한 매우 간략한 법률이었다. 그러나 서울아시아경기대회와 서울올림픽대회에 능동적으로 대체하기 위해서 1983년에 6장 55조와 부칙으로 구성된 법률로 개정되었다.

현행 국민체육진흥법의 주요 내용은 다음과 같다.

❖ 국민의 체육활동은 국민 체력의 증진과 건전한 정신 함양에 필요할 뿐만 아니라 국위 선양에도 도움이 되기 때문에, 국가와 지방자치단체는 국민체육진흥에 관한 시책을 마련하고 국민의 자발적인 체육활동을 권장 · 보호 및 육성해야 한다.

❖ 문화체육관광부장관은 국민체육진흥에 관한 기본시책을 수립해야 하며, 지방자치단체의 장은 그 기본시책에 따라 그 지방자치단체의 체육진흥계획을 수립 · 시행해야 한다. 이러한 시책의 내용으로는 '체육의 날'과 '체육주간'의 설정, 체육대회 실시, 체육지도사의 양성, 체육시설의 설치, 체육선수의 보호 · 육성, 도핑방지 활동, 여가체육의 육성, 체육용구의 생산 장려, 체육관련 보조금 지급 등이 포함된다.

❖ 대한체육회, 대한장애인체육회, 한국도핑방지위원회와 서울올림픽기념 국민체육진흥공단을 법인으로 설립한다.

❖ 체육진흥에 소요되는 경비를 지원하기 위하여 국민체육진흥기금을 설치한다. 기금은 서울올림픽기념 국민체육진흥공단이 독립된 회계로 관리 · 운용한다. 기금은 출연금, 광고사업의 수입금, 골프장시설의 입장료에 대한 부가금, 기금의 수익금, 배분된 복권수익금 등으로 조성한다.

❖ 서울올림픽기념 국민체육진흥공단은 국민의 여가체육 육성 및 체육진흥 등에 필요한 재원의 조성을 위하여 체육진흥투표권 발행 사업을 할 수 있다.

❖ 지방자치단체는 체육시설 등을 조성하여 지원하여야 하며, 행정구역 단위 및 직장인체육대회를 연 1회 이상 개최하여야 한다.

❖ 학교는 학생의 체육진흥, 국가 및 지방자치단체는 직장의 체육진흥에 필요한 시책을 강구하여야 한다.

❖ 직장의 체육활동을 지도 · 육성하기 위하여 생활체육지도자를 둔다. 공공기관 등에는 1종목 이상의 운동경기부를 설치 · 운영하고, 경기지도자를 두어야 한다.

❖ 국가는 체육지도자의 양성과 자질 향상을 위하여 필요한 시책을 강구하여야 하며, 국민의 체육활동에 필요한 시설의 적정한 확보와 이용에 필요한 시책을 강구하고, 선수와 체육지도자를 보호 및 육성하여야 한다.

❖ 학교 및 직장의 체육시설은 학교교육 및 직장 운영에 지장이 없는 범위 안에서 지역주민에게 개방 · 이용하여야 한다.

❖ 국가 · 지방자치단체 · 공공기관 · 기타 단체는 문화체육관광부장관의 요청이 있을 때에는 우수선수 및 체육지도자를 고용하여야 한다.

❖ 국가는 올림픽대회 기타 특정한 대회에서 입상한 선수 또는 그 선수의 지도자와 체육진흥에 현저한 공이 있는 원로체육인에게 장려금 또는 생활보조금을 지급하여야 한다.

❖ 국가 및 지방자치단체는 여가체육활동의 육성 · 지원에 필요한 시책을 강구하여야 하며, 레크리에이션의 보급과 프로경기의 건전한 육성을 위하여 노력하여야 한다.

❖ 국가는 체육용구 · 기자재의 생산 · 장려에 필요한 조치를 강구해야 한다.

■ 태릉선수촌 건립

우리나라는 1964년 도쿄올림픽에 대규모 선수단을 파견하였지만 은메달 2개, 동메달 1개라는 초라한 성적을 냈다. 이에 따라 국가대표선수들을 위한 종합 체육훈련시설이 필요하다는 의견이 제기됨으로써 1966년 6월 30일에

▶ 그림 5-3   태릉선수촌

문정왕후의 무덤인 태릉(서울특별시 노원구 화랑로 727) 옆에 국가대표선수들의 훈련을 위한 합숙소로 사용하기 위해 태릉선수촌을 건립하기 시작하였다.

이는 구 소련과 동구권 및 중국을 중심으로 한 공산권 국가들이 스포츠를 체제선전의 도구로 삼기 위해 설립한 국립 훈련시설을 본 따서 만든 것이다. 이는 국가가 직접 선발하고 훈련시킨 선수들을 국제경기 출전시켜 좋은 성적을 거두게 하기 위해서이다. 국제경기에서 좋은 성적을 내는 것은 공산주의 체제가 자본주의 체제보다 우월하기 때문이라고 선전하기 위한 것이었다.

우리나라도 태릉선수촌에서 국가대표선수들을 집중적으로 지도했기 때문에 1970년대에는 인구도 적고 국민소득도 낮은 개발도상국이었던 우리나라가 스포츠 강국으로 급부상하게 된 계기가 되었다.

2012년 기준으로 각종 트레이닝 시설과 기숙사·체육관 등 총 24동의 건물이 입주해 있었다. 진천선수촌 건설 이전까지는 대한민국의 유일한 국립 종합 스포츠 트레이닝센터로서 그 명성이 높았다. 현재는 대부분의 훈련시설이 진천선수촌에 있고, 태릉선수촌은 빙상 등 몇 종목의 선수들만 입소하여 있다.

■ 체육단체의 통합

박정희 정부는 체육과 스포츠를 국민의 통합을 이끌어낼 수 있는 중요한 수단으로 인식하였기 때문에 '체력은 국력'이라는 슬로건 아래 체육과 스포츠를 전폭적으로 지원하였다. 이때의 스포츠진흥정책으로 1960년대에 학교 운동부를 중심으로 하는 엘리트스포츠가 크게 발전하게 되었다.

중앙정부에서 체육정책을 효과적으로 운영하기 위하여 1962년에 설치된 체육심의회를 1970년에 국민체육심의위원회로 개편하였다. 또한 중앙정부의 체육조직도 문교부의 과에서 체육국으로 승격시킴과 동시에 체육국의 업무를 분화하고, 직원을 충원하여 실무능력을 강화하는 등 체육행정 조직도 적극적으로 강화하였다.

이러한 중앙정부의 조직 개편은 중앙체육단체의 통합에도 영향을 주어 1968년 모든 체육단체를 대한체육회 산하로 통합시켜 운영하게 하였다. 대한체육회는 통합된 가맹경기단체들의 지도와 육성, 학교체육진흥, 사회(생활)체육진흥, 체육인구 저변확대, 경기력향상 등을 위한 사업을 진행하였다.

대한체육회는 스포츠경기대회를 확대하기 위하여 전국체육대회, 전국동계체육대회, 올림픽과 아시안게임 유치, 유니버시아드대회 유치 등 다양한 스포츠이벤트의 개최 및 유치에 관련된 업무를 추진하였다. 그리고 국내선수의 국제대회 참가 및 국내외 체육과 스포츠에 관련된 전반적인 운영을 책임지는 체육의 중앙기관으로서 범국민적인 체육진흥정책의 원활한 시행을 담당하는 역할도 하였다.

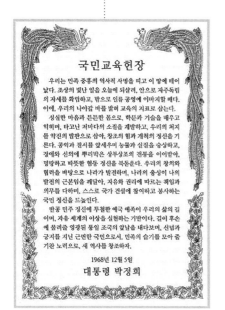

▶ 그림 5-4   국민교육헌장

③ 국민교육헌장의 제정 ·······················

대통령 박정희가 당시 문교부장관에게 '국민교육의 장기적이고 건전한 방향의 정립과 시민생활의 건전한 윤리 및 가치관의 확립'을 위해서 각계각층의 의견을 총망라하여 교육장전(敎育章典)을 제정할 것을 지시해서 만들어진 것이 '국민교육헌장(國民敎育憲章)'이다. 국민교육헌장은 1968년11월에 국회 본회의에서 만장일치로 통과되고, 12월 5일에 대통령이 공포하였다.

1993년까지 교육부에서 주관하여 헌장이념의 구현을 다짐하는 기념식을 매년 베풀고, 스승에 대한 공경을 표시하는 각종 기념행사를 해오다가 1994년부터 기념식 행사를 개최하지 않고, 초 · 중 · 고등학교 교과서에서 삭제되었다.

국민교육헌장은 가정 · 학교 · 사회교육 등 모든 교육의 근본 지표가 되는 것이었다. 헌장의 기본정신은 ① 민족주체성의 확립, ② 전통과 진보의 조화를 통한 새로운 민족문화의 창조, ③ 개인과 국가의 조화를 통한 민주주의 발전으로 집약할 수 있다.

❹ 학교체육

■ 교육과정의 개편

제1차 교육과정의 보건과 및 체육과 교육내용에서는 체조, 스포츠, 무용, 위생, 체육이론 등을 대영역으로 구분하였다. 국민학교와 중 · 고등학교의 체육과교육 내용은 거의 유사하나, 단지 국민학교에서는 놀이 중심의 교육을 강조하고자 '놀이'라는 용어를 사용하였고, 중 · 고등학교에서는 체육이론을 별도의 영역으로 제시하고 있음이 조금 다르다.

5 · 16 군사쿠데타 이후 국가재건을 기치로 종래의 교육에 대한 평가와 함께 새로이 제2차 교육과정이 공포되었다. 제2차 교육과정(1963~1973)은 미국의 실용주의 교육의 영향을 받아 교과중심 교육과정에 생활중심 교육과정의 정신이 스며 있는 것이 특징이다.

특히 반공교육으로 요약되는 이념교육의 강화와 실업교육을 통해 국민의 실질적인 요구에 부응하는 교육을 제공하고자 하였다. 이때부터 체육교과의 명칭은 '체육'으로 통일되어 사용되었고, 교육내용 면에서도 학생들의 생활과 체육을 연관시켜 지도하고 학생 경험을 중시하는 기본 방향을 갖게 되었다.

제2차 교육과정의 체육과교육 내용은 제1차 때와 비교하여 크게 달라지지 않았으나, 영역 이름에서 약간의 변화가 있었다. 예를 들면 국민학교의 경우 '리듬놀이'가 '춤놀이'로 개칭되었고, 초 · 중 · 고에서 '맨손체조'가 '체조'로,

'위생'이 '보건위생'으로 바뀌었다. 내용상의 특징적인 변화는 경험중심 교육과정의 영향을 받아 '레크리에이션'이라는 새 영역이 중·고등학교 교육과정에 추가된 것이다.

1969년 제2차 교육과정의 부분 개정이 이루어진 이후 이른바 '10월 유신'에 따라 전면적인 교육과정 개정의 필요성이 대두됨으로써 학문중심의 교육과정과 국민교육헌장의 이념을 반영한 제3차 교육과정(1973~1981)이 개발되었다.

학문중심 교육과정의 영향을 받은 제3차 교육과정에서는 각 교과의 지식구조에 대한 기본개념과 그 개념을 이해하고 탐구하는 방법을 익히도록 하는 교육에 중점을 두었다. 또 국민교육헌장의 이념에 영향을 받아 창조·개척·협동 등의 국민정신을 강조하였다.

그러나 제3차 교육과정은 유신체제를 합리화시키기 위한 정치적 필요성을 바탕으로 국가주의적·민족주의적 경향으로 개정되었다. 체육과교육 역시 전인적 교육 차원이 아니라 국가적 요구 즉 '건민체육의 생활화'라는 슬로건에 부합되는 수단으로서 학교 현장에 적용하였다.

제3차 교육과정에서 체육과교육목표는 '일반 목표'와 '학년별 목표'(국민학교와 중학교)로 구분하여 제시하였다. 교육과정이 추구하는 지향점에 따라 체육과교육과정의 목표 역시 운동을 통한 체력향상과 운동기능 습득, 경기규칙과 질서 준수, 협동과 페어플레이정신 함양, 보건 및 체육활동에 대한 기초지식과 실천을 통한 안전한 생활능력과 태도 함양, 운동의 생활화를 통한 여가선용과 정서순화를 강조하였다.

제3차 체육과교육과정의 내용은 제2차 때와 비교하여 내용 영역이 국민학교는 4개 영역에서 7개 영역으로, 중·고등학교는 6개 영역에서 9개 영역으로 보다 세분화되었다. 특히 국민학교는 각 영역에 '놀이'라는 용어대신 '운동'이라는 용어를 사용함으로써 교육내용의 수준을 높이려는 의도가 담겨 있었다.

한편 초·중·고등학교에 '순환운동'과 초·중학교에 '질서운동'이 새롭게 추가되었다. 이는 당시 우리나라의 시대적 상황을 반영하는 것이었다. 교육내용은 남녀별로 달리 제시하였다. 고등학교에서는 실기내용을 필수종목과 선택종목으로 나누었으며, 운동의 생활화를 통한 여가선용과 정서순화를 강조하였다.

▶ 표 5-4　　제2차 체육과교육과정

항목	제2차 체육과교육과정		
	국민학교 목표	중학교 목표	고등학교 목표
목표	» 여러 가지 운동을 통하여 기초적운동능력을 조장하여 신체의 모든 기관을 고르게 발달하도록 한다. » 놀이를 통하여 명랑한 성격과 공정하고 협동하는 태도를 길러 자기 책임을 성실히 이행하는 사회성을 기르도록 한다. » 놀이와 건강생활에 대한 기초적 지식을 알게 하며, 합리적인 신체활동을 함으로써 정서를 순화하고 생활을 풍부하게 한다. » 보건위생과 안전한 생활방법을 알려서 위급상태에 대처할 수 있는 능력을 기른다. » 레크리에이션 활동에 참가하여 여가를 즐길 수 있게 하며, 생활을 윤택하게 하도록 한다. • 1, 2학년 학년군별 목표 • 3, 4학년 학년군별 목표 • 5, 6학년 학년군별 목표	» 운동의 기술과 기능을 발달 조장시켜 신체 각 부위의 생리적 성장 및 조화적 발달을 꾀한다. » 스포츠를 통하여 극기하며 타인과 협력할 수 있는 사회성을 길러 페어플레이 정신을 기른다. » 건강생활과 각종 스포츠의 개요를 알려 감정과 의지의 통일작용을 수련시키고, 미적인 표현 · 창작 · 감상력을 통하여 정서를 순화한다. » 보건과 안전에 대한 지식과 기능을 길러 사회안전 훈련에 협력하도록 한다. » 레크리에이션 활동을 계획하고 창작하여 윤택한 민주생활을 하도록 한다. • 1학년 목표 • 2학년 목표 • 3학년 목표	» 운동의 기능과 기술을 숙달시켜 신체 각 부위를 균형 있게 발달시키고 건강증진에 힘쓰도록 한다. » 스포츠를 통하여 명랑 성실한 성격과 페어플레이 태도를 지니게 하여 솔선실행하는 사회적 성격을 기른다. » 각종 스포츠와 신체적 표현의 개요를 알려 강인한 의지와 판단력을 기르며, 정서를 순화하도록 한다. » 건강과 안전에 대한 지식 · 습관 · 태도를 길러 사회안전에 이바지하도록 한다. » 레크리에이션 활동을 계획하고 참가 · 지도할 수 있게 하여 윤택한 민주생활을 추진하도록 한다.
	국민학교(1~6학년)	중학교(1~3학년)	고등학교(1~3학년)
지도 내용	» 체조놀이(맨손놀이, 재주놀이) » 놀이(달리기놀이, 던지기놀이, 뜀뛰기놀이, 공놀이, 물놀이) » 춤놀이(노래 맞추기, 표현놀이, 기타) » 보건위생	» 체조(맨손체조, 기계체조, 스턴츠) » 스포츠(육상경기, 구기, 헤엄, 투기) » 무용 » 레크리에이션 » 보건위생 » 체육이론	» 체조(맨손체조, 기계체조, 스턴츠) » 스포츠(육상경기, 구기, 헤엄, 투기) » 무용 » 레크리에이션 » 보건위생 » 체육이론

▶ 표 5-5 　 제3차 체육과교육과정

항목	제3차 체육과교육과정		
	국민학교 목표	중학교 목표	고등학교 목표
목표	» 여러 가지 운동을 통하여 강한 체력과 강인한 의지력을 길러 왕성한 활동력과 실행력을 가진 새 국민으로 자라게 한다. » 운동경기를 통하여 규칙과 질서를 지키며, 주어진 부서에서 책임을 다하고 서로 힘을 모아 끝까지 노력하는 태도를 길러 올바른 경쟁심과 협동 단결력이 강한 새 국민으로 자라게 한다. » 개인위생과 공중보건에 필요한 기초지식을 이해하고 이를 실천할 수 있는 능력과 태도를 길러 건강하고 안전한 생활을 할 수 있는 새 국민으로 자라게 한다. » 운동을 생활화하여 정서를 순화하고, 여가를 선용하는 태도와 미적 표현의 창작력을 길러 명랑하고 활달한 성격을 지닌 새 국민으로 자라게 한다.	» 각종 운동을 통하여 체력과 운동기능을 길러 왕성한 활동력과 실행력을 가진 강건한 국민으로 자라게 한다. » 운동경기를 통하여 규칙과 질서를 지키고, 맡은 바 책임을 다하며 서로 협력하고 공명정대하게 경쟁하는 태도를 기른다. » 개인위생과 공중보건 및 체육활동에 필요한 기초지식의 이해와 실천을 통하여 건강하고 안전한 생활을 하는 태도를 기른다. » 운동을 생활화하게 함으로써 여가선용과 정서순화를 도모하여 명랑하고 활달한 성격을 기른다.	» 각종 운동에 대한 이해와 실천을 통하여 체력과 운동기능을 높여 왕성한 활동력과 실행력을 가진 강건한 국민으로 자라게 한다. » 운동경기의 자발적인 참여와 실천을 통하여 공명정대한 경쟁의식과 협동심 · 준법성 · 책임감 등의 건전한 사회적 태도를 기른다. » 심신의 건강과 안전생활에 대한 이해와 실천을 통하여 공중보건 의식을 높이고 안전능력을 기른다. » 운동을 생활화하게 함으로써 여가를 선용하고 정서를 순화하여 명랑한 성격과 활달한 기상을 지니게 한다.
	국민학교(1~6학년)	중학교(1~3학년)	고등학교(1~3학년)
지도 내용	» 기초운동(순환운동, 맨손체조, 질서운동, 씨름, 태권도) » 기계운동(철봉운동, 뜀틀운동, 매트운동) » 육상운동(달리기, 뜀뛰기) » 공운동(농구형, 축구형, 야구형, 배구형) » 수영(헤기, 뛰어들기) » 무용(민속 무용, 표현무용) » 보건	» 순환운동 » 체조(맨손체조, 기계체조) » 질서운동 » 육상경기(달리기, 뜀뛰기, 던지기) » 구기(핸드볼, 농구, 배구, 축구) » 투기(남) : 씨름 » 계절운동(수영, 빙상운동) » 무용(여) : 민속무용, 창작무용 » 보건 » 체육이론	» 순환운동 » 체조(맨손체조, 기계체조) » 육상경기(달리기, 뜀뛰기, 던지기) » 구기(농구, 핸드볼, 배구, 축구) » 투기(남) : 씨름, 유도, 태권도 » 계절운동(수영, 빙상운동) » 무용(여) : 민속무용, 창작무용 » 체육이론 » 보건

■ 체육 중·고등학교의 설립과 체육특기자 제도

1970년대부터 시작된 엘리트스포츠에 대한 정부의 지원은 학교에서 우수한 선수를 육성하기 위한 체육 중·고등학교의 설립과 체육특기자 제도의 운영으로 나타났다.

체육 중·고등학교의 설립은 우수선수 육성을 위한 체계적인 지원방안이었다. 나아가 체육특기자 선발과정을 통한 우수선수들이 상급학교에 진학할 수 있는 특혜를 제도적으로 부여함으로써 선수들의 경기력을 지속적으로 향상시키고 국제경기에서 보다 많은 메달을 획득해 국위를 선양하고자 하는 국가의 엘리트스포츠 정책과 연계된 것이었다.

엘리트스포츠에 대한 정부의 본격적인 정책은 1970년대부터 시행되었다. 박정희 정부에서 체육강국을 목표로 우수선수 및 지도자 육성을 위하여 엘리트스포츠를 지원하기 시작하였다. 이를 위해 정부 차원에서 체육행정의 기틀을 강화하는 한편, 엘리트스포츠의 진흥에 필요한 국민체육진흥법을 개정하고, 체육진흥기금을 설치·운용할 수 있는 법인을 설립하여 재정적 기반을 마련하였다.

이와 같이 엘리트스포츠를 진흥하기 위한 법적·제도적 기반이 확립되자 다음으로 엘리트스포츠의 근간이라고 할 수 있는 우수선수 및 경기지도자를 양성하는 정책이 필요하게 되었다. 이에 정부는 선수발굴의 문제점을 해소하고, 선수층의 저변확대와 경기인구 확산을 목적으로 1971년에 '서울체육 중·고등학교'를 설립한 이후 부산, 충남, 전북, 전남, 경북도에 체육 중·고등학교를 설립해 시·도교육위원회가 재정지원을 하도록 했다.

이후 1976년 대통령령으로 '한국체육대학'을 설립해서 우수선수 양성정책을 확대시켰다. 한국체육대학은 설치목적에서 "우수선수 및 체육지도자 육성"이라는 점을 분명히 하고 있다.

체육학교의 설립 외에 우수선수를 양성하기 위한 또 하나의 정책은 바로 중·고등학교의 우수한 선수들이 상급학교에 진학할 수 있는 특혜를 부여하는 체육특기자제도였다. 이 제도는 우수선수가 학업의 부담 없이 운동에 전념하게 함으로써 경기력을 높이고자 하는 목적으로 시행되었다. 체육특기자제도는 1972년 11월에 제정된 교육법시행령에 따라 시행된 것이다.

체육특기자의 상급학교 입학 규정은 다음과 같았다.

❖ **중학교**……당해 교육감 관할 학교 중에서 체육종목별로 체육특기학교를 지정하여 정원의 3% 범위 안에서 입학할 수 있도록 하였다.

❖ **고등학교**……고입고사의 성적과 무관하게 입학정원의 3% 안에서 입학을 허가하였다.

❖ **대학**……대입고사의 성적과 상관없이 입학을 허락했다.

❖ 체육특기자에게는 원하는 학교에 입학할 수 있는 특혜와 함께 학교장 재량에 따라 등록금 또는 수업료 등의 감면혜택도 주어졌다.

이렇게 체육특기자에게 상급학교 진학의 특례를 부여한 이유는 우수선수의 진학을 보장하고 학교운동부를 활성화시킴으로써 선수들의 경기력을 지속적으로 향상시켜 국제경기대회에서 보다 많은 메달을 획득하여 국위를 선양하기 위해서이다. 이는 국가의 엘리트스포츠정책 방향에 따른 제도였다.

각급학교들은 체육특기자제도 실시에 힘입어 정부의 1교1기(一校一技) 원칙을 수용하면서 운동부를 육성하였다. 이로 인해 발굴된 자원들이 우수선수로 양성되어 엘리트체육에 공급되는 원천이 되었다.

또한 입시경쟁이 치열한 현실에서 학생 선수들에게 진학과 더불어 주는 경제적 혜택은 중요한 특전이었다. 이러한 좋은 여건으로 각급학교에서 체육특기자 입학은 계속 증가되었다.

그러나 체육특기자제도는 그 성과만큼 문제점도 많았다. 학생 신분임에도 학업보다는 운동에만 전념한 까닭에 특기생들의 학력 저하, 학교 내에서의 이질집단화, 조로(早老) 및 부상으로 인한 사회부적응 등의 현상이 나타났다.

■ 전국소년체육대회

전국소년체육대회(소년체전)의 출발은 엘리트스포츠의 산실이라고 할 수 있는 학교체육의 부흥과 함께 매년 팽창되는 전국체육대회의 규모를 줄이기 위한 방법으로 전국체육대회와 별도로 전국 규모의 주니어체육대회 창설계획에 따라 추진된 것이다.

▶ 그림 5-5   전국소년체육대회

전국소년체육대회의 전신이라고 할 수 있는 전국스포츠소년대회가 1972년에 창립되었다. 이 대회는 성인 스포츠의 그늘에 가려 등한시되어 왔던 소년스포츠를 활성화하고, 우수선수를 조기 발굴할 수 있는 기회를 모색하며, 스포츠 저변을 확대하고자 하는 목적으로 시행되었다.

1972년 6월 16일부터 4일 동안 서울에서 개최된 제1회 전국스포츠소년대회는 중학교부 19개 종목, 국민학교부 11개 종목을 실시하였는데, 6,522명의 선수가 참여하여 성황을 이루었다.

제1회 대회에서 서울이 우승하리라는 예상을 깨고 충남이 우승하여 대도시의 학교체육(당시는 엘리트스포츠의 육성체로서의 학교체육을 말함)이 질적으로 우수하게 이루어지지 못하고 있다는 사실에 대한 확인과 전국적으로 스포츠 저변화가 상당히 진척되었다는 평가를 낳았다.

1975년 부산에서 열린 제4회 대회부터는 재정문제로 스포츠소년단이 창단되지 못했기 때문에 전국소년체육대회로 명칭이 바뀌었다. 학생대회에서 처음으로 4개의 한국신기록이 수립되었다. 특히 70년대의 마지막 소년체육대회인 제8회 대회에서는 양궁에서 세계신기록 1개가 수립되기도 하였다.

■ 체력검사제도의 개편

박정희 정부에서 교육개혁의 일환으로 마련한 '중학교·고등학교 및 대학의 입학에 관한 임시조치법'에 따라 체육도 입시과목에 포함되었고, 필답고사뿐만 아니라 체능검사를 실시하여 입시에 반영하도록 하였다.

학생들에 대한 체능검사는 4개 종목이며, 기준표가 작성되어 5등급으로 분류하였고, 이를 점수로 계산하여 입시성적 총점의 1/7을 배정하도록 하였다. 따라서 수험생뿐만 아니라 학부모들도 체력관리에 대한 관심을 본격적으로 가지게 되었다.

체능검사 실시의 목적은 학생 스스로가 자신의 신체기능이나 운동능력을 인식하고 자발적으로 체육활동을 하게 함으로써 국민 모두의 체력을 증진하고자 하는 데 있었다.

사실상 1946년 미군정하에서부터 일제 지배와 전쟁으로 황폐해진 학생들의 건강을 개선하려는 정책으로 학교보건사업이 수립·시행되었다. 이에 따라 1949년 교육법에 학교보건기준이 제시된 이래 1957년까지 약 10년 동안 정부 차원에서 학교 내외의 건강관리 사업을 수행해 왔다.

학교보건사업에 따라 1951년 3월에 학교신체검사규정이 제정되었다. 여기에 학생 신체검사를 체격·체질·체력으로 나누어 실시할 것과 그 측정시기와 방법·종류를 제시하였다. 이에 의거 1955년부터는 체격 및 체질 검사를, 1957년부터는 체능검사(폐활량, 배근력, 악력, 턱걸이, 뜀뛰기, 던지기, 팔굽혀펴기)를 시행하였고, 1958년부터 중·고등학생을 대상으로 하는 체력검사의 형태가 완성되었다.

국제체력검사표준위원회에서 정한 기준과 종목을 대상으로 만든 시안을 토대로 99개 초·중·고등학교의 학생들을 표집·실시하여 체력검사의 기준표가 만들어졌고, 1972년부터 고교 입시 성적에 반영하기 시작하였다. 또한 1973년부터는 체력장점수가 대학입시에 반영되게 되었다.

이러한 체력장제도는 1979년 시행에 따른 문제점을 보강해 제도를 개선

▶ 표 5-6　학생체력검사제도의 변천

연도	학생체력검사 실시 연혁	학생체력검사 실시 종목	
1951	학교신체검사규정 » 문교부령 제15호 의거 일반체력검사 시행	신체기관 능력 (3개 항목)	» 폐활량 » 배근력 » 악력
		운동능력 (5개 종목)	» 달리기 : (여) 50m / 800m 　　　　　　(남) 100m / 1000m » 턱걸이(남) / 매달리기(여) » 넓이뛰기 » 던지기 » 나르기 : 50m(15kg) / 100m(40kg)
1962	문교부령 제112호 의거 일부 개정 시행	신체기관 능력 (3개 항목)	» 폐활량 » 배근력 » 악력
		운동능력 (4개 종목)	» 달리기 : 50m(11세 이하), 100m(12세 이상) » 턱걸이(남) / 매달리기(여) » 넓이뛰기 » 던지기
1972	문교부령 제294호 의거 9개 항목 체력장 시행 » 일반체력검사 시행 유지 » '고입내신체력검사' 시행(8개 종목)	일반체력 검사 (9개 종목)	» 턱걸이(남) / 매달리기 (여) » 윗몸앞으로굽히기 » 도움닫기 멀리뛰기 » 달리기 : 100m » 왕복달리기 » 던지기 » 악력 » 오래달리기 : 600m(초), 　　　　　　 800m(여 : 중 · 고), 　　　　　　 1,000m(남 : 중 · 고)
		고입내신 체력검사 (8개 종목)	» 일반체력검사 종목에서 악력 제외
1973	대학입학고사령 12조 시행 » 대학입시 성적 반영	» 고입 · 대입 내신체력검사와 종목 동일	
1974	검사종류 구분 시행 » 상급학교 입시 내신 체력검사		
1979	'학교신체검사규칙'으로 명칭 변경 » 문교부령 제446호 의거 변경 시행 » 5개 종목 축소 시행 » 절대기준평가를 상대기준평가로 변경 　 (190년 절대평가로 재변경)	5개 종목	» 100m 달리기 » 제자리멀리뛰기 » 턱걸이(남) / 팔굽혀매달리기 (여) » 윗몸일으키기(30초) » 던지기

했다. 이로 종목은 8종목에서 5종목으로 축소되었고, 관리도 학교장 책임관리로 전환되었다.

점수 및 등급은 각 종목별로 구분되었고, 각각 20점 만점의 절대평가제였다. 전체 5종목 100점 만점에서 80점 이상=특급, 70~79=1급, 60~69점=2급, 50~59점=3급, 40~49점=4급, 39점 이하=5급으로 구분하였고, 등급에 따라 가산점수가 부여되었다.

학생체력장제도의 실시로 많은 학생들의 체격 및 체력 향상이 이루어졌다. 기초체력 증강을 위한 기본운동이 널리 보급되었으며, 운동을 생활화할 수 있는 기반이 제공되었다는 점에서 이 제도는 적지 않은 성과를 낳았다.

특히 입시 위주의 교육환경으로 학생들의 체력관리에 소홀할 수 있는 구조를 변화시킬 수 있는 기초가 되었으며, 학교 내에서도 학생들의 체력향상을 위한 교육 및 환경을 개선하는 데 결정적인 역할을 했다.

■ 교련수업

사관생도나 학군후보생, 군사학과 등 군사교육 이수자가 아닌 고등학교 이상의 교육기관에 재학 중인 일반학생들에게 실시한 군사 관련 교육훈련을 교련수업(敎鍊授業)이라고 한다.

교련수업은 일본이 학생들을 군국주의 침략의 방패로 삼기 위하여 실시하였고, 광복 후에는 1948년 병역법에 의거하여 처음으로 실시하다가 1950년 6·25로 중단되었다. 1951년 12월 다시 학생군사훈련으로, 고등학교는 주 4시간 연 156시간씩, 초급대학은 주 4시간 연 140시간씩, 대학은 주 2시간 연 70시간씩 실시하였다.

1953년 휴전협정 체결과 국내 정세안정에 따라 1955학년도부터 중단되었다. 그러나 1968년에 북한이 청와대를 공격하기 위해 무장간첩을 침투시킨 1·21사태가 발생하자, 안보의식과 전시상황에서의 대처능력을 높인다는 명분을 앞세워 1969년에 교련이 고등학교 필수과목으로 지정되었다.

▶ 그림 5-6   남자고등학생들의 교련수업

교련수업의 교과목표는 "국가안전과 개인 및 집단안전에 필요한 지식을 이해하고, 각종 재난과 위협에 능동적으로 대처할 수 있는 능력을 기르며, 안전을 생활화하는 태도를 가지게 한다."였다.

남학생들은 교련복을 착용하고, 모형소총을 들고 제식훈련과 총검술을 배웠고, 여학생들은 제식훈련과 구급법을 배웠다. 교련과목의 남자 교사는 예비역 대위나 소령 출신이었고, 여자 교사는 대부분 교직과목을 이수한 간호사관학교 출신이었다.

대학에서도 교련과목은 3학점이었으며, 신체검사에서 5, 6급 판정을 받은 자 · 여자 · 이미 군대에 갔다 온 자를 제외한 나머지 학생들에 한해 필수과목이었다.

1969년 이후 교련교육은 계속 유지되었으나, 1980년대 후반에 있었던 민주화운동의 영향으로 1988년 말에 대학생 교련이 폐지되었고, 고등학교는 1997년 7차 교육과정부터 교련이 필수과목에서 선택과목으로 바뀌면서 사실상 퇴출되었다.

❺ 생활체육

■ 새마을운동과 사회체육의 진흥

개인이나 단체가 일상생활에서 더 나은 삶을 위하여 참여하는 자발적인 신체활동(sports for all)을 생활체육, 사회체육, 평생체육, 민간체육 등 여러 가지 이름으로 부른다.

박정희 정부의 산업화정책은 직장근로자들의 신체적 피로와 정신적 스트

▶ 표 5-7   사회체육진흥5개년계획의 연도별 목표 및 주요사업

연도	목표 및 주요사업
1차년도 (1977년)	» (목표) 조사 연구를 통한 국민체육진흥법의 시행 촉구, 기초적이고 시범적인 사업 활동 » (사업) 텔레비전 · 라디오 등 대중매체를 통한 선전 · 계몽사업, 실태조사, 지도자강습회, 국민체육진흥법시행령 보강 등
2차년도 (1978년)	» (목표) 계몽적인 활동, 시설 확충 및 활용, 직장체육 지도자 양성 » (사업) 시도체육회의 사회체육위원회 활동 강화, 사회체육 시범대상 선전, 새마을 · 직장운영 지도, 지도서 발간, 체조 제정 등
3차년도 (1979년)	» (목표) 국민체육진흥법의 보강, 사회체육조직의 육성 지도, 활동종목 개발 » (사업) 체육시책 건의, 체육회 사회체육관련 부서 보강, 운동종목의 개발 · 보급, 조직이나 단체의 지도와 육성, 중앙사회체육센터 설치 등
4차년도 (1980년)	» (목표) 시설의 설치, 체육행정의 보강, 사업활동의 확대 » (사업) 시설 확대, 지방사회체육센터 설치, 지도자 자격 제도, 체육행정가의 전문직화, 지도자 확보, 공공체육시설에 지도자 배치 등
5차년도 (1981년)	» (목표) 체육의 생활화 » (사업) 사회인의 스포츠 테스트, 지도자 및 사회체육협의회 설치, 체력장제도, 체육상담기구 개설, 군 단위 사회체육센터 설치 등

레스를 해소시킬 수 있는 건강관리와 작업능률 향상이 요구되었다. 그러기 위해서는 직장체육과 같은 사회체육의 활성화가 필요하였다.

사회체육 활성화를 위한 정책은 대한체육회 산하의 사회체육위원회에서 심의 · 추진하였고, 1976년에 사회체육진흥 5개년계획을 발표하였다. 사회체육진흥 5개년계획에는 정부 부처와 사회단체가 체육정책의 추진방향을 함께 심의하여 생활체육시설을 확대하고, 생활체육 지도자를 양성한다는 등의 내용이 포함되어 있었다.

박정희 정부는 새마을운동을 통해 사회 전반에 걸쳐 의식구조를 바꾸고자 하였다. 이에 따라 체육정책에서도 새마을체육이라는 용어를 사용하여 사회체육의 대중화를 시도하였다.

새마을체육의 대표적인 사례로는 1977년 3월에 만들어진 국민체조의 전국적인 보급이었다. 국민체조의 보급 목적은 "체육의 범국민적 생활화에 기여하고, 국민체위를 향상시켜 건전한 사회기풍을 조성한다."는 것이었다.

■ 조기축구회의 확산

조기축구회는 1970년대 초 새마을운동의 일환으로 시작되었다. 당시 조기축구는 '국민의 총화단결과 국민체위 향상에 기여하는 활동'이라는 의미를 가졌다. 초창기에는 '새마을운동은 축구로부터'라는 슬로건 하에 지역 유지들이 정부의 행정조직을 활용해서 결성하였다. 조기축구회들에게는 각급학교의 운동장을 전용구장처럼 사용할 수 있는 특혜가 주어졌다.

처음에는 새마을운동을 효율적으로 추진하기 위해서 관(官) 주도로 조기축구회를 창단했지만, 후에는 회원들의 건강을 증진시키기 위해서 만들어진 자발적 조직체로 전환되었다. 특히 여가를 이용한 체육활동이 필요하다는 것을 강하게 느끼고 있었던 도시의 중년 남성들로부터 폭발적인 호응을 받았다.

이러한 사회적 인기에 따라 조기축구연합회가 결성되었다. 1972년에는 전국의 새마을지도자로 구성된 팀들이 참가하는 '대통령기 쟁탈 전국새마을축구대회'도 개최되었다. 조기축구회는 점차적으로 관 주도의 조직체라는 성격을 탈피하면서 국민들의 자발적인 체육활동을 위한 조직체로 전환되었다.

■ 국가 주도의 체조 보급

국가 주도의 체조 보급은 일제강점기의 보건체조와 황국신민화체조에서 그 역사가 시작되었다. 그 후 국민체력 향상과 군사훈련을 위해 새로운 체조들이 지속적으로 개발되었다.

1954년에는 문교부가 주최하고 대한체조연맹이 주관해서 '신국민보건체조'를 만들어 방송과 신문을 통해 홍보하였다. 오전 6시와 정오 하루 두 차례씩 고정적으로 편성된 방송음악에 맞추어 전국적으로 실시되었다. 신국민보건체조의 동작은 편의성과 대중성에 중점을 두어 만들어졌으나, 일제강점기 후반 전국적으로 보급되었던 라디오체조와 유사하였다.

재건체조는 5 · 16 군사쿠데타 직후에 설치된 '국가재건최고회의'의 직속

▶ 그림 5-7　국민체조

기관인 '재건국민운동본부'에서 만들었다. 재건체조를 만든 목적은 "한국전쟁 이후 국가를 재건하고 국민의 민주화를 이끌어 사회적 품성을 기르고 국민의 체력을 향상한다."는 것이었다. 재건체조는 국가적인 차원에서 학교·직장·단체에 보급되었다.

1968년에는 문교부의 지시로 대한체육회가 '신세기체조'라는 국민보건체조를 제정하였다. 전국 시도 단위의 각급학교 및 직장에서 신세기체조 강습이 실시되었고, TV와 라디오를 통해서 전국적으로 퍼지게 되었다.

1977년에는 대한체육회의 사회체육위원회가 '국민체조'를 만들었다. 국민체조의 제정목적은 "스포츠를 범국민화하고 국민체위를 향상시킨다."였다. 국민체조의 제정취지는 "남녀노소 누구나 손쉽고 즐겁게 생활화할 수 있도록 하고, 전국에 보급하여 새마을운동에 기여할 수 있도록 한다."는 것이었다. 국민체조는 학교에는 체육수업으로, 군대에는 도수체조라는 이름으로 보급되었고, 공무원들은 매일 10분씩 실시하도록 하였다.

■ 사회체육 단체들의 활동

대한체육회는 각 시·도체육회의 사회체육위원회를 통해 '사회체육지도자회'를 조직하였다. 이때에는 주로 사회체육지도자 강습회를 수료한 사람, 시·도 소재 대학의 체육과 학생 중 체육특기자, 사회체육(생활체육) 단체의 지도자, 직장체육 지도자 등이 사회체육지도자회의 지도위원으로 활동하였다.

대한체육회 외에도 '한국레크리에이션협회'는 여가선용과 청소년 선도를 위해 1962년에 한국민속집단무용 창작발표회를 열었다. 또한 일제강점기부터 체육활동 보급에 힘써 온 YMCA는 1960년대 이후 건전한 오락으로서 체육과 레크리에이션 보급에 힘썼다. 1971년에는 단기 프로그램으로 소년·소녀 신체적성교실, 초보자 수영 강습, 불구아동 수영 강습, 체육지도자 강습, 어린이·유아 체능교실, 어머니 미용체조 강습 등을 개최했다.

YWCA도 보건체육부를 두고 보건체육 분야의 지도자 양성을 위한 특별 강습, 정기행사, 무료강좌 등을 실시했다. 정기행사는 주로 트램펄린 기계체조, 배드민턴, 펜싱, 현대무용, 발레, 미용체조, 한국무용 등을 중심으로 실시하였다.

여러 종목의 지도력 향상을 위한 특별강습회와 특강도 마련했다. 레크리에이션 교육, 유치원보모 교육, 직장여성체력관리, 민속춤, 수영, 한국무용, 스케이팅, 미용체조, 사교춤, 어린이 놀이지도 특강 등 여성들을 대상으로 생활체육의 영역을 넓혔다.

한국보이스카우트연맹과 한국걸스카우트연맹은 생활체육 지도자 양성에 큰 힘이 되었다. 이 단체들은 자체 프로그램을 통해 대원의 기능 훈련과 지도자 훈련을 실시하고, 야영대회 등을 통해 실질적인 리더십 양성에 공헌했다.

특히 한국걸스카우트연맹은 "국내의 소녀와 젊은 여성들의 잠재력을 개발하고, 국가관이 투철한 민주시민으로서 지역사회·국가·세계를 위해 봉사하는 여성지도자로 성장할 수 있도록 돕는다."는 설립목적에 따라 자전거 하이킹, 산악훈련, 야영활동, 수영, 포크댄스 등의 지도자강습회를 열었다.

03 1980~1998년의 체육

1979년 12·12 군사쿠데타로 정권을 잡은 신군부가 비상계엄령을 선포한 후 '국가보위비상대책위원회'라는 임의단체를 조직하여 국가를 통치한 군사통치 기간과 유신헌법에 의거하여 통일주체국민회의에서 전두환을 대통령으로 선출함으로써 시작된 제5공화국의 통치 기간, 그리고 6·29 선언으로 개정된 대통령직선제에 의해서 대통령으로 당선된 노태우와 김영삼의 통치 기간 동안의 체육에 대한 설명이다.

❶ 시대적 배경

대한민국은 경제성장에 주력한 결과 1980년대에 들어서면서 개발도상국에서 중진국으로 진입하였다. 제5공화국에 들어서면서부터 정부는 1986아시아경기대회와 1988서울올림픽대회의 유치에 힘입어 '스포츠공화국'으로 불릴 만큼 체육입국을 내세우며 그 전의 어떤 정권보다도 체육 부분에 많은 관심을 기울였다.

체육진흥정책을 정부행정기관에서 전담하여 시행하기 위하여 체육부를 발족시켰다. 체육부는 스포츠시설을 확대하기 위해 잠실주경기장을 건설하였으며, 한강시민공원을 건설하고, 전국에 체육시설을 보급 및 확대하였다.

또한 스포츠과학연구소를 창설하고, 능력이 우수한 해외 코치와 선수들을 초빙하여 훈련방법, 선수관리, 경기전술 등에서 우수한 선진기술을 도입하였다. 국제경쟁력 제고를 위해서 타국 선수와의 교류나 해외 전지훈련 등의 방법을 통해 지도자 및 선수들의 글로벌마인드를 넓혀갔다. 정부에서는 이를 전폭적으로 지원하고 국내에서 다양하고 많은 국제대회를 개최할 수 있도록 많은 노력을 하였다.

정부의 이러한 노력으로 1986년 서울아시아경기대회와 1988년 서울올림픽대회를 성공적으로 마칠 수 있었다.

제6공화국에 들어서면서 민주화·개방화·자율화의 시대가 열리기 시작하였다. 대한민국 사회는 분단의 상처를 딛고 점차 세계를 향해 도약하는 힘을 갖게 되었으며, 남·북 간의 체육교류를 통한 가시적 성과를 이루는 등 스포츠외교에도 절정기를 맞이하게 되었다.

정부는 올림픽 이후 국민의 스포츠활동이 넓어지자 기존 엘리트스포츠정책에서 생활체육진흥정책으로 변화를 시도하였다. 그 정책기반이 바로 1990년 3월에 마련된 국민생활체육진흥종합계획인 '호돌이계획'이었다. 이후 국민의 건강하고 건전한 여가생활을 확대시키고 참여기회를 넓히기 위해 국민생활체육진흥정책을 발표하였다.

문민정부에 들어서는 수요자와 소비자 중심의 정책방향을 달성하기 위해 지역공동체 중심의 생활체육체제를 마련하였다. 이를 기반으로 엘리트스포츠와 생활체육의 연계성을 더욱 강화하여 국민체육진흥과 체육의 전문화 · 과학화 · 정보화를 적극 추진하였으며, 체육발전을 위한 민간역량을 적극적으로 확대하기로 하였다.

이 시기는 여가시간의 증가와 생활수준의 향상으로 국민들의 생활체육에 대한 관심과 참여가 더욱 증대되었다. 제6공화국은 전 정부의 체육정책을 이어받아 우수선수 육성을 위한 꿈나무를 선발하여 육성하고, 스포츠과학연구소를 확대 개편하여 엘리트체육을 육성하였다.

다음은 이 시기에 있었던 중요한 사건들을 요약한 것이다.

■ 12 · 12 군사쿠데타

1979년 12월 12일 전두환 · 노태우 등이 이끌던 신군부세력(군부 내 사조직인 하나회를 중심으로 한 세력)이 일으킨 군사반란사건이다.

10 · 26 사건으로 대통령 박정희가 암살된 뒤 합동수사본부장을 맡고 있던 보안사령관 전두환과 육군참모총장이자 계엄사령관인 정승화 간에는 사건수사와 군 인사문제를 놓고 갈등이 있었다. 전두환을 중심으로 한 신군부세력이 육군참모총장 공관에 난입하여 경비원들에게 총격을 가하여 제압한 후 정승화를 보안사 서빙고 분실로 강제 연행하였다.

계엄사령관을 연행하려면 최규하 대통령의 재가를 받아야 했으나 거절당하자, 대통령에게 압력을 가하여 강제로 총장연행 재가를 받아 제5공화국의 중심세력으로 등장한 사건이다. 이 사건은 전두환과 노태우가 집권하고 있을 때에는 정당한 사건으로 간주되었지만, 김영삼 정부 때부터 '하극상에 의한 군사반란사건'으로 규정지어졌다.

■ 삼청교육대

12·12 군사반란으로 정권을 잡은 신군부세력이 1980년 5월 17일 비상계엄령을 선포한 직후, 국가보위비상대책위원회가 사회정화정책의 일환으로 군부대 내에 설치한 기관으로 대표적인 인권침해 사례이다.

1980년 8월부터 1981년 1월까지 연인원 80만 명의 군·경이 투입되어 "폭력범과 사회풍토 문란사범 및 사회질서 저해사범을 소탕한다"는 명분 아래 총 6만 755명을 영장 없이 체포하였다. 심사위원회에서 A·B·C·D의 4등급으로 분류한 후, A급은 군법회의에 회부하였고, B·C급은 4주 동안 순화교육을 받은 후 강제로 근로봉사 사업에 동원되었다.

순화교육은 연병장 둘레에 헌병이 집총 감시하는 가운데 육체적 고통을 가하는 가혹한 방법의 훈련이었다. 1988년 국회의 국방부 국정감사 발표에 의하면 삼청교육대 현장 사망자가 52명, 후유증으로 인한 사망자 3백 97명, 정신장애 등 상해자 2천 6백 78명이 발생하였음을 보고하였다. 2007년 국방부 과거사진상규명위원회는 삼청교육대의 설치가 불법이며, 교육과정에서 각종 인권유린이 있었다는 내용의 보고서를 발표하였다.

■ 광주민주화운동

1980년 5월 광주 일원에서 일어난 시위가 진압군과 광주시민군 사이의 총격전으로 발전해서 다수의 사상자가 발생하는 등 큰 상처를 남긴 사건으로 '5·18 민주화운동', '광주민중항쟁', '광주사태' 등으로 부른다.

1979년 12·12 군사반란으로 신군부가 군부를 장악하였고, 1980년 3월

대학들이 개학을 하자 군사반란을 규탄하는 집회가 서울에서 여러 번 일어났다(서울의 봄). 민주화 열기가 거세지자 비상계엄을 전국으로 확대한 상태에서 1980년 5월 18일부터 27일까지 전라남도 광주시에서 대규모 민주화 운동이 일어난 것을 군부가 유혈 진압한 사건이다.

■ 6월항쟁

1987년 4월 13일 당시 대통령이었던 전두환이 '평화적 정권교체'라는 명분을 앞세워 "직선제 개헌을 하지 않고, 유신헌법을 수호하겠다."는 내용의 대통령 특별담화를 발표하자, 바로 이튿날인 4월 14일에 김수환 추기경 등 각계 인사들이 호헌조치를 비판하는 시국 성명을 발표했다.

5월 18일 명동성당에서 "박종철 고문치사 사건이 경찰에 의해 축소·은폐되었다."는 것이 폭로되자, 이후 6월 10일부터 약 20일 동안 "박종철 고문치사 조작·은폐 규탄, 호헌조치 철회, 직선제 개헌" 등을 요구하는 집회·시위·농성이 전국 곳곳에서 일어났다.

특히 6월 9일 연세대학교 앞에서 민주화 시위를 하던 이한열 군이 경찰이 쏜 최루탄에 맞아 큰 부상을 입고 결국 사망하면서 국민저항운동이 대규모로 확산되자 6월 29일 민정당 대표 노태우가 "대통령 직선제로 개헌하겠다"는 내용의 '직선제 개헌 시국수습 특별선언(6·29선언)'을 이끌어 낸 민주항쟁이다.

6월항쟁은 시민의 저항을 통해서 전두환 정부의 장기집권 의도를 저지하고 대통령 직선제 개헌을 이루어냈다는 의미가 있고, 대한민국의 민주화가 앞당겨지는 계기가 되었다.

▶ 그림 5-8   6월항쟁(서울시청 앞)

❷ 정부조직-체육부의 신설과 변천 ·······················

1980년대에 들어서면서 정부는 엘리트체육 육성에 총력을 기울이기 시작하였다. 이를 위해 체육조직 및 행정기구의 개편, 민간체육단체의 설립, 체육진흥정책의 수립, 스포츠외교력 강화 등을 진행하였다.

1982년 3월 20일 정부조직에 처음으로 신설된 체육부는 한국체육사에서 매우 큰 의미를 부여한다. 물론 이것은 1986년 서울아시아경기대회와 1988년 서울올림픽대회를 준비하는 차원에서 이루어진 정부의 갑작스런 조치였다. 그러나 이로 인해 정부는 국민체육의 진흥을 본격화하고, 서울아시아경기대회와 서울올림픽대회의 성공적인 개최준비를 위한 업무를 국가적으로 추진할 수 있었다.

■ 체육청소년부

제6공화국은 제5공화국과의 차별성을 부각시키기 위해서 작은 정부를 선거공약으로 제시, 행정개혁에 착수하였다. 행정개혁 작업을 추진하던 중에 체육부폐지론이 부각되자 이에 강력히 반발하여 기존의 조직보다 더 확대시킨 '체육청소년부'를 1999년 12월에 탄생시켰다. 체육청소년부는 2실 3국 5관 3담당관 16과로 시작되었다.

엘리트스포츠와 관련된 부서는 '체육지도국'과 '국제체육국'이다. 체육지도국의 담당업무는 체육과학 연구 및 개발, 체육지도자 관리, 신인선수 발굴 및 육성, 국가대표선수 훈련, 경기지도자 양성, 선수촌 관리운영, 국내경기대회 개최의 관리 등이다.

국제체육국은 국제체육교류 및 훈련계획 수립, 국제경기대회 파견 및 유지, 국민체육진흥기금 조성, 국제체육기구와의 협력, 남북체육회담 등의 업무를 담당하였다.

체육청소년부는 공산권과 미수교 국가들과의 스포츠 외교활동도 활발하게 펼쳤다. 그 결과 1988년부터 1991년에 걸쳐 정부에서 체결한 체육교류협정이 11건이며, 올림픽위원회에서 체결한 체육교류 협정이 4건으로 무려 15개국과의 협정을 체결하였다.

또한 1990년 10월에는 러시아(구 소련)와 정식으로 체육교류협정을 체결하였다. 이러한 결과는 세계 각국의 유망한 선수들과 국제스포츠교류는 물론이고 스포츠강국이라고 자랑하는 유럽에 대한민국 대표선수들이 전지훈련을 가는 등 선수들의 기량을 높여주는 기회가 되기도 하였다.

■ 문화체육부

1993년 문민정부의 출범은 체육행정조직에 새로운 변화를 가져왔다. 보다 효율적인 업무수행을 위해 체육청소년부를 문화부에 흡수 · 통합시켜 '문화체육부'가 발족되었다.

문화체육부의 기구 가운데 체육징책국은 생활체육(사회체육)진흥을 위한 체육시설확충 및 관리를 주 업무로 산하에 체육기획과, 생활체육과, 체육시설과를 두었다. 체육지원국은 선수육성, 체육단체 지원 및 체육과학 진흥을 주 업무로 산하에 체육과학과, 지도육성과, 훈련지도과를 두었다. 국제체육국은 산하에 협력총괄과, 국제경기과, 해외협력과를 두었고, 국제경기대회 파견 및 개최에 관련된 체육진흥협력 업무와 체육교류 등의 업무를 담당하였다.

이후 1994년 5월 문화체육부의 본부조직 개편으로 기존의 국제지원국의 해외협력과가 체육교류과로 명칭이 바뀌었으며, 같은 해인 12월 체육지원국이 폐지되어 체육정책국과 국제체육국으로 축소되었다.

❸ 체육정책 ·····································

■ 제5공화국의 체육정책

제5공화국은 역대 어느 정권보다도 체육부문에 많은 관심을 기울였다. 제5공화국은 '체육부'를 신설하여 국민체육진흥을 본격화하고 체육을 생활화하였으며, 체육을 통한 국민화합과 복지증진 및 국위선양을 위한 정책의지를 표명하였다.

1982년 3월 20일 발족한 체육부는 한국체육사에 커다란 분수령이 되었다. 체육부가 신설되면서 문교행정의 시각에서 부분적으로 다루어오던 체육행정을 종합적으로 추진할 수 있게 되었다. 이때 스포츠 관련 기관으로 체육과학연구소와 서울올림픽기념 국민체육진흥공단이 설립되었다.

제5공화국 정부는 대한민국에서 아시아경기대회와 올림픽대회라는 국제대회를 성사시키며 엘리트체육을 전폭적으로 지원하여 스포츠를 통한 국제경쟁력을 높였다. 이외에도 스포츠신문과 스포츠TV, 각종 스포츠에 관련된 잡지를 통해 국민들이 보다 쉽게 스포츠에 접근할 수 있게 하였다.

또한 타국과의 경쟁으로 애국심을 길러주었을 뿐만 아니라 국민적 자긍심도 함께 심어주었다. 전두환 정부는 '스포츠공화국'으로 불릴 만큼 역대 어느 정부보다 체육 부분에 크나큰 관심을 보였다. 1982년의 체육정책 기본계획에 담겨진 다음 내용을 읽어보면 전두환 정부가 얼마나 체육을 중시했는지 알 수 있을 것이다.

"86아시아경기대회 및 88서울올림픽대회의 유치를 계기로 우리는 이제 스포츠를 통하여 민족의 단합과 역량을 전 세계에 과시하여야 할 역사적 사명을 부여받고 있다. 이와 같은 과업을 성공적으로 추진하기 위하여 유망선수의 조기 발굴·육성과 우수선수의 입체적·과학적 훈련, 학교 및 생활체육의 진흥, 체육지도자 양성 그리고 스포츠외교의 다변화와 국민의식의 재정립을 중점 추진 방향으로 삼고 이를 적극적으로 추진하는 한편, 체육인구의 저변확대를 국민체육의 생활화를 위한 범국민적 체육활성화 운동을 전개해 나갈 계획이다.”

정부	주요정책	기본정책
제5공화국 (1980~1988)	» 슬로건 “체육을 통한 건전한 시민 육성”	» 국가대표 우수선수의 경기력 향상을 위한 체계적인 연구 » 국민체력 및 스포츠과학 연구 수준 향상 도모 » 1인 1기 및 1교 1기 운동(학교체육을 통한 생활체육의 발판 마련)

■ 제6공화국의 체육정책

1987년 6·29 선언을 이끌어내면서 탄생한 제6공화국은 민주화·개방화·자율화를 국정과제로 제시하였다. 대한민국 사회는 국제무대로 향하는 힘을 발휘하게 되었고, 남·북 간의 체육교류를 통한 가시적 성과를 창출하는 등 스포츠외교의 절정기를 맞이하게 되었다.

하지만 노태우 정부도 전두환 정부와 마찬가지로 안보와 체제의 정당성 확보라는 큰 명제의 영향을 받을 수밖에 없었다. 따라서 “민족자존, 민주화합, 균형발전, 통일번영”이라는 4대 국정지표를 기초로 안으로는 국민체육진흥정책을 내실화하여 체육입국의 발판을 마련하고, 밖으로는 스포츠강국의 면모를 과시하여 국위선양의 길을 열어나가는 데 중점을 두었다.

이를 위해 체육청소년부는 엘리트체육의 육성, 국민생활체육의 발전, 체육교류와 국제협력 증진 등을 체육정책 추진의 기본방향으로 설정하였다. 한편 자립체육의 기반을 확립하여 이에 필요한 체육정책을 목표로 내세웠다. 노태우 정부는 건전한 청소년육성 정책의 중요성을 인식하고 청소년국의 기능을 보다 확대시켜 체육부를 체육청소년부로 재개편하였다(1990년 12월 27일).

노태우 정부가 수행한 주요 체육정책은 다음과 같다.

❖ 체육시설의 확충과 경기지도자의 양성, 국가대표선수들의 훈련 및 해

외전지훈련, 외국인 우수코치 초빙, 경기지도자 해외연수, 국가대표선수들의 연금제도 실시 등을 위해 체계적 · 조직적으로 정책목표를 추진해 나갔다.

❖ 서울올림픽대회와 더불어 1990년 북경아시아경기대회, 1992년 바르셀로나올림픽대회에 대비하여 대회운영에 차질 없는 계획을 수립하였다.

❖ 생활체육을 전담할 수 있는 국민생활체육협의회를 출범시켜 생활체육 발전에 기여하였다.

❖ 스포츠외교를 더욱 강화시켜 국제교류와 엘리트선수 파견에 힘썼다. 그 결과 1991년에는 41개 종목 379개 대회 및 회의에 5,150명을 파견하였으며, 20개 종목 35개 국제대회와 국제회의에 3,480명을 초청하였다. 또한 1988~1989년 사이에 러시아와 중국을 포함한 공산권 8개국과의 스포츠교류가 이어졌고, 무려 46개 국제경기대회에 759명의 선수단을 파견하였다.

제6공화국은 서울하계올림픽대회의 성공을 발판으로 '국민생활체육진흥종합계획(호돌이계획)'을 세우고, 1991년 2월 생활체육을 전담할 수 있는 '국민생활체육협의회'를 발족시켜 국민생활체육을 제도적으로 발전시킬 수 있는 기반을 구축하고자 하였다.

▶ 표 5-8   국민생활체육진흥종합계획(호돌이계획)의 주요 사업

	시 설	프로그램	지도자
주요사업	■ 생활체육시설의 확충 » 서울올림픽기념 생활관 건립 » 소규모 근린생활체육시설 건립 » 국 · 공립초등학교 내 테니스장 설치 » 광역권별 수영장 건립 » 레포츠공원 조성 ■ 기존 체육시설의 활용도 제고 » 공공체육시설 활용도 제고 » 학교체육시설 개방 · 이용 확대 » 올림픽시설 개방	■ 생활체육프로그램의 개발 · 보급 » 국민경기 종목의 개발 · 보급 » 계층별 생활체육프로그램 보급 » 건강생활체조 개발 · 보급 ■ 전국스포츠교실 운영 ■ 직장체육프로그램 개발 ■ 전국씨름왕 선발대회 개최 ■ 국민체력평가대회 개최	■ 생활체육지도자 양성 제도 개선

특히 서울하계올림픽대회 이후 스포츠활동에 대한 국민의식이 크게 개선되고, 소득수준 향상으로 건강에 대한 관심이 높아짐에 따라 정부는 국민 모두가 참여할 수 있는 생활체육 진흥에 강한 의지를 보였다.

■ 문민정부의 체육정책

1993년 출범한 문민정부(김영삼 정부)는 군사정권과의 차별성을 두기 위해 엘리트스포츠에 중점을 두었던 체육정책에서 벗어나 아직까지 미흡한 발전을 보였던 생활체육을 보다 더 중점적인 목표로 삼고 생활체육과 엘리트스포츠를 동시에 육성하고자 하였다. 그동안 국가시책에 의해 보호받던 전문체육을 점차 민간 차원으로 이양하고, 범국민적 체력증진과 여가선용을 위한 생활체육 확산에 역점을 두었다.

▶ 표 5-9   제1차 국민체육진흥5개년계획의 주요 정책과제

정책과제	추진내용
생활체육의 범국민적 확산	» 국민의 체육활동 참여의식 고취 » 체육활동 공간 확충 및 생활체육지도자 양성 » 국민체육활동의 체계적 육성 및 지원 » 국민 건전여가 기회의 확대
전문체육의 지속적 육성	» 우수선수의 과학적 · 체계적 양성 » 국내경기대회 운영의 개선 » 우수한 경기지도인력 양성 » 체육인 복지향상 및 체육단체의 자율성 제고
국제체육협력의 증진	» 세계 체육계에서 한국의 입지 강화 » 국제체육교류 사업의 효율적 추진 » 체육을 통한 민족화합 도모
체육과학의 진흥	» 체육과학의 연구기반 강화 » 체육과학의 실용화
체육행정체제의 보강	» 체육행정체제의 정비 · 보강 » 체육관련 법령 및 제도의 정비

문민정부 출범 이후 체육계에 나타난 가장 큰 변화는 체육청소년부를 문화부에 흡수시켜 통합한 것이다. 1994년 12월 체육지원국이 폐지됨에 따라 엘리트체육에 대한 문민정부의 부정적 시각이 점차 증폭되면서 문화체육부는 다시 문화관광부로 재개편되어 체육에 관련된 행정부서가 더욱 더 축소되는 결과를 가져왔다.

문민정부의 체육정책은 제1차 국민체육진흥5개년계획(1993~1997)의 수립으로 집약된다. 제1차 국민체육진흥5개년계획은 생활체육의 범국민적 확산, 전문체육의 지속적 육성, 국제체육협력의 증진, 체육과학의 진흥, 체육행정체계의 보강을 주요 정책과제로 설정하였다.

❹ 체육단체

■ 대한체육회

대한체육회의 설립목적은 체육운동의 범국민화, 학교체육 및 생활체육의 진흥, 우수선수 양성에 의한 국위선양, 가맹경기단체 지원육성, 올림픽운동 확산 및 보급에 의한 국민체육 진흥, 스포츠를 통한 국제친선 도모 등에 있다. 1982년 12월에는 국민체육진흥법에 의해 대한체육회를 특수법인으로 지정하였다.

또한 대한체육회에서 주관하는 주요사업은 체육활동에 관한 기본방침 수립 및 추진, 학교체육진흥 및 생활체육의 육성 및 보급, 국가대표 및 우수선수 양성, 경기단체 시·도지부 지원육성, 스포츠외교를 통한 국제협력 및 올림픽운동 확산, 올림픽·아시아경기대회 등 국제대회 참가지원, 전국체전 및 소년체전 등 각종 종합경기대회 개최 운영 등을 지원하는 사업이다.

대한체육회가 1980~1998년에 개최하거나 운영한 주요 각종 종합경기대회로는 1986년 서울아시아경기대회, 1988년 서울올림픽대회, 1997년 무주·전주동계유니버시아드대회, 1997년 부산동아시아경기대회, 1999년 강원동계아시아경기대회 등이었다. 그밖에 1996년 제6차 IOC 세계생활체육총회 개최, 1999년 제109차 IOC 총회 등 굵직한 스포츠관련 국제회의를 개최하였다.

■ 국민생활체육회

국민생활체육회(구 국민생활체육협의회)는 국민의 삶의 질을 향상시키기 위해 1991년 2월 6일 사단법인으로 설립된 기관이다. 국민생활체육회는 국민건강과 체력증진, 국민의 건전한 여가선용과 선진 체육문화를 창달하고, 세계 한민족의 동질성과 조국애 함양을 통한 통일기반 조성에 목적을 두고 있다.

국민생활체육회에서 주로 하는 직무는 범국민 체육생활운동 전개를 통한 '삶의 질' 향상, 생활체육의 적극적인 홍보활동의 전개, 생활체육지도자의 효율적 관리, 생활체육 프로그램의 개발 및 보급, 각종 생활체육대회의 활성화, 생활체육을 통한 국제교류, 체육동호인 활동의 지원 및 육성, 국민의 체육활동에 관한 조사와 연구, 세계한민족축진 조직 및 운영 등이었다.

1989년 국민생활체육진흥 종합계획 '호돌이계획' 수립 이후 15개 시·도 생활체육회를 결성하고 축구, 배드민턴, 육상, 게이트볼, 스케이팅, 윈드서핑, 탁구, 테니스, 수영, 족구, 배구, 사격, 야구, 합기도, 정구, 스쿼시 등의 종목별 연합회가 설립되었다. 주요 국제사업으로는 한국·호주 생활체육프로그램 교류, 한국·일본 민간 차원의 체육교류 등의 지원이었다.

■ 국민체육진흥공단

서울올림픽기념 국민체육진흥공단은 제24회 서울올림픽대회를 기념하고 국민체육진흥을 위한 사업을 수행하기 위하여 문화체육부장관의 인가를 받아 1989년 4월 20일 공익법인으로 설립되었다.

국민체육진흥공단은 대한민국 체육재정의 든든한 후원자로서 온국민이 스포츠로 하나 되고 스포츠생활화를 통해 건강한 삶을 누릴 수 있는 선진 스포츠복지국가를 만들어 가는 데 의의를 두었다.

1990년에는 한국체육산업개발(주)이 설립되고, 서울올림픽파크텔이 문을 열었으며, 1993년에는 경륜운영본부 발족, 한국스포츠 TV ㈜ 설립, 1994년에는 분당올림픽스포츠센터 개관, 잠실경륜장 개장, 1995년에는 올림픽공원 및 미사리경기장 무료 개방, 1999년에는 체육과학연구원이 흡수 통합되었다.

국민체육공단에서 수행하고 있는 주요사업에는 기금지원 사업, 스포츠산업 육성, 체육진흥·문화사업, 기금조성 사업 등이 있다. 기금지원사업에는 생활체육 육성사업, 전문체육 육성사업, 장애인체육 육성사업, 국제체육교류 증진사업, 체육인 복지사업, 생활체육시설 조성사업, 생활체육지도자 배치사업, 스포츠강좌 이용권사업 등이 있다.

스포츠산업 육성에는 스포츠산업 육성자금 융자, 스포츠산업 기술개발 사업, 스포츠용품 시험, 품질인증 지원 사업 등이 있다. 기금을 조성하기 위한 사업으로는 경정(미사리조정경기장), 경륜(광명경륜경기장), 스포츠토토(복권) 등이 있다.

■ 한국스포츠정책과학원

1980년 12월 29일 태릉선수촌에 스포츠과학연구소(한국스포츠정책과학원의 옛 명칭)가 설립되면서 1972년 뮌헨올림픽 이후 일선 체육 관계자들이 그동안 멀어졌던 스포츠과학에 대해 관심을 기울이게 하는 계기가 되었다.

대한체육회 스포츠과학위원회는 스포츠과학분과위원회로 재발족하게 되었으며, 위원장에 김집 대한체육회 이사가 임명되었다. 1981년 1월 4일 시무식과 함께 업무를 시작한 스포츠과학연구소는 1980년대 한국스포츠가 비약적으로 발전하는 데 이바지하였다.

▶ 그림 5-9　한국체육과학연구원

스포츠과학연구소는 모든 국민들이 스포츠를 통해 즐겁고 행복해질 수 있도록 다양한 사업과 체육에 관련된 연구를 하고 있으며, 설립목적으로는 국민체육진흥을 위한 체육정책 개발 및 지원, 스포츠과학의 체계적·종합적 연구, 국가대표선수 경기력 향상 지원, 체육지도자 및 스포츠산업 전문인력 양성, 체육정보망 구축 및 서비스 지원, 스포츠산업 진흥 연구 및 지원 등을 담당하였다.

그 후 1989년 7월에 스포츠과학연구소를 한국체육과학연구원으로 확대개편하여 1급, 2급, 3급 경기지도자 및 2급, 3급 생활체육지도자 연수원으로 지정함으로써 종목별 전문지도자 양성에 기여하였다. 또한 국민체력센터를 개관해 국민들에게 개방하였다.

현재는 한국스포츠정책과학원으로 명칭이 변경되었다.

⑤ 스포츠외교의 강화

스포츠외교는 각 나라 운동선수들 간의 교류 및 국제 스포츠경기의 개최, 체육관련 주요 인사들의 방문과 각종 스포츠경기의 기술 지원 등의 분야에서 수행되는 것으로 볼 수 있다.

우리나라는 1980년대 전까지만 해도 스포츠외교에 대한 인식이나 관심이 없었을 뿐더러 크게 부각되지도 않았다. 하지만 대한민국이 1988 서울올림픽 개최도시로 선정됨에 따라 스포츠외교에 대한 중요성과 관심이 늘어나기 시작하였으며, 정부의 지원 또한 변화되기 시작하였다.

외국과의 관계를 개선시키는 데 큰 역할을 하게 된 첫 번째 스포츠교류는 1984년 3월 중국의 쿤밍에서 개최된 데이비스컵 아시아지역 테니스대회였다.

한국 선수단이 처음으로 중국에 가서 경기를 하고 돌아온 이후 4월 서울에서 개최된 아시아청소년농구대회에 중국 선수단이 참가하게 되면서 국교 관계가 없었던 양국 간에 처음으로 스포츠교류가 이루어졌었다.

이후 1988년 9월 당시 88서울올림픽경기대회 조직위원회 김운용 부위원장이 IOC 위원에 당선되면서 1990년대 스포츠외교의 전성기가 시작되었다. 현재까지 남북 간 통일축구대회 개최, 남북단일팀(탁구, 축구) 구성, 태권도의 정식종목 채택, 스포츠외교 인재양성을 위한 시스템 마련, 월드컵축구대회 개최 등이 스포츠외교를 통해 성과를 내면서 전성기를 맞이하였다.

하지만 김운용 IOC위원이 자격을 박탈당하면서 대한민국의 스포츠외교는 위기를 맞이하게 되기도 하였다. 이에 대한 대책으로 스포츠외교 인력양성의 필요성이 대두되면서 이를 뒷받침할 수 있는 정책이 마련되는 계기가 되었다.

대한민국의 스포츠외교 전문인력 양성 정책은 문화관광부 제1차 국민체육진흥 5개년계획(1993~1997)과 제2차 국민체육진흥 5개년계획(1998~2002)에 명시되어있다. 제1, 2차 5개년계획에서는 체육지도자, 선수, 국제심판, 공무원, 경기단체 및 대한체육회에서 추천한 사람을 대상으로 대한체육회가 주관하며 근무시간 후 6개월 동안 또는 어학연수기관의 교육이수를 통해 매년 10~100명씩 양성한다는 것이었다.

그러나 수강생의 근무시간 후 교육에 따른 교육시간 부족, 집중교육의 어려움, 외국어연수교육의 한계, 예산부족 등으로 제대로 실행되지 못하였다. 또한 단기어학교육과 소양 교육에만 초점을 둔 나머지 외교실무, 정치, 외교관계론, 체육학 관련 분야 등에 대한 교육이 제대로 실행되지 못하였다.

이에 참여정부에서는 국민체육진흥 5개년계획에서 스포츠외교에 관하여 전문교육 및 인재 양성 분야에 경험과 권위를 갖춘 기관의 주관 하에 국제경쟁력을 갖춘 스포츠외교 전문요원을 양성하기 위해 1~5년의 중장기사업을 추진하게 되었다.

6 엘리트스포츠 ……………………………………………………………

■ 후보선수(꿈나무)의 발굴 및 육성

86서울아세안게임과 88서울올림픽의 유치가 확정되자 정부에서 가장 먼저 해야 할 일은 두 경기대회에서 성적을 거둘 수 있는 선수를 길러내는 일이었다. 유치가 확정된 이후 경기 당일까지는 약 5~7년이 남아 있기 때문에 종목에 따라 초·중·고등학교 선수들 중에서 경기력과 잠재력을 종합적으로 분석해서 '앞으로 대표선수로 성장할 수 있는 가능성이 높은 선수'를 발굴하여 중점적으로 지원한다는 전략을 세워서 추진하였다.

▶ 그림 5-10   꿈나무 선발을 위한 체력측정(1982년)

여기서 대표선수로 성장할 수 있는 가능성이 높은 선수로 선발된 선수를 '후보선수' 또는 '88꿈나무'라고 불렀기 때문에 '후보선수 또는 꿈나무의 발굴 및 육성'이라고 한 것이다.

후보선수의 발굴 및 육성과정은 다음과 같았다.

❖ 소속 학교의 장이나 각 경기단체 시도지부에서 추천

❖ 경기단체의 1차 선발 단계

❖ 잠재력 평가를 위한 체격·체력 검사 및 부모 면접(유전적 가능성 조사)

❖ 선발된 선수들은 기본체력 강화와 기초기술 훈련을 통한 경기력 향상을 도모하기 위해 하계와 동계 2회에 걸쳐 우수한 지도자의 지도 아래 합숙훈련을 실시하고, 훈련이 끝날 때마다 기술과 체력검사를 해서 성

장 정도 체크

❖ 꿈나무 학생과 지도자에게는 일 년 내내 훈련비 또는 지도비 지급

❖ 후보선수 중 종목별 우수선수들을 선발하여 집중적인 기술 훈련과 주요 국제경기대회의 참가를 통한 실전경험을 쌓도록 국외 전지훈련 등에 참여할 수 있도록 지원

체계적이고 과학적인 후보선수의 발굴과 계획적인 훈련은 실질적으로 국가대표선수의 저변확대로 이어졌다. '꿈나무' 4천359명을 선발해 집중 훈련시킨 결과 서울아시아경기대회와 서울올림픽대회에 국가대표선수로 뛴 선수의 약 36%, 메달을 획득한 선수의 약 45%가 후보선수 출신이었다.

■ 학교운동부의 지원

전두환 정부와 노태우 정부는 선수의 저변확대와 전문체육의 장기적인 발전을 위해서 육상·체조 등 28개 종목, 800여 개의 초·중·고·대학 운동경기부에 훈련장학금 및 지도자 수당과 훈련비를 지원하였다.

정부 지원을 통해 수영, 체조, 레슬링, 유도, 핸드볼, 역도 종목의 후보선수들이 국가대표선수로 발탁되었다. 이들은 우리나라의 경기력을 국제적인 수준으로 향상시키는 데에 크게 공헌하였다.

반면 정부가 학교운동부를 지원해서 엘리트스포츠를 선진화하는 정책은 다음과 같은 문제점도 지적되었다.

❖ 체육예산 문제

❖ 체육특기자 문제

❖ 메달 획득 유망종목에만 비중을 둠으로써 특정 팀 및 선수에게만 기회가 주어지는 문제

제5공화국의 스포츠 정책이 가시적인 성과를 거둘 수 있었던 것은 무엇보다도 정부의 조직적인 뒷받침과 전문선수를 집중적으로 육성하기 위한 엘리

트 체육정책 때문이었다. 정부는 올림픽, 유니버시아드, 아시안게임 등 각종 국제 경기에서 메달을 딴 선수에게는 점수에 따라 각종 포상금과 연금 등을 차별적으로 지급함으로써 황금으로 선수들을 채찍질하였다.

그러나 체육연금은 메달 중심의 산정방식과 가시적인 효과를 노린 정부의 유인정책으로 일부 우수선수에게만 혜택이 집중적으로 돌아가고, 다수의 선수들은 전혀 혜택을 받지 못한다는 문제점을 갖고 있었다. 이는 운동선수들에게 배금주의 사상을 부추기는 폐해도 있었다.

■ 프로스포츠의 출범

1960년대부터 정책적으로 육성되기 시작한 우리나라 스포츠는 안으로는 내실을 다지고, 밖으로는 세계 속에 한국을 알리는 방법이었다. 1981년 전두환 정부가 출범한 다음해인 1982년에는 프로스포츠 시대가 열렸다.

국민의 불만을 마비시키려는 3S(Sports, Screen, Sex)정책이라는 사회의 비난과 반대도 있었지만, 일부에서는 열광했다. 당시 최고의 인기를 누렸던 고교야구를 발판으로 서울·부산·대구·인천·대전·광주 등 지역 연고제로 시작된 프로야구는 개막 전부터 열기를 뿜었으며, 한국 최고의 프로스포츠로 자리 잡았다.

프로스포츠가 제대로 활성화되려면 1인당 GNP가 2만 달러는 돼야 한다는 분석도 있지만, 당시 한국의 1인당 GNP는 1,500달러에 불과하였다. 그러나 프로스포츠가 성공적으로 정착할 수 있었던 것은 전두환 정부의 적극적인 후원이 있었기 때문이라는 것이 정설이다.

전두환 대통령이 각 부처에 "프로야구를 정책적으로 밀어주라."고 지시했고, 문교부와 문공부는 언론을 통해서 대대적인 홍보를 하였을 뿐만 아니라 TV로 중계방송도 했다. 또한 내무부는 운동장 사용료를 5년간 면제해줬으며, 재무부는 프로야구 구단이 흑자가 될 때까지 면세조치를 해줬다.

프로야구가 출범하기 전에는 고교 야구가 최고 인기 스포츠였다. 고향과 모교를 응원하는 사람들로 고교 야구대회는 항상 붐볐고, 이미 '오빠부대'도 형성돼 있었다. 프로야구는 고교 야구의 인기를 고스란히 옮겨왔고, 미국과 일본 프로야구의 장점만을 본뜬 한국 프로야구는 철저한 프랜차이즈제를 도입하여 구단주부터 선수에 이르기까지 본거지 출신으로 구성했다.

야구에 이어 씨름과 축구도 1983년에 프로화됐다. 또 남자 농구는 1997년, 여자 농구는 1998년, 남자 배구는 2005년, 여자 배구는 2006년에 프로화되었다. 골프, 권투, 레슬링 등과 같은 개인경기는 1980년 이전에 프로경기가 있다.

1인당 GNP에 비해서 한국에 프로스포츠가 너무 많다는 비판도 있었고, 프로의 거대화로 아마추어 종목은 상대적으로 위축되는 부작용도 낳았다.

❼ 학교체육

■ 체육과 교육목표의 변화

초·중·고등학교의 교육과정은 1954년 4월 20일에 처음 공포된 이후 여러 번 개정되었다. 교육과정은 개정될 때마다 당시의 교육철학과 시대적 분위기를 반영하였다.

제4차 교육과정기(1981~1987년)는 전두환 정부가 밝힌 국정지표인 민주주의의 토착화, 정의사회의 구현, 복지사회의 건설 등을 교육의 중심축으로 하였다. 이로써 조명되는 미래사회를 민주사회, 고도산업화사회, 건전한 사회, 문화사회, 통일 조국 등으로 전망하고 자주적인 사람을 길러내는 데 부합되도록 국민정신을 강조하였다.

제4차 교육과정은 국민정신 교육의 체계화, 전인교육의 강화, 과학기술 교육의 심화, 교육 내용의 양과 수준의 적정화 등을 기본방향으로 설정하였다. 또한 제4차 교육과정이 고시될 때에는 정치적으로 혼란스러운 시기였기 때문에 체육과교육과정에서는 '규칙준수와 협력'이 강조되었다.

제4차 체육과교육과정에서는 움직임 교육과정이 처음으로 도입되었으며, 이를 기초로 학생의 건강증진과 체력향상, 운동능력 향상을 위한 기본운동 기능의 신장에 중점을 두었다. 또한 체육활동 시 학생들의 규칙준수와 협력, 예의 갖추기 등의 정의적 목표를 다른 어느 교육과정기보다 중요하게 제시하였다.

제5차 교육과정(1987~1992년)에서는 통합교육에 중점을 두어 건강하고 자주적이며 창조적이고 도덕적인 사람을 육성하는 것을 목표로 하였다. 또한 민주화 시류에 발맞춰 민주주의에 대한 내용이 늘어났으며, 반공교육이 순화되기 시작하였다.

제5차 교육과정에서 제시한 교육목표는 다음과 같다.

❖ 건강한 심신을 기르고, 보건과 안전에 대한 바른 습관을 가지게 한다.

❖ 일상생활에 필요한 기본적인 예절과 질서를 지키고, 이웃과 나라를 사랑하는 마음씨를 가지게 한다.

❖ 학습과 일상생활에 필요한 기본적인 언어능력과 수리적 사고력을 기르고, 자기의 생각을 바르게 표현할 수 있게 한다.

❖ 자연과 사회현상에 관한 기초적인 개념을 이해하고, 과학적으로 탐구하여 해결할 수 있는 기본능력을 가지게 한다.

❖ 아름다움을 느끼고 가꿀 줄 알며, 경험과 느낌을 창의적으로 표현할 수 있게 한다.

❖ 기초적인 생활기능과 근검절약하는 태도를 길러 자립에 필요한 기본적인 자질을 가지게 한다.

제5차 체육과교육과정에서는 기존의 교육과정의 기본구조를 유지하는 동시에 학문성과 전문성을 높이고자 하였다. 따라서 체육과교육과정의 목표도 다양한 신체활동을 통하여 체력과 기본운동능력을 함양하고, 운동 및 건강과 관련한 기초지식을 습득·적용하며, 바람직한 사회적 태도를 가지게 하는 데에 역점을 두었다.

제6차 교육과정(1992. 6.~1997. 12.)은 중앙집권형 교육과정을 지방분권형 교육과정으로 전환하여, 시·도 교육청과 학교의 자율재량권을 확대해서 운영한 것이 특징이다.

종전의 교육과정은 교육부가 고시한 국가 수준의 교육과정을 각 학교에 통보하는 체제였다. 그러나 제6차 교육과정에서는 교육부가 국가 수준의 교육과정 기준을 고시하면, 시·도교육청에서는 이것을 근거로 시·도교육과정을 편성·운영하는 지침을 작성하여 각 학교에 제시하는 개념으로 바꾸었다.

이로써 각 학교는 국가 기준과 시·도의 지침을 근거로 학교 실정에 합당한 교육과정을 편성·운영하도록 함으로써 '교육현장-시·도교육청-교육부'의 역할과 기능을 명확히 구분했다.

제6차 체육과교육과정의 목표는 체육의 내재적 가치인 '움직임'에서 출발하여 각 개인의 건강증진과 체력향상 등과 같은 외재적 가치를 창출하는 것이었다. 그에 따라 체육과교육 내용에서 건강체력과 게임활동을 중시하였다.

▶ 표 5-10 교육과정기별 체육과교육목표

교육과정기	체육과교육목표
4차	체력과 기초적인 운동기능을 육성
	운동과 건강생활에 필요한 기초지식을 습득하고 이를 실천
	운동의 규칙과 예의를 지키고, 서로 협력하는 태도
	운동에 흥미를 가지고, 여가를 선용하는 즐거운 생활 태도
5차	신체적 움직임의 기본능력을 육성
	기초적인 체력과 운동기능을 육성
	운동, 건강, 안전 생활 및 여가 선용에 필요한 기초지식을 습득하고, 적용하는 능력을 육성
6차	경기에 참여할 수 있는 운동기능과 건강에 필요한 체력 육성
	신체적인 표현능력 육성
	운동과 여가활동 및 건강에 필요한 지식 습득, 실천하는 태도 육성
	바람직한 운동 태도와 사회적인 태도 육성

■ 학교체육 업무의 이원화

우리나라에서 학교체육과 관련된 정책은 정권 교체와 함께 정부가 추구하는 방향과 문화, 정치, 경제, 국민 등 다양한 분야에서 요구하는 방향에 따라 변화해 왔다.

1980년부터 1993년까지는 군사정권기의 학교체육은 기본적으로 민족주의와 국가주의적 이념을 근간으로 교육목표가 설정된 모습이었다. 학교에서의 체육을 군사훈련의 연장으로 보았으며, 엘리트스포츠의 발전에 초점을 두고 이루어졌다. 그로 인해 학교에서의 체육은 체육교과가 가지고 있는 본질적 가치가 발휘되지 못하였으며, 학교체육의 기본목표도 제대로 달성되지 못하였다.

그에 반해 1993년부터 1998년까지의 학교체육정책은 군사정권에서 미흡하였던 학교체육 활성화를 위한 정책적·행정적 조치가 제시되었다. 당시의 학교체육은 이전 정권과는 달리 인간 중심주의와 체육의 심화로 전인교육이 강조되었다. 교육목표가 심동적·인지적·정의적 영역으로 분류되는 등 체육교과의 균형적인 발전을 지향하였다.

체육과의 교과목표인 신체적 표현능력과 기능, 학생의 창의적 활동의 능동적 개발 등은 당시의 정치적 민주화가 진행되는 분위기를 반영함과 동시에 표현과 행동의 자유로움 속에서 근본적인 개인의 창의력을 개발하고자 했던 것이다. 그러나 이를 구현할 수 있는 프로그램이 매우 부족하였으며, 체육수업 시간이 축소되어 학교체육 진흥을 실현하기에는 역부족이었다.

1991년 체육청소년부의 '학교체육 관리 기본방향'에서는 체육교육의 정상화로 심신의 조화 있는 발달 도모, 학교체육 활성화로 평생체육의 기틀 마련, 기초체력과 운동기능의 신장으로 강건한 국민육성 등을 목표로 하였다. 이에 덧붙여 기존 1교 1기운동의 지속 및 다양화, 과외 자율체육활동의 강화, 교내외 체육대회 활성화 등 기존 학교체육정책을 지속하기로 하였다.

그러나 이러한 방침은 입시 위주의 교육환경이 해소되지 않는 이상 제대로 실행될 수 없는 행정상의 지침에 불과하였다. 당시 정권은 학교체육 활성화를 위한 프로그램을 확보하고 이를 시행하기 위한 행정적 조치를 시도하였으나, 오히려 체육수업 시간의 축소로 체육교육의 부진을 초래하게 되었다.

게다가 체육청소년부의 직제 개편에 따라 학교체육 업무가 이원화됨으로써 행정의 효율성이 낮아졌다. 또한 학교체육 진흥예산이 체육계 학교에 지원된 예산에도 미치지 못하는 등 엘리트스포츠 위주의 학교체육정책은 여전히 개선되지 못했다.

1980~2000년까지 학교체육정책 담당 정부조직의 변천과정은 표 5-11과 같다.

▶ 표 5-11   1980~2000년 학교체육정책 담당 정부조직의 변천과정

구분	교육부처 존치기	체육부처 이양기	부처 협력기
시기	해방이후→4공화국	5공화국→6공화국→문민정부	문민정부→국민의 정부
세부 내용	■ 1946 　문교부 교화국 체육과 ■ 1948 　문교부 문화국 체육과 ■ 1961 　문교부 체육국 학교체육과 ■ 1963 　문교부 문예체육국 체육과 ■ 1981 　문교부 체육국제국 학교체육과 ■ 1982. 3. 20 　학교체육업무 체육부로 이관	■ 1982 　체육부 체육진흥국 학교체육과 　※ 전국(소년)체전 이관 ■ 1990. 9. 10 ~ 1993. 3. 5 　(체육청소년부) ■ 1993. 3. 6 ~ 1994. 5. 15 　(문화관광부 초기) 　※ 문화부 체육국	■ 1994. 5. 16 　교육부 지방교육지원국 　학교보건체육과 ■ 1999. 1. 29 　교육부 지방교육지원국 　학교시설환경과

■ 학생체력검사제도의 폐지

학생체력검사는 많은 학생들의 체격과 체력 향상에 도움을 주었다. 기초체력 향상을 위한 다양한 기본종목이 널리 보급됨으로써 운동의 생활화라는 측면에도 적지 않은 공헌을 하였다.

학교에서 실시한 첫 학생체력검사, 즉 체력장제도는 1971년에 일반학생을 대상으로 시행되었다. 1972년부터는 학교신체검사규정이 개정되어 고등학교 입시성적에 반영되기 시작하였으며, 1973년부터는 대학입시 내신을 위한 체력장제도를 실시하는 등 학교생활에서 중요한 한 부분을 차지하였다.

이후 1979년에 제1차 제도개선이 이루어졌다. 지역 공동관리로 실시해 오던 체력검사가 학교장의 책임관리로 전환되었고, 절대기준평가에서 상대기준

평가로 바뀌었다. 또한 검사종목도 8종목에서 5종목으로 대폭 축소되었다.

1980년에는 제2차 제도개선을 거쳐 다시 지역 공동관리체제로 전환되었다. 평가방법 또한 상대평가에서 절대평가로 환원되었고, 1983년에는 오래달리기 종목이 추가되어 검사종목이 6종목으로 확대되어 시행되었다.

1987년 제5차 교육과정에서 다시 학교장의 책임관리제로 전환되었다. 평가방법은 절대평가로 연 1회 실시하며, 기본점수 15점에 20점 만점제로 진행되었다. 점수 환산은 6종목 총합이 66점 이상이면 만점으로 처리하는 등 체력에 대한 평가가 매우 허술하게 이루어졌다.

당시 대학입시에서 체력검사 만점자가 90% 이상이 되자 체력검사 제도가 지나치게 형식적이라는 비판이 일었다. 1991년도 대학입시제도 개선안에는 학생체력검사 폐지 내용이 포함되었다. 이후 1994년에 대입 학생체력검사가 폐지되었고, 1996년에는 고입 학생체력검사도 폐지되었다.

고입 및 대입 학생체력검사가 폐지되었다고 해서 학생체력검사 제도가 폐지된 것은 아니고, 체력검사는 학교별로 지속적으로 실시되었다. 그러나 입시에서 실기가 없어짐으로써 체육교과목의 입지가 약화됨으로써 체육수업 시간을 다른 과목으로 전용하는 등의 부작용을 불러와 학생의 체력 유지 및 향상에 부정적 영향을 미쳤다.

1999년부터는 검사방법을 대폭 바꾸어 학생의 체력검사종목 가운데 턱걸이와 던지기가 폐지되고, 달리기의 거리 및 방법이 바뀌는 등 검사방법을 시대에 맞게 변화시켰다.

⑧ 생활체육

■ 국민생활체육협의회의 창설과 호돌이계획

1962년에 국민체육진흥법이 제정되었지만 본격적인 시행은 1982년 국민체육진흥법이 전면 개정되면서부터였다. 1985년에 '한국사회체육진흥회'가 발족했다. 한국사회체육진흥회의 설립목적은 "모든 국민이 건전한 체육활동에 참여하고 여가를 선용하여 삶의 의욕을 고취하고 생활의 질적인 향상을 도모하여 건강복지사회를 이루는 데"에 있었다.

한국사회체육진흥회는 이전의 새마을체육회를 확대 개편한 단체로 1981년 9월 새마을운동 중앙본부의 기구 내에 설치되어 있었다. 1982년 국민체육진흥법의 전면 개정을 계기로 사회체육지도자연수원을 개원하고, 1984년 12월에 제정된 체육지도자 연수 및 자격 검정에 관한 규칙에 따라 정부로부터 '사회체육지도자 검정기관'으로 지정받았다.

그러나 대학에 사회체육학과들이 생겨나면서 그 졸업생들에게 사회체육지도자 자격을 부여한다는 정책에 따라 1989년에 검정기관 자격을 상실했다. 한국사회체육진흥회는 출범 당시에 15개 시·도지부와 20개 회원 단체 및 100만 명의 회원을 거느릴 정도의 위상을 가졌었다. 이는 훗날 국민생활체육협의회의 창설에 적지 않은 영향을 미쳤다.

한국사회체육진흥회는 사회인체육대회 개최, 국가공인 생활체육지도자 양성과 연령·직업별 생활체육 프로그램 개발, 직장체육 우수사례 발표회, 범국민 체육활동 참여운동 등을 전개하였다.

제6공화국은 86아시안게임과 88서울올림픽대회의 성공을 발판으로 본격적으로 생활체육정책을 펼쳤다. 올림픽 이후 체육부 폐지론이 거셌지만, 오히려 관련 업무의 영역을 청소년 문제로까지 확장하여 1990년 12월 체육청소년부를 출범하였다.

제6공화국의 초기 생활체육 정책 중의 하나가 '지역사회 체육활동 참여 확대 방안'이다. 이 방안에서 여건 조사, 시설확충 및 이용, 프로그램 개발, 지도자 양성 및 배치, 행정 및 재정 지원방안 등이 제시되었다. 이듬해 공청회를 거쳐 기본적인 '생활체육 진흥방안'이 마련되었다. 그 방안을 실행에 옮기기 위해서 필요한 재정을 마련하려고 설립된 기관이 '88서울올림픽기념국민체육진흥공단'이다.

국민체육진흥공단의 제1차 5개년계획(1989~1993년)에서 설정한 주요 목표 중 하나가 '국민생활체육진흥종합계획'(일명 '호돌이계획')이었다. 호돌이계획은 1990년 3월에 입안되어 1990년부터 1993년까지를 1차 계획기간으로 추진되었다.

호돌이계획의 기본 방향은 다음과 같았다.

❖ 모두가 저렴한 비용으로 체육활동에 참여할 수 있는 여건 조성

❖ 국민의 신체적성에 맞는 생활체육의 보급으로 체력과 정신력 향상 도모

❖ 적극적인 생활체육의 홍보를 통해 국민의 건전한 여가생활 기회의 확대

▶ 그림 5-11 호돌이

호돌이계획을 추진하기 위해 1991년 생활체육 전담기구로 국민생활체육협의회가 설립된다. 국민생활체육협의회의 결성은 지방조직의 결성에서부터 출발했다. 1990년 7월 6일부터 생활체육 동호인들의 뜻을 모아 각 시군구에서 생활체육협의회를 결성하기 시작하여 11월 30일에 15개 시도에서 생활체육협의회가 모두 결성되었다.

1991년 1월 8일 사단법인 국민생활체육협의회 창립총회를 거쳐 2월 6일 국민생활체육협의회는 사단법인 설립 허가를 받았고, 이후 전국축구연합회를 시작으로 종목별연합회들이 가맹단체로 가입하게 되었다.

국민생활체육협의회는 창설과 함께 생활체육 프로그램의 개발과 보급, 생활체육지도자의 양성 및 활용, 생활체육 시설의 효율적 활용, 생활체육을 위한 홍보 사업, 종목별 생활체육 행사의 지원 및 육성, 생활체육과 한민족축전 사업의 연계추진 등 범국민적으로 체육생활화 운동을 전개하였다.

국민생활체육협의회는 국민 개개인이 쉽게 자기 체력을 진단하고 관리할 수 있는 '체력 관리 프로그램'을 개발하여 1992년부터 본격적으로 보급하였다. 서울대학교 체육연구소에 의뢰하여 개발한 이 프로그램은 유아, 아동, 청소년, 성인 남성, 성인 여성, 노인 등 6개 대상별 체력 측정 및 평가 방법 등을

제시하고 있다.

■ 국민생활체육활동 참여 실태조사

1986년부터 체육부가 실시한 국민생활체육활동 참여 실태조사는 전국 16개 시 · 도의 15세 이상의 국민들을 상대로 조사원이 직접 가구를 방문하여 체육활동에 대한 인식, 활동여건, 참여유형, 체육활의동 평가 등 4개 영역 8개 부문에 대하여 1대1 면접방식으로 조사하였다.

실태 조사는 1986년에서 2006년까지 3년 주기로 대학에 위탁하였던 것을 2008년부터는 2년 주기로 2012년부터는 매년 체육과학연구원(현 한국스포츠정책과학원)에서 실시하고 있다. 이러한 정부 주도로 실시된 국민생활체육활동 참여실태조사는 국민의 생활체육 참여실태를 파악하여 효과적이고 체계적인 체육정책을 수립하기 위한 기초 자료로 활용되고 있다.

전체 조사 표본 수는 매년 예산에 따라 달라질 수 있지만, 성별(남 · 녀), 연령별(15~19세, 20대, 30대, 40대, 50대, 60대, 70대 이상으로 나누어 통계적으로 유의한 수자 이상의 표본의 데이터를 수집해야 비교 · 분석이 가능하다.

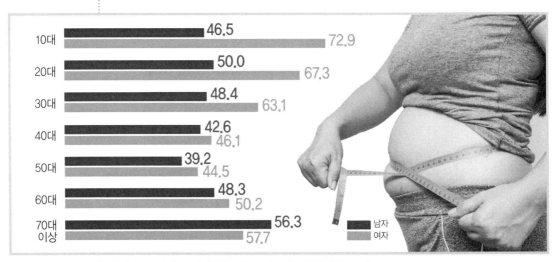

▶ 그림 5-12　성&연령별 전혀 운동하지 않는다고 답변한 비율(단위 : %)

그밖에 교육수준별(초졸 이하, 중졸, 고졸, 대졸, 대학원졸 이상), 월수입별, 직업별, 지역별(대도시, 중소도시, 읍·면 이하) 등으로 구분하여 통계를 작성하고 있다. 조사 영역과 부문도 전년과 비교할 수 있도록 필수적인 항목과 선택적으로 증감할 수 있는 항목이 있다.

■ 에어로빅스의 대중화

이 시기에 여성들에게 가장 널리 주목받은 종목은 에어로빅댄스였다. 에어로빅댄스는 현대적 감각에 맞는 또 다른 형태의 생활체조라 할 수 있다. 여기에는 각종 민속체조, 댄스스포츠, 재즈체조, 요가체조, 명상체조 등 다양한 형태로 생활 속에서 응용될 수 있는 모든 움직임이 포함된다.

이른 아침 TV를 통해 보이던 에어로빅 강사들의 경쾌한 동작이 국민들에게 선풍적인 화제를 불러일으키기도 했다. 1981년 10~12월까지 3개월간 MBC TV에서는 매주 수요일 아침 8시에 15분 동안 '리드믹 에어로빅댄스'를 소개하고 지도하는 프로그램을 방영했다.

이 프로그램은 높은 시청률을 보이면서 에어로빅댄스의 전국적 보급에 기여했다. 이 기간 동안 동아문화센터는 건강교실을 통해 어머니들에게 리드믹 에어로빅댄스를 지도했다. 이때 회원들의 운동능력이 현저하게 향상된 모습을 보였으며, 삶의 보람을 찾았다는 반응도 많았다.

또한 한국에어로빅스건강과학협회와 한국피트니스협회, 국제에어로빅경기연맹 한국본부 등이 연례적으로 신작 발표회를 열었다. 10여 개의 에어로빅 관련 단체에서 발표한 작품들은 매우 다양했다. 민속음악과 고무줄 등을 활용해 근육을 강화시키는 에어로빅, 발판을 활용해 하체와 무릎의 충격을 줄이면서 운동량을 강화시킨 스텝 에어로빅, 임산부 등의 복부 근육운동을 위한 임산부 에어로빅 등이 있었다.

이듬해인 1993년에는 대학생 대상의 에어로빅 워크숍이 시작되었다. 나이키의 후원으로 이루어진 무료강습은 한국에어로빅스운동의 미래를 위한 탄탄

한 기반 조성에 기여했다. 국내 최초로 한국에어로빅스건강과학협회가 주최한 전국대학에로빅스축제도 열렸다. 이 대회를 통해 대학생다운 독창적인 아이디어와 한국 고유의 에어로빅스 동작 그리고 기구를 사용한 에어로빅스 운동이 올바르게 보급되고 다양한 운동 프로그램에 대한 연구와 개발이 이루어질 수 있는 토대가 마련되었다.

2002년 5월 올림픽공원 제3체육관에서 개최된 제1회 시니어건강에어로빅스축제는 문화체육관광부의 후원으로 개발된 시니어 건강에어로빅스 운동 프로그램을 지정 종목으로 하여 다양한 운동들을 소개했다. 시니어건강에어로빅스축제는 고령화 시대를 맞이하여 노화를 예방하고 보다 건강하고 활기찬 삶을 유지할 수 있도록 건강과 복지를 위한 프로그램을 제공했다는 점에서 의의가 있다.

시니어 건강에어로빅스 운동은 전국 16개 시도를 순회하며 지도자 강습 및 일반 시니어들을 대상으로 보급 활동을 했으며, 음악과 비디오 그리고 티셔츠를 제작하여 배부하였다.

04 1998년 이후의 체육

❶ 시대적 배경

대한민국은 외환위기 속에 2002년 한일월드컵과 2002년 부산아시아경기대회의 성공적인 개최를 통해 IMF로 침체된 사회분위기를 극복하고 국가발전을 위한 재도약의 기회를 마련하였다.

우리나라는 WTO 체제 안에서 유럽연합, 동남아세아 경제연합, 미국, 중국 등을 중심으로 세계 각국과 FTA를 체결함으로써 21세기 들어서면서 더 치열해진 전 세계적 경제성장 경쟁과 어려움을 이겨내고, 국민들의 생존권을 보호하려고 노력하였다.

이와 더불어 경제성장과 주 5일근무제가 정착되면서 국민들이 삶의 질 향상을 추구하게 되었다. 이에 따라 국민들의 체육에 대한 인식의 변화가 나타나기 시작하였다. 체육이 국민생활을 보다 윤택하게 하고, 건전한 여가문화를 선도하며, 건강한 사회성원을 육성하는 데 결정적인 역할을 할 수 있다는 국민적 인식이 확산되기 시작하였다. 이에 따라 자연히 국민의 복지증진 측면에서 '생활체육의 육성'이 국가의 중요한 정책과제가 되었다.

■ 양극화사회

우리나라는 1997년에 외환위기를 맞아서 IMF에 구제금융을 신청해서 580억 달러를 빌려 쓰게 되었다.

당시 우리나라는 경제개발도상국으로 산업화가 한창 진행되고 있었고, 경제성장률이 연 6%를 넘던 상태였다. 우리나라 기업들이 무리하게 사업을 확장하고, 사업성이 없는 상품에 투자하고 있는데도 불구하고 정부가 리스크분석은 해보지도 않고 기업에 대출을 해주라고 은행권에 압력을 넣자, 은행들은 무리하게 대출을 해줄 수밖에 없었다.

우리나라 경제사정도 안 좋은데 우리나라 대기업이 많이 진출해 있던 태국과 인도네시아의 화폐가 폭락하고 홍콩의 증시마저 폭락하자 우리나라 대기업들도 큰 타격을 받게 됨으로써 우리나라 경제가 더욱 더 깊은 수렁으로 빠져들게 되었다.

빚을 내서 빚을 갚는 악순환을 견디다 못해 중소기업은 물론이고 은행과 대기업까지도 줄줄이 파산하였다. 정부는 외국의 금융기관과 투자자들에게 정부의 지급보증으로 받은 대출금에 대한 상환기간을 연장해줄 것을 요청했지만 받아들여지지 않았고, 결국에는 IMF에 구제금융을 신청하게 된 것이다.

당시 우리나라에 대출을 해준 기업과 금융기관이 대부분 미국 소속이었고,

IMF에 가장 많이 출자한 나라도 미국이었으므로 미국의 처리 방향에 따를 수밖에 없었다. IMF는 구제금융을 빌려주는 조건으로 "우리나라 공기업의 민영화와 구조조정, 그리고 연 20%라는 터무니없이 비싼 이자"를 요구했지만 우리나라는 그것을 수용할 수밖에 없었다.

이후 국민들의 금모으기 운동과 불확실한 투자상품에 대한 대출제한 등으로 4년이라는 짧은 기간에 극복했지만, 그 여파로 '중산층이 사라지고 빈익빈 부익부'라는 심각한 후유증을 낳았다. 세월이 흐르면서 여러 번의 세계적인 석유파동과 금융위기 또는 국내에서 발생한 여러 가지 경제파동을 겪어야 했고, 그럴 때마다 경제적 불평등이 심해졌다. 현재는 소득상위 10%의 국민이 우리나라 전체 부(富)의 80%를 차지하고 있는 양극화사회가 되어버렸다.

부(富)의 양극화로 끝나는 것이 아니라, 부(富)의 양극화가 교육의 양극화를 불러왔다. 이는 결국 '부의 대물림'으로 이어지고 있을 뿐만 아니라 정치성향의 양극화 · 언론과 소통의 양극화 등으로 점점 더 확산되어가고 있다는 데 더 큰 문제가 있다.

❷ 정부의 체육행정조직과 체육정책

■ 정부의 체육행정조직

우리나라 최고의 체육행정기관은 군정청의 학무국 교화과 → 문교부의 교화국 교화과 → 문교부의 체육국 체육과 → 체육부 → 체육청소년부 → 문화체육부 → 문화관광부 → 문화체육관광부로 변해왔다.

김대중 정부는 1998년 2월 28일 문화체육부를 문화관광부로 개편하면서 체육담당부서를 1국 4과로 축소해서 체육관련 행정부서가 더욱 축소되는 결과를 가져왔고, 이에 따라 체육인들의 입지가 점점 줄어들었다. 그러나 2000년대에 들어서면서 근무시간 단축으로 인한 여가시간의 증대로 생활체육에

대한 국민의 수요가 증가함에 따라 2003년 3월 9일 생활체육과를 다시 설치
하였다.

노무현 정부에서는 2005년 12월에 보건복지부로부터 장애인체육을 이관
받아 장애인체육과를 신설하여 장애인체육진흥 업무를 추진하였다. 또 2006
년에는 국민체육진흥법을 개정하여 대한장애인체육회 및 지방장애인체육회
를 설립하였다.

이명박 정부에서는 문화관광부를 문화체육관광부로 바꾸어서 정부 부처
에 다시 '체육'이라는 단어가 들어가게 되었고, 문화체육관광부 체육국 내에
장애인체육팀을 신설하였다.

현재 우리나라 중앙정부의 체육조직은 문화체육관광부이며, 문화 · 예술 ·
체육 · 청소년 및 관광에 관한 사무를 관장하는 중앙행정기관이다.

문화체육관광부는 체육정책수립, 장애인체육 · 생활체육 · 엘리트체육 육
성, 체육 및 생활기반 시설의 구축, 스포츠 · 여가산업 총괄, 스포츠외교력 강
화 등 체육 관련 전반적인 업무수행과 각종 국제행사 및 대회유치를 위한 업
무를 담당하고 있다.

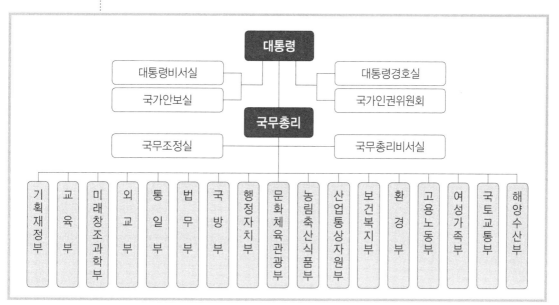

▶ 그림 5-13　대한민국의 정부기구도(17부 5처 16청 2원 5실 6위원회)

■ 김대중 정부의 체육정책

1998년 IMF 경제위기 속에서 출발한 김대중 정부(1998~2003)는 지방화 · 민간화 · 다원화라는 환경변화에 부응하는 체육정책을 수립 · 집행할 수 있도록 체육업무의 분권화 및 민간 주도화를 추진하였다. IMF 경제위기는 작은 정부를 지향하게 하였고, 정부조직의 전체적인 축소에 따라 체육조직의 축소도 불가피하게 되었다.

국민의 정부(김대중 정부)의 체육정책 기조는 '사회(생활)체육은 생활건강에서'라는 국정과제를 달성하기 위하여 국민의 체육활동 참여기회 확대, 체육지도자 양성, 다양한 여가생활을 위한 복합 체육시설 확충, 경기단체 재정자립 기금지원 및 법인화, 체육 용 · 기구 품질향상 지원, 2002 FIFA 한 · 일 월드컵축구경기대회 준비 등 6개의 주요 사업을 선정 · 추진하였다.

또한 2002년 한일월드컵대회를 성공적으로 개최하여 국가 재도약의 계기로 활용해야 한다는 인식하에 경기장시설 확보, 숙박 · 방송 · 보도시설 확보, 다양한 문화행사 준비, 범국민적 참여분위기 조성 등 적극적 지원정책을 마련하였다.

한편 국민의 정부는 제2차 국민체육진흥5개년계획(1998~2002)을 수립하고 제반 정책을 추진하였다. 제2차 국민체육진흥5개년계획은 국민건강 증진, 다양한 생활체육활동 기회부여, 여가활동 기회확대 등 건강한 복지사회 구현

▶ 표 5-12   국민의 정부 제2차 국민체육진흥5개년계획의 주요 정책과제

정책방향	정책목표	추진전략
» 국가발전 촉진의 능동적 역할 수행으로 국가 발전역량 극대화 » 평생체육활동 정착으로 삶의 질 향상, 체육복지사회 실현 » 균등한 체육활동 기회 향상 » 체육활동을 통한 성숙하고 건전한 시민사회 건설 » 공급자 중심에서 수요자, 소비자 중심으로	» 생활체육 참여의 활성화 및 지역공동체 중심의 체육활동 여건 조성 » 세계 상위권 경기력 유지 » 국제 체육계 위상강화 및 민족화합 » 2002월드컵의 성공적 개최 » 체육산업 국제 경쟁력 강화 » 과학화 · 정보화 · 전문화로 체육부분 선진화	» 지역공동체 중심의 생활체육 체제 마련 » 부문 간의 연계성을 통한 국민체육진흥 추진 » 체육의 과학화 · 전문화 · 정보화 적극 추진 » 지역사회 발전에 대한 체육의 기능제고 지향 » 체육발전을 위한 민간역량 확대

을 위해서 정부가 종합적 · 체계적으로 국민의 생활체육을 활성화하고자 하는 의지를 내포하고 있었다.

■ 노무현 정부의 체육정책

노무현 정부(2003~2008년)의 체육정책 기조는 '참여정부 국민체육진흥 5개년계획'을 통해서 다음과 같이 제시한 '참여정부가 5년 동안 달성해야 할 목표'를 통해서 알아볼 수 있다.

▶ 표 5-13   참여정부 제3차 국민체육진흥5개년계획의 주요 정책과제

부분별 목표	추진내용
생활체육 활성화를 통한 국민의 삶의 질 향상	» 주민 친화적 생활체육공간 확충 » 스포츠클럽의 체계적 육성 » 체육활동참여 확대를 위한 다양한 프로그램 운영 » 과학적 국민체력관리시스템 구축 » 레저스포츠 발전방안 마련 » 생활체육 인식 제고 및 추진체계 강화
과학적 훈련지원을 통한 전문체육의 경기력 향상	» 우수선수의 발굴 · 육성체계 확립 » 전문체육시설의 다기능화 · 현대화 » 체육특기자 제도개선 등 학교체육활성화 지원 » 전문체육단체 자율성 및 재정자립 기반 강화
스포츠산업을 새로운 국가전략산업으로 육성	» 스포츠산업체의 경쟁력 강화 지원 » 스포츠산업 전문인력 양성 » 스포츠산업 진흥 관련 법적 기반 마련
국제체육교류 협력을 통한 국가이미지 제고	» 세계선수권대회 등 종목별 주요 국제대회 유치 » 스포츠외교 전문인력 양성 » 국가 간 체육 교류 · 협력 내실화 » 체육을 통한 민족화합기반 조성 » 태권도공원 조성 추진 » 스포츠 반도핑 활동의 활성화
체육과학의 진흥 및 정보화	» 체육의 학문적 연구활동 지원 » 체육종합정보체계 구축
체육행정시스템의 혁신과 체육진흥재원 확충	» 체육정책 추진체제의 체계화 » 국민체육진흥기금의 안정적 조성

❖ 생활체육 참여율의 획기적 제고(50%)를 통한 국민건강 증진 및 삶의 질 향상

❖ 세계 10위 이내의 경기력 유지를 통한 국위 선양

❖ 스포츠산업육성을 통한 국가발전 및 지역균형 발전

❖ 국제 체육교류의 실질화로 국가 이미지 제고

❖ 남북체육교류 활성화로 남북화해 분위기 구축

참여정부(노무현 정부)는 성·연령·계층·지역의 차별 없이 국민 누구나 쉽게 체육활동에 참여할 수 있는 체육환경을 조성하는 것은 물론, 학교·생활·전문체육을 체계화·선진화하고, 체육의 과학화·정보화를 추진하며, 국제체육협력을 강화하고, 스포츠이벤트를 유치하는 것을 정책방향으로 설정하였다.

참여정부 당시 태릉사격장과 태릉선수촌을 폐쇄하여 문화재청으로 이관하는 정책이 입안된 반면에 문화관광부를 문화체육관광부로 명칭을 바꾸는 성과도 있었다.

■ 이명박 정부의 체육정책

2008년 미국 발 금융위기와 함께 출발한 이명박 정부(2008~2013년)는 세계적인 금융위기에 성공적으로 대처하여 조기에 위기를 극복하였다. 나아가 2010년 '서울G20정상회의', 2012년 '핵안보정상회의', 한미FTA의 비준 등 굵직한 회의를 개최하고, 2018년 '평창동계올림픽' 유치에 성공함으로써 국가 브랜드 제고는 물론 경제적인 효과도 거두었다.

이명박 정부의 체육정책 기조는 '문화비전 2008~2012'과 "문을 열면 15분 거리에서 원하는 스포츠를 즐길 수 있도록 하겠다."는 '15분 프로젝트'로 대표된다.

이명박 정부는 학생선수의 학습권을 보장하기 위해서 주말리그제를 확대하고, 전국소년체육대회를 방학 중에 개최하도록 하였다. 또 엘리트스포츠의 경기력 향상을 위해서 청소년 대표선수를 신설하고, 국가대표의 훈련일수를

190일에서 200일로 증가시켰다. 또한 야구장 등 프로경기장시설을 현대화하는 계획을 세웠고, 2011년 세계육상선수권대회에 대비하기 위해 유망주 및 육상드림팀을 집중적으로 육성하였다.

▶ 표 5-14   실용정부 제4차 국민체육진흥5개년계획의 주요 정책과제

부분별 목표	추진내용
체육활동 참여여건 개선	» 지역스포츠클럽 정착 및 활성화 » 체육인력 활용 제고 및 국민체력 향상 » 맞춤형 체육복지 구현 » 전통무예 지정 및 육성 보급 강화 » 생활체육시설의 확충 및 활용 제고 » 레저스포츠시설 · 공간 확충
체육친화적 교육환경	» 학교 기본체육활동 기반 조성
교육친화적 체육환경	» 학교체육 활성화 프로그램 및 인력 지원 » 선수인권 보호체계 구축 » 학생선수의 학업과 운동 병행 환경 조성
함께 누리는 체육활동	» 장애인 생활체육 참여인구 확대 » 공공체육시설의 장애인 이용환경 개선 » 장애인 전문체육 경기력 향상과 체계적 관리 » 소수자계층의 생활체육 참여 확대 및 자원봉사활동 전개
세계 속의 스포츠한국	» 국제대회경기의 성공적 개최로 스포츠강국 이미지 지속 » 스포츠 외교인력 양성 및 국제 활동 강화 » 태권도의 세계화 » 선진 스포츠도핑 방지시스템 확립
스포츠산업의 경쟁력 강화	» 프로스포츠 자생력 확보를 위한 스포츠마케팅 활동 강화 » 스포츠용품 고부가가치화 및 U-스포츠사회 구축 » 스포츠산업 전문인력 양성 · 지원체계 구축 » 민간체육시설의 이용환경 개선
엘리트스포츠 국제경쟁력 강화	» 2012런던올림픽 대비 국가대표선수 체계적 양성 및 훈련 과학화 » 우수선수 자원의 확대 및 육성시스템 강화 » 비인기종목 활성화 » 스포츠의 · 과학 및 정보지원시스템 구축 » 육상진흥 토대 마련을 위한 추진계획 이행 » 엘리트 체육시설 확충을 통한 훈련여건 개선
체육행정시스템의 선진화	» 체육단체의 조직 및 기능 선진화 » 선진형 체육법 · 제도 정비 » 부처 간 협력체계 구축 및 협력 강화

■ 박근혜 정부의 체육정책

박근혜 정부(2013~2017년)는 출범과 더불어 '국민행복, 희망의 새 시대'를 국정비전으로, '창의교육과 문화가 있는 삶'을 국정목표로 설정하였다.

박근혜 정부의 체육관련 주요 정책과제는 다음과 같았다.

- ❖ '꿈과 끼를 키우는 교육'을 위한 학교체육 활성화
- ❖ '나를 찾는 문화, 모두가 누리는 문화' 구현을 위해 문화재정 2% 달성 및 문화기본법 제정
- ❖ 문화를 향유할 수 있는 기회의 확대와 문화격차 해소
- ❖ 문화의 다양성 증진과 문화교류와 협력의 확대
- ❖ 스포츠 활성화로 건강한 삶의 구현
- ❖ 관광산업의 경쟁력 강화

박근혜 정부의 체육관련 주요 정책과제와 세부내용은 표 5-15와 같다.

▶ 표 5-15   박근혜 정부의 체육관련 주요 정책과제

부분별 목표	추진내용
학교교육 활성화 추진	» 초등학교 체육전담교사 배치 확대, 중·고교 스포츠강사 확대 배치 및 우수스포츠클럽 지원 » 학교 운동장 및 다목적 체육관 건립으로 체육활동 여건 개선
문화재정 2% 달성 및 문화기본법 제정	» 문화재정 2% 달성 » 예산과 기금재원을 균형있게 확충
문화향유기회 확대 및 문화격차 해소	» 생활체육지도자 장애인시설 파견 확대 » 체육시설 내 장애인 생활체육교실, 청소년 체육교실 등 확대 » 공공문화체육시설 장애인 접근성 확대를 위한 개보수 지원 및 어울림 스포츠센터 건립
문화다양성 증진과 문화교류·협력 확대	» 남북스포츠교류 정례화 추진 » 개도국 스포츠지도자 및 선수 초청사업 등 문화 ODA 확대
스포츠 활성화로 건강한 삶 구현	» 생애주기별 맞춤형 프로그램 보급, 통합콜센터(#7330)도입 » 전국민 스포츠·체력인증제 도입 » 종합형 스포츠클럽 설립 추진 » 국가대표 체육지도자 자격 부여 및 학교스포츠강사 처우개선, 체육인 진로지원 등 복지 강화 » 태릉, 태백, 진천 국가대표훈련장 효율적 기능 분담 » 스포츠산업진흥 중장기 계획 수립, 올림픽스포츠 콤플렉스 조성
관광산업 경쟁력 강화	» 고부가가치 융·복합 관광-레저 육성(MCE, 의료, 한류, 크루즈, 역사, 전통문화 체험, 레저·스포츠, 생태기반관광, IT 융·복합 관광)

박근혜 정부는 2013년 8월에 그림 5-14와 같은 '스포츠비전 2018'을 발표해서 향후 5년간 스포츠정책의 청사진을 제시하였다.

스포츠비전 2018에는 스포츠로 대한민국을 바꾸기 위한 세 가지 핵심전략이 포함되어 있는데, 그것은 '손에 닿는 스포츠', '뿌리가 튼튼한 스포츠', '경제를 살리는 스포츠'이다. 이러한 체육정책의 실현을 위해 각 체육단체의 환경을 개선하고 스포츠공정위원회를 설치하여 '공정한 스포츠'를 실현하는 것을 포함하고 있다.

비전	100세 시대, "스포츠로 대한민국을 바꿉니다"		
추진 전략	손에 닿는 스포츠	뿌리가 튼튼한 스포츠	경제를 살리는 스포츠
추진 과제	1. 스포츠 참여거점 마련 2. 스포츠 참여시설 확충 3. 스포츠 정보제공 확대 4. 스포츠 참여유인 확대 5. 지도자 일자리창출 및 전문성 제고 6. 대상맞춤형 지원 확대	1. 선수 저변 확대 2. 선수 인권·복지 강화 3. 스포츠과학 기반 강화 4. 국제스포츠인재 양성 및 진출 지원 5. 스포츠 국제협력 선도 6. 국제대회 효과성 제고	1. 스포츠 융복합 시장 창출 2. 스포츠산업 수요 창출 3. 스포츠 창업, 일자리 지원 4. 프로스포츠 활성화 지원 5. 스포츠관광 자원화 6. 스포츠 서비스업 활성화
추진 체계	스포츠를 바꾸다 1. 스포츠 행정체계 개선 2. 스포츠 공정성 확보		

▶ 그림 5-14   스포츠비전 2018

박근혜 정부는 2013년 11월 향후 5년간의 스포츠복지정책방향을 담은 '스마일 100'을 발표하였다. 스마일100은 "스포츠를 마음껏 일상적으로 100세까지 누린다"는 의미이다. 100세 시대의 도래와 같은 환경변화에 능동적으로 대처할 수 있는 맞춤형 생활체육프로그램을 보급하고, 언제 어디서나 누구든 즐길 수 있는 생활체육환경 조성을 목표로 정했다.

그밖에 박근혜 정부에서 시행한 체육정책은 다음과 같다.

❖ **운동선수의 학습권보장과 최저학력제 시행**……학생선수가 일정한 학력기준에 도달하지 못하면 대회출전을 제한할 수 있고, 학기 중 상시 합숙훈련을 근절하며, 운동부 지도자가 학생선수의 학습권을 침해하였을 경우 계약을 해지할 수 있다.

❖ 일반학생들의 체력증진을 위한 학생체력평가와 스포츠강사의 배치 그리고 일반학생들이 활동할 수 있는 스포츠클럽을 육성하는 정책도 시행되었다.

❖ **스포츠외교정책**……'수혜국'에서 '원조공여국'으로, '스포츠강국'에서 '스포츠선진국'으로의 변화를 표방하고 시행하였다.

❖ **스포츠외교력 강화 사업**……외국어교육을 통해 스포츠전문 인력의 국제소양 및 국제스포츠 리더로서의 자질 마련을 목적으로 진행하였다.

❖ 대한체육회 직원을 국제올림픽위원회가 인정하는 국제스포츠기구에 파견해서 선진적인 기구운영 노하우를 습득하고 언어구사 능력을 배양하도록 하는 전문성 배양프로그램도 시행하였다.

❖ 메달리스트 및 국가대표급 선수 출신을 선정하여 외국대학의 학위과정을 이수할 수 있도록 지원해줌으로써 스포츠외교 인력을 고급화하였다.

❸ 민간체육단체

■ 대한체육회와 KOC의 통합

2009년 6월 대한체육회와 대한올림픽위원회는 완전히 통합되었다. 이로써 대한체육회는 국민체육진흥법상에 명시된 특수법인이자 민법상 사단법인으로 한국의 아마추어스포츠 육성과 경기단체를 지도하고 감독하는 기관이며, 국제적으로는 대한민국을 대표하는 국가올림픽위원회(NOC)가 되었다.

대한체육회는 2010년 5월 7일 태극마크를 회오리 물결 문양으로 변형한 엠블럼과 세계를 향해 최고를 지향한다는 'To the World, Be the Best'의 새로운 슬로건을 발표하였다. 그리고 2016년 3월에는 국민생활체육회와 통합하였다.

■ 국민체육진흥공단

국민체육진흥공단(약칭 '공단')은 문화체육관광부 장관의 인가를 받아 1989년 4월 20일 공익법인으로 설립되었으며, 제24회 서울올림픽대회를 기념하고 기금의 조성·운용 및 체육과학의 연구를 목적으로 하고 있다.

공단은 대한민국의 국민체육진흥사업을 수행하기 위한 체육재정의 든든한 후원자로서 온국민이 스포츠로 하나가 되고 스포츠생활화를 통해 건강한 삶을 누릴 수 있는 선진스포츠복지국가를 만드는 데 앞장서고 있다.

또한 경륜·경정·스포츠토토 사업 등을 통해서 조성한 기금으로 생활체육·전문체육·학교체육 진흥사업, 체육과학 연구 및 스포츠산업 육성 등을 지원하고 있다.

■ 한국스포츠정책과학원

한국스포츠정책과학원은 1980년에 개원한 스포츠과학연구소가 2018년 4월에 명칭을 변경한 기관이다(1980. 12. 스포츠과학연구소 설립 → 1989. 7. 체육과학연구원 → 2014. 1. 한국스포츠개발원 → 2018. 4. 한국스포츠정책과학원).

설립목적은 국민체육 진흥을 위한 체육정책 개발 및 지원과 스포츠과학의 체계적이고 종합적인 연구, 그리고 국가대표선수들의 경기력향상 지원 및 체육지도자와 스포츠산업 전문인력의 양성 등이다.

사업분야별로 체육정책 연구와 스포츠과학 연구, 스포츠산업 연구 및 수탁사업 등의 연구사업과 체육정책 지원, 스포츠과학 지원, 스포츠산업 지원, 체육학술진흥 사업 및 학술분야 지원 사업 등을 하고 있다. 또한 체육지도자 연수 및 스포츠산업 인력과 체육행정 공무원의 연수, 교육사업과 국제교류, 정기간행물 발간, 체육정보망 구축 및 운영과 같은 정보, 교류사업도 병행하고 있다.

■ 대한장애인체육회

▶ 그림 5-15   대한장애인체육회

대한장애인체육회는 2005년 7월에 개정된 국민체육진흥법에 의거하여 그해 11월에 설립되었다. 장애인의 건강증진 및 건전한 여가생활을 위해 생활체육의 활성화와 종목별 경기단체, 장애유형별 체육단체 및 시·도 지부를 지원하고 육성하는 것은 물론 우수한 선수와 지도자를 양성하여 국위선양 및 국제스포츠 교류활동을 통한 국제친선에 기여하는 데에 목적이 있다.

2009년에 개원한 이천장애인체육종합훈련원은 2011년 생활관, 2013년 교육시설과 훈련시설을 증축하였다. 대한장애인체육회는 장애인엘리트체육 육성을 위해 꿈나무와 신인선수 발굴 및 육성에 집중하고, 경기력향상을 위해 스포츠과학화의 지원과 선진기술을 도입하고, 심판 및 지도자 등 장애인체육의 전문인력 양성에도 지원을 아끼지 않고 있다.

■ 체육인재육성재단

체육인재육성재단은 체육 분야의 인재육성 사업을 통해서 체육의 발전과 국제적 위상을 제고함으로써 국가발전에 기여하고자 하는 목적으로 2007년 1월에 설립되었다.

체육 분야의 인력양성을 위한 프로그램 개발 및 운영지원과 학술연구 및 조사, 국내·외 정보망 구축 및 제공, 관련기관 네트워크 구축, 기업의 체육분야 지원 활성화와 체육인력의 자생력 강화를 위한 교류기반 확립 등의 사업을 추진하고 있다.

■ 태권도진흥재단

태권도진흥재단은 2005년 태권도공원사업 추진을 계기로 창립되어 2008년 6월 태권도진흥 및 공원조성에 관한 법률에 따라 법인화 되었다.

'대한민국 태권도의 성지'로 설립된 태권도원은 전라북도 무주군에서 2014년 개원하였다. 태권도경기장을 비롯하여 공연장, 박물관, 체험관 등 태권도와 관련된 다양한 콘텐츠를 포함하고 있으며, 국내 · 외 태권도 수련생 및 태권도를 처음 접하는 사람들에게도 태권도 관련 콘텐츠를 제공하고 있다.

▶ 그림 5-16   태권도원

태권도원에서는 수련형 프로그램과 체험형 프로그램, 그리고 연수원 등을 통해 태권도의 보급과 발전에 많은 노력을 기울이고 있다. 또한 국내 · 외 수련생 유치를 통해 지역경제 활성화와 대한민국 문화아이콘으로의 발전을 모색하고 있다.

④ 전문체육

■ 2000년 이후 전문체육 육성정책의 변화

우리나라 엘리트체육은 국가대표 선수 중심의 육성체제로 이루어져 있고 경기력 향상과 올림픽 메달획득을 위한 시설투자에 집중되어 왔다. 각종 국내대회 개최 및 선수촌과 같은 환경조성은 우리나라 엘리트체육의 토대이다. 우수선수 양성을 위한 정책 변천과정을 살펴보면 우리나라 엘리트체육의 실체를 규명할 수 있을 것이다.

표 5-16은 최근 20년 동안 우리나라의 엘리트체육정책의 변화를 표로 나타낸 것이다.

▶ 표 5-16　엘리트체육정책의 변화

구분	정책(사업명)	정책과제 부분별 목표	추진내용
문민정부	제1차 국민체육진흥 5개년계획	엘리트체육 지속적 육성	» 우수선수 과학적 · 체계적 양성 » 국내경기대회 운영의 개선 » 우수한 경기지도인력 양성 » 체육인 복지향상 및 체육단체의 자율성 제고
국민의 정부	제2차 국민체육진흥 5개년계획	2002 FIFA 한 · 일 월드컵축구경기대회의 성공적 개최로 국가발전 재도약 전기 마련	» 대회준비 운영체제 구축, 경기장 등 대회시설 확보 » 경기운영, 개회식 등 대회운영 단계적 준비 » 범국민적 대회참여 분위기 조성 및 전 정부적 지원
		경쟁력 있는 체육과학 발전추구 및 체육행정 능률 향상	» 한국체육과학연구원(現 한국스포츠정책과학원) 기능 증대 » 국민체력증진 연구 및 경기력향상 연구역량 강화 » 체육부문 종합정보망 구축 및 다양한 체육정보 제공 » 체육인력의 전문성 제고 및 지방체육조직에 전문인력 배치
참여정부	참여정부 국민체육진흥 5개년계획	과학적 훈련지원을 통한 전문체육 경기력 향상	» 우수선수 발굴 · 육성체계 확립 » 전문체육시설의 다기능화 · 현대화 » 체육특기자제도 개선 등 학교체육 활성화 지원 » 전문체육단체 자율성 및 재정자립 기반 강화
이명박 정부	문화비전 2008-2012	엘리트체육 및 국제경쟁력 강화	» 2012 런던하계올림픽경기대회 대비 국가대표선수 체계적 양성 및 훈련의 과학화 » 우수선수 지원의 확대 및 육성시스템 강화 » 비인기종목 활성화 » 스포츠의 과학 및 정보지원시스템 구축 » 육상진흥 토대 마련을 위한 추진계획 이행 » 전문체육시설 확충을 통한 훈련여건 개선
박근혜 정부	스포츠비전 2018	뿌리가 튼튼한 스포츠 '스포츠로 국격을 바꾸다'	» 국가대표 체육지도자 자격 부여 및 학교스포츠강사 처우개선, 체육인 진로지원 등 복지 강화 » 태릉, 태백, 진천 국가대표훈련장의 효율적 기능 분담 » 스포츠산업 진흥 중장기계획 수립, 올림픽스포츠콤플렉스 조성 » 학생선수 수업의무화에 따른 '체육중점학급' 운영 및 과학적 훈련 지원 » 운동부지도자 교육강화, 은퇴 후 대비 진로교육 확대 » '지역별 스포츠과학거점센터' 설치로 과학화 지원대상 확대 » 진천 · 태릉 · 태백선수촌 기능 특화

출처 : 체육백서(2015)

우리나라의 엘리트체육 기반은 1960년대에 다져지기 시작하여 1970년대에 정립되었다. 당시 문교부에서 관리한 엘리트체육은 학교체육과 유기적 연계를 보였다. 이 때문에 우수기량을 갖춘 학생선수가 발굴되어 국가대표선수로 활약하게 된 것이다. 특히 1966년에 태릉선수촌 설립과 1972년 체육특기자제도 확립은 우수선수 양성을 목적으로 정부에서 시행한 사업이다.

1980년대에는 서울아시아경기대회와 서울올림픽대회 개최로 엘리트체육이 양적·질적으로 크게 성장한 시대였다. 당시 정부는 '체육입국'이라는 구호를 내세우며 체육부를 신설하여 엘리트체육 육성을 위해서 우수선수, 지도자, 시설에 막대한 예산을 투입하여 체육 강국의 이미지를 공고히 하였다.

1990년대에는 이전의 엘리트체육 중심 기조를 계속 유지하면서 생활체육 성장에 관심을 기울였다. 특히 국민체육진흥공단과 국민생활체육협의회의 설립은 생활체육 기반을 확대하였고, 엘리트체육의 여건확대의 계기를 마련해 주었다.

2000년대에는 기존의 엘리트체육 육성체제를 개혁하여 '운동하는 학생, 공부하는 학생선수'의 문화를 조성하고 엘리트체육과 생활체육을 동시에 육성하려고 노력하였다. 특히 박근혜 정부는 경기력 향상을 위한 과학적 지원기반 마련 및 엘리트체육과 관련된 체육인 복지를 강화하여 엘리트체육을 활성화시켰다.

■ 전국체육대회

우리나라의 엘리트선수들이 참가하는 대표적인 국내대회는 '전국체육대회'이다. 전국체전이라고도 불리는 전국체육대회는 국내 올림픽대회라고 할 수 있을 만큼 가장 큰 규모를 자랑하는 우리나라의 대표적인 체육행사이다. 경기는 대한체육회에 가맹한 각 종목의 경기단체별로 개최하고, 매년 전국 시·도를 순회하여 열리고 있다.

1920년에 제1회 대회를 제1회 전조선야구대회(배재보통고등학교에서 개최)로 시작한 전국체육대회는 2020년 10월 8일(목)~14일(수) 경상북도 구미

시에서 제101회 대회를 개최할 예정이다.

전라북도에서 열린 제84회 대회에서는 산악, 바둑, 여자복싱, 인라인롤러 마라톤, 수상스키, 공수도 등 6개의 전시종목을 채택하여 체전의 의미를 새롭게 하였고, 체전사상 최초로 선수 174명을 대상으로 도핑검사를 시범적으로 운영하였다.

경상남도에서 열린 제91회 전국체육대회는 개회식에서 1962년 제43회 대회부터 사용해 왔던 전국체육대회 기가 KOC앰블럼으로 새롭게 바뀌었고, IOC기가 동시에 입장하여 게양되었다.

■ 전국동계체육대회

동계전국체육대회는 1923년 1월 대동강에서 개최된 빙상대회를 시작으로 제101회 대회가 2020년 2월 18일(화)~21일(금) 서울·경기·강원·경북에서 분산개최되었다.

동계빙상대회와 동계스키대회로 분리되어 개최되었던 동계대회는 1986년부터 하나로 합쳐져 전국동계체육대회로 개최되기 시작했다. 대회 초창기에는 스피드스케이팅과 아이스하키종목으로 경기가 진행되었다. 현재는 바이애슬론, 쇼트트랙, 피겨스케이팅, 스노보드, 스키알파인, 컬링, 크로스컨트리 종목이 정식종목으로 채택되어 경기종목의 수가 점차적으로 늘어나고 있다.

제88회 전국동계체육대회는 2007년 2월 21일 강원도 용평 리조트에서 제4회를 맞이하는 장애인 전국동계체육대회와 체전사상 처음으로 공동 개회식을 가졌고, 피겨여왕 김연아 선수와 쇼트트랙 황제 안현수 선수의 출전으로 관심이 모아졌다.

■ 올림픽대회

2004년 근대올림픽 100년 사상 처음으로 202개 IOC 회원국 모두가 참가하여 최대 규모로 치러진 아테네올림픽대회에서 여자 핸드볼이 당시 세계 최강이던 덴마크를 상대로 두 번의 연장전을 거듭하며 접전을 펼쳤지만 36：38로 패하여 아쉽게 은메달을 목에 걸어야 했다. 이후 '우리 생애 최고의 순간(우생순)'이라는 영화로 제작되어 국민들에게 슬픔과 감동을 주었다.

2008년 제29회 베이징올림픽대회에서는 역도의 장미란 선수와 태권도의 황경선 선수 등의 세계적인 선수들을 앞세워 13개의 금메달 중 5개의 금메달을 여성선수들이 획득하였다.

박태환 선수가 남자 400m 결승에서 아시아 신기록을 세워서 획득한 금메달은 올림픽대회 수영에서 최초로 획득한 값진 메달로서 매우 의미 있는 성과였다.

올림픽 출전 사상 첫 은메달을 일궈낸 여자 펜싱의 남현희 선수와 편파판정의 아쉬움 속에 동메달에 머문 '우생순'의 여자 핸드볼, 그리고 경기 중 콘텍트렌즈가 빠지는 어려움 속에서 불굴의 투혼을 발휘하여 유도 여자 72kg급 동메달을 목에 건 정경미 선수는 한국의 스포츠가 베이징에서 얻은 귀중한 소득이었다.

우리나라는 금메달 13개, 은메달 10개, 동메달 8개를 획득하여 종합순위 7위를 기록하며 대회를 마무리하였다.

2012년 제30회 런던올림픽대회에서 우리나라 선수단은 금메달 13개, 은메달 8개, 동메달 7개로 종합 5위라는 놀라운 성적을 거두었다.

▶ 표 5-17　　하계올림픽대회 현황(2004~2016년)

연도	개최지	기간	참가국	종목	한국선수 인원	메달수			순위
						금	은	동	
2000	시드니	9.15~10.1	200	28	139	8	9	11	12
2004	아테네	8.23~8.29	201	28	267	9	12	9	9
2008	베이징	8.08~8.24	204	28	267	13	10	8	7
2012	런던	7.27~8.21	204	28	241	13	8	7	5
2016	리우데자네이루	8.6~8.22	206	28	204	9	3	9	9

※ 1988서울올림픽대회(9.17~10.2)에서는 금 12, 은 10개, 동 11개를 획득해 4위를 차지하였다.

여자 펜싱 에페 4강전에서는 신아람 선수가 독일의 브리타 하이데만 선수를 상대로 치열한 접전을 펼쳤다. 경기는 신아람 선수가 이기고 있는 상황에서 심판이 경기 종료 1초를 남기고 시계를 제대로 작동하지 않아 억울한 역전패를 당했다. 비디오 판독 결과 1초가 넘는 시간이 지났지만 심판의 멈춰버린 1초의 오심 판정은 번복되지 않았고 끝내 신아람 선수의 결승 진출은 좌절되고 말았다. 신아람 선수의 '1초의 눈물'은 국민들의 마음을 안타깝게 했다.

신아람 선수의 아쉬움을 뒤로한 채 한국 여자 펜싱은 사상 처음으로 금메달을 획득했다. 주인공은 바로 사브르 종목의 미녀검객 김지연 선수다. 김지연 선수의 금메달은 여자 펜싱뿐 아니라 사브르 종목에서 남·녀를 통틀어 최초로 나온 메달로서 기쁨과 감동은 두 배였다.

한편 브라질의 리우데자네이루에서 개최된 올림픽에서는 당초 목표였던 10-10(금메달 10개 이상 – 종합 10위 이내)에서 금메달 수는 달성하지 못했지만 금 9, 은 3, 동 9개로 종합 순위 8위를 차지하며 2004년 아테네올림픽부터 4개 대회 연속 종합 10위권 내 진입에 성공했다.

■ 동계올림픽대회

2002년 제19회 솔트레이크동계올림픽대회에서는 쇼트트랙 여자 1,500m의 고기현 선수가 결승경기에서 최은경 선수를 앞서며 금메달을 거머쥐었다. 여자계주 3,000m에서 세계신기록을 세우며 동계올림픽 3연패의 달성과 함께 금메달을 목에 걸었다.

쇼트트랙 남자 1,500m 결승전에 출전한 김동성 선수는 미국의 아폴로 안톤 오노의'헐리우드 액션'으로 실격처리가 되었다.

전이경 선수가 국제올림픽 위원회(IOC) 선수위원에 도전했지만 아쉽게 낙선하고 IOC 위원장이 임명하는 선수위원회의 위원으로 임명되기도 하였다.

2006년 제20회 토리노동계올림픽은 동계올림픽 사상 처음으로 남북이 동시 입장하면서 한국은 금메달 6개, 은메달 3개, 동메달 2개로 사상 최다인 11

▶ 표 5-18   동계올림픽대회 현황(2002~2014년)

연도	개최지	기간	참가국	한국선수		메달수			순위
				종목	인원	금	은	동	
2002	솔트레이크시티	2.8~24	72	4	48	2	2	0	14
2006	토리노	2.10~26	85	4	40	6	3	2	7
2010	밴쿠버	2.12~28	82	7	46	6	6	2	5
2014	소치	2.7~23	88	15	71	3	3	2	13
2018	평창	2.9~25	92	15	146	5	8	4	7

개의 메달을 획득하며 종합 순위 7위를 차지하였다.

2010년 제21회 벤쿠버동계올림픽은 쇼트트랙 종목에서만 메달이 나왔던 과거의 올림픽대회들과는 달랐다. 왜냐하면 '피겨 퀸' 김연아 선수가 '은반의 여왕' 자리에 올랐고, 모태범 선수와 이상화 선수는 '세계 최고의 스프린터'가 됐으며, 이승훈 선수는 '빙판위의 마라톤'이라 불리는 1만 m에서 금메달을 차치했기 때문이다.

김연아 선수의 놀라운 실력과 연기력은 우리 국민에게 감동을 안겨준 것은 물론 세계인을 감탄시켰다.

스피드스케이팅의 이상화 선수와 모태범 선수의 남·여 500m 금메달은 제1회 동계올림픽대회 이후 이 종목에서 한 차례도 없었던 '한 국가 남·여 동반 우승'이라는 결과였다. 이승훈 선수는 1만 m 세계랭킹 1위인 스빈 크라머(네덜란드)를 상대로 역주를 거듭한 끝에 올림픽 신기록을 세우며 아시아 국가 최초로 금메달을 차지하는 대업적을 달성하였다.

2014년 제22회 소치동계올림픽대회에서는 여성선수들의 활약이 최고조에 달했다. 2개의 은메달과 2개의 동메달 등 7개의 메달을 여성선수들이 획득하는 이변을 낳으며, 여성선수들의 저력을 다시 한 번 보여주었다.

2018년 2월 9~25일까지 우리나라 평창·강릉·정선 일대에서 17일간 펼쳐진 제23회 평창동계올림픽은 1988년 서울하계올림픽을 개최한 지 30년 만에 한국에서 열린 두 번째 올림픽이자 첫 번째 동계올림픽이다. 우리나라는 평창올림픽을 유치함으로써 1988년 서울하계올림픽을 시작으로 2002 FIFA 월드컵, 2011 대구세계육상선수대회 등 세계 4대 국제 이벤트를 모두 개최하는 위업을 달성한 5번째 국가(프랑스, 독일, 이탈리아, 대한민국)로 세계 스포츠사에 이름을 남겼다.

특히 평창동계올림픽은 북한의 참가와 남북한 공동 입장, 남북 단일팀 구성 등이 이뤄지면서 평화와 화합의 올림픽 정신을 가장 잘 보여준 올림픽으로 역사에 남게 됐다.

■ 아시아경기대회

2002년 9월 29일~10월 14일까지 열린 제14회 부산아시아경기대회는 2000년 시드니올림픽대회 이후 2년 만에 남북한이 동시입장을 하였다.

대한민국은 금 96개, 은 80개, 동 84개 등 총 260개의 메달을 획득하며 종합순위 2위를 기록하였다.

2006년 제15회 도하아시아경기대회에서 우리나라는 총 58개의 금메달 중 20개의 금메달을 여성선수들이 획득하면서 종합 2위의 자리를 지키는데 기여하였다.

제16회 광저우아시아경기대회는 2010년 11월 12일~27일까지 중국 광저우에서 열렸다.

제17회 인천아시아경기대회는 2014년 9월 19일 ~10월 4일까지 45개국의 선수들이 참가하였는데, 우리나라는 금메달 79개로 중국에 이어 종합 2위를 차지하였다.

인천아시아경기대회에서는 손연재 선수가 한국리듬체조 역사상 처음으로 종합경기대회에서 금메달을 획득하였다.

여자볼링에서는 이나영 선수가 한국 최다인 4관왕에 오르며, 농구는 최초로 남·녀 동반우승을 하였고 여자 배구는 월드스타 김연경 선수를 앞세워 20년 만에 금메달을 차지하였다. 여자 핸드볼도 숙적 일본을 물리치고 8년 만에 정상에 올랐으며, 정구는 7개의 전 종목 석권이라는 업적을 남기기도 하였다.

이 대회에서 북한선수단의 참석과 더불어 폐막식에 북한의 고위공직자가 참여함으로써 스포츠를 통한 남북관계의 개선에 이바지하였다

■ 동계아시아경기대회

2003년 제5회 아오모리동계아시아경기대회 개회식에서는 남북한이 한반도기를 앞세우며 공동입장을 하였다. 이 대회에서는 스노보드, 컬링, 스키점프, 프리스타일 종목이 처음으로 치러졌으며, 대한민국은 스키점프 단체전에서 아시아 최강인 일본을 여유 있게 제치고 금메달을 획득하였다.

여자 컬링의 은메달 소식은 새로운 전략종목으로 자리를 잡을 수 있는 좋은 계기를 마련해주었다. 한국은 금메달 10개, 은메달 8개, 동메달 10개로 대회를 마쳤다.

2007년 제6회 창춘동계아시아경기대회는 대한민국이 금 9, 은 13, 동 11개로 종합 3위를 하였다. 이 대회는 26개 국이 참가하였으나 한국, 중국, 일본, 카자흐스탄 등 4개 국을 제외한 나머지 22개 국은 메달을 한 개도 획득하지 못한 대회가 되었다.

한국은 여자 컬링 결승전에서 일본을 상대로 역전승을 거두며 마침내 아시아의 정상에 우뚝 서게 되었다.

2011년 제7회 카자흐스탄동계아시아경기대회는 1월 31일~2월 6일까지 개최되었다. 동계아시아경기대회 종목 중 처음으로 스키 오리엔티어링과 밴디 경기가 추가되었다. 인도네시아는 선수를 파견하지 않고 임원만 파견하였다.

■ 세계선수권대회

세계선수권대회는 세계 각국의 선수들이 대회에 참가하여 각 종목의 챔피언을 결정하는 단일 종목 선수권대회이다.

▶ 표 5-19 종목별 세계선수권대회 명칭

단 체	혼합(개인+단체)	개 인
세계 축구선수권대회	세계 육상선수권대회	세계 역도선수권대회
세계 여자축구선수권대회	세계 쇼트트랙선수권대회	세계 유도선수권대회
세계 야구선수권대회	세계 자전거경기선수권대회	세계 레슬링선수권대회
세계 소프트볼선수권대회	세계 수영선수권대회	세계 스프린트선수권대회
세계 농구선수권대회	세계 체조선수권대회	세계 아마추어선수권대회
세계 여자농구선수권대회	세계 기계체조선수권대회	세계 태권도선수권대회
세계 배구선수권대회	세계 리듬체조선수권대회	세계 사격선수권대회
세계 핸드볼선수권대회	세계 피겨스케이팅선수권대회	세계 알파인스키선수권대회
세계 여자핸드볼선수권대회	세계 탁구선수권대회	세계 프로다트선수권대회
세계 아이스하키선수권대회	세계 배드민턴선수권대회	세계 체스선수권대회
세계 컬링선수권대회	세계 양궁선수권대회	−
세계 라크로스선수권대회	세계 펜싱선수권대회	−
세계 폴로선수권대회	−	−

세계선수권대회는 모든 종목에서 개최되는 것은 아니지만 FIFA 월드컵과 세계육상선수권대회가 가장 크고 영향력이 있는 대회로 알려져 있다. 경기종목마다 개최국, 개최시기, 대회의 형태가 다를 뿐 아니라 순위를 결정하는 방법도 플레이오프 시스템, 타이틀매치 시스템, 리그 시스템, 토너먼트 시스템 등으로 각기 다르게 시행되고 있다.

■ 하계유니버시아드대회

2001년 북경하계유니버시아드대회는 163개 국에서 6,900여 명의 선수가 참가하였다. 대한민국은 12개 종목에 142명의 선수가 참가하여 금메달 3개, 은메달 10개, 동메달 14개로 종합순위 9위에 오르며 지난 팔마유니버시아드대회의 부진을 씻고 종합순위 10위권 달성에 성공한 대회였다.

2003년 대구하계유니버시아드대회는 역사상 가장 많은 나라가 참가하였고 부산아시아경기대회에 이어 남과 북이 동시입장을 하였다. 한국은 280명의 선수가 13종목에 참가하여 금메달 26개, 은메달 11개, 동메달 15개로 종합순위 3위를 기록하였다.

2005년 이즈미르하계유니버시아드 대회에서 한국은 11개를 획득하며 종합 7위를 했다.

2007년 제24회 방콕하계유니버시아드대회에서 한국은 17개 종목에 선수들이 출전하였다.

2009년 제25회 베오그라드하계유니버시아드대회는 태권도 겨루기 이외에 품새가 처음으로 도입되었으나 세계적인 경제난 여파로 가라데, 사격, 핸드볼, 레슬링, 카누, 조정 등 총 6개 종목이 선택종목에서 제외되었다.

여자 축구는 지소연 선수의 선취 득점과 추가골로 일본을 4대 1로 대파하며 유니버시아드대회에서 첫 우승의 감격을 맛보았다. 대한민국은 21개의 금메달과 11개의 은메달, 15개의 동메달을 획득하여 종합 3위를 기록하였다

2011년 제26회 하계유니버시아드대회는 중국 선전에서 개최되었으며, 170개국의 약 13,000여명의 임원단과 선수단이 대회에 참가하였다. 이 대회에서 대한민국은 금메달 28개, 은메달 21개, 동메달 30개를 획득하며 2회 연속 종합순위 3위에 올랐다.

2013년 제27회 카잔하계유니버시아드대회에서 대한민국은 총 17개의 금메달과 12개의 은메달, 12개의 동메달을 획득하여 종합순위 4위를 기록하며 대회를 마쳤다. 하키는 결승전에서 러시아를 5대 0으로 완파하며 금메달을 획득하였고, 배드민턴 단식에서 성지현 선수의 금메달은 한국 배드민턴 사상 처음으로 유니버시아드대회의 단식경기에서 정상에 등극한 기록으로 남았다.

■ 동계유니버시아드대회

2001년 제20회 자코파네동계유니버시아드대회는 54명의 한국 선수가 참가

하여 금메달 8개와 은메달 4개, 그리고 동메달 3개로 종합순위 2위를 기록했다.

2003년 제21회 타르비시오동계유니버시아드대회는 금메달 5개, 은메달 3개, 동메달 4개로 자코파네유니버시아드대회에 미치지 못한 종합순위 5위를 기록하였다.

2005년 제22회 오스트리아 인스부르크에서 열린 동계유니버시아드대회는 빙상이 효자종목 노릇을 톡톡히 한 대회였다. 빙상쇼트트랙에서 금메달 10개, 은메달 7개, 동메달 4개, 빙상스피드에서 동메달 2개를 추가하여 종합순위 2위를 기록하였다.

2007년 1월 17일부터 1월 27일까지 열린 제23회 토리노동계유니버시아드대회는 금메달 10개, 은메달 11개, 동메달 9개로 동계유니버시아드대회 참가 사상 처음으로 우리나라가 종합순위 1위를 차지한 대회로 기록된다.

2009년 제24회 하얼빈동계유니버시아드대회는 12개의 금메달을 획득하여 역대 참가한 동계유니버시아드대회 중 가장 많은 금메달을 획득하였지만 개최국인 중국과 러시아가 18개의 금메달을 획득하여 우리나라는 아쉽게 3위에 머물러야 했다.

2011년 터키에서 열린 제25회 에르주름동계유니버시아드대회는 금메달 7개, 은메달 3개, 동메달 5개로 종합순위 2위를 하였다.

2013년 제26회 트렌티노동계유니버시아드대회는 한국선수 74명이 9개의 종목에 참가하여 금메달 8개, 은메달 9개, 동메달 7개를 획득하여 종합순위 3위를 기록했다.

⑤ 학교체육

■ 체육의 선택과목화

1998~2003년 김대중 정부에서는 세계화 · 정보화 · 다양화에 따른 교육환

경의 급격한 변화를 고려하였다. 이 시기의 학교체육정책은 체육의 내재적 가치와 외재적 가치의 동시적 실현을 궁극적인 목적으로 삼았다.

일차적으로는 교육과정의 정상적인 운영을 통해 움직임 욕구의 실현, 기능 및 체력의 증진, 건강에 관한 지식 이해, 바람직한 태도 함양 등에 중점을 두었다. 또한 교육과정을 국민공통 기본교육과정과 고등학교 선택중심 교육과정으로 구성하여 다양화·특성화를 추구하였다.

그러나 2000년이라는 역사적 전환을 바라보며 구상하였던 교육과정이 실제로 학교현장에서는 이를 실현할 여건이 조성되지 않았다. 특히 수요자인 학생을 고려하여 설계된 선택중심 교육과정이 가르칠 교사와 시설 등이 열악한 현실에서는 학생들의 선택권은 매우 제한될 수밖에 없었다. 이러한 환경에서 학교체육 특히 고등학교 선택교과에서 체육이 축소되어 파행적으로 운영되었다.

서울올림픽 이후 국가는 기존의 엘리트체육에서 국민 모두를 위한 생활체육 활성화로 정책이 전환됨을 공표하였으나, 국민생활체육의 기본이 되는 학교체육은 이 시기에 오히려 후퇴하고 있었다. 중등학교의 체육수업시수의 감소, 체력장 및 입시체력검사 제도의 폐지와 더불어 대학의 교양 필수과목이었던 체육은 교양 선택과목으로 밀려나게 되었다.

대학체육은 입시경쟁으로 심신이 허약해진 대학생들로 하여금 지·덕·체를 기르게 하며, 평생체육의 기틀을 다짐으로써 건강한 사회구성원으로서 생을 영위할 수 있도록 이끌어주는 가교역할을 한다. 그러나 대학에서 체육을 교양 필수과목에서 교양 선택과목으로 전환한 것은 생활체육 기반이 취약해서 청소년시기에 체육·여가활동에 참여한 경험이 거의 없었던 학생들로부터 체육활동에 참여할 수 있는 기회를 박탈하는 결과를 가져왔다. 이는 체육을 학습할 권리와 평생체육 발전을 저해하였다고 평가할 수밖에 없다.

■ 교육과정의 변천

제7차 교육과정(1997~2007)은 학생들의 선택권을 중시하여 국민공통 기본교육과정과 선택중심 교육과정으로 나뉘어 제시되었다. 체육과교육과정에서는 체육이 종합교과임을 강조하면서 '신체활동을 위한 교육, 신체활동에 의한 교육, 신체활동을 통한 교육'을 지향하였다. 이는 신체활동 자체를 배워 신체의 이해와 건강을 도모하고, 신체활동을 통하여 바람직한 덕목을 함양해야 한다는 의미이다.

제7차 체육과교육과정에서는 체육이 인간의 움직임욕구 실현과 신체문화의 계승발전이라는 내재적 가치와 체력과 건강의 유지 및 증진, 정서의 순화, 사회성 함양이라는 외재적 가치를 동시에 추구함으로써 삶의 질을 높이는 데 공헌하는 교과임을 명확히 제시하고 있다.

특히 국민공통 기본교육과정 기간 동안 학생들은 체육교과를 필수적으로 학습하고, 이를 통해 다양한 운동을 경험하고 운동기능 및 체력을 증진하고자 하였다. 또한 체육학 관련 이론 지식의 습득을 통해 실제 운동 상황이나 건강 생활에 적용·활용하도록 하였으며, 적극적인 참여를 통해 즐거움과 만족을 느껴 바람직한 사회·윤리적 규범들을 습득하도록 하는 등 체육적 가치를 가르치는 데 역점을 두었다.

2007년 수시개정 체육과교육과정((2007~2009)에서는 종목 중심이던 체육과 교육내용이 신체활동의 가치 중심으로 변하고, 뉴스포츠가 도입되었다. 신체활동의 가치 중심의 교육은 건강한 삶을 위해 평생체육활동에 지속적으로 참여하는 자기 주도적인 체육인을 양성하는 데 궁극적인 목적이 있다.

또한 기존의 운동기능 중심 교육에서 체육을 통한 삶의 변화를 강조하였고, 이전보다 일선 체육교사의 자율권과 책무를 강화하였다. 학생에게는 학년별로 다양한 선택권을 주고, 운동기능의 성취결과보다는 성취과정에 초점을 두었다.

2009년에 개정된 교육과정은 창의적 체험활동 및 협동과 배려의 인성함양을 위한 교육을 강조하고 있으며, 학생들의 체력육성과 정서함양을 위한 '학교스포츠클럽 활동'을 중요시하고 있다.

2009년에 개정된 교육과정에 따른 체육과교육과정은 창의·인성·배려·

▶ 표 5-20　교육과정기별 체육과교육목표

교육과정기	체육과교육목표
7차	» 다양한 신체활동을 통하여 개개인의 움직임 욕구를 실현 » 운동수행에 필요한 기능과 체력 증진 » 운동과 건강에 관한 지식 이해 » 사회적으로 바람직한 태도 함양
2007 개정	» '활동적인 삶(active life)을 살아갈 수 있는 교육을 위해 신체활동 가치'를 기본 철학으로 설정, 다양한 가치를 경험하고 학습하는 것을 목표 » 신체활동의 가치 : 건강 활동, 도전 활동, 경쟁 활동, 표현 활동, 여가 활동의 가치 » 건강한 삶을 위해 평생체육활동에 지속적으로 참여하는 자기 주도적인 체육인 양성이 궁극적인 목적
2009 개정	» 신체활동 가치의 내면화와 실천을 통한 전인교육 » 활기차고 건강한 삶에 필요한 지식과 실천능력 » 자신의 미래를 계발하는 데 필요한 도전능력과 창의적 사고력 » 공동체 생활에 필요한 선의의 경쟁과 협동능력 등 바람직한 인성 함양

나눔이라는 핵심역량의 교육을 강화하고, 공통교육과정 기간의 재설정과 선택과목의 재구조화 등 새로운 체제에 적합한 요구가 반영되었다.

즉 교육내용을 적정화하고 연계성을 강화해야 한다는 요구를 반영하여 교과내용을 약 20% 감축하였다. 또 교과 간 및 교과 내 상호연계교육이 가능하도록 하여 학습자의 수준과 관심을 고려한 내용으로 구성하였으며, 창의와 인성교육을 강조하였다.

■ 학교체육의 중요성 인식

2000년대 들어와 학생들의 체력저하와 왕따 등 학교 부적응 학생과 관련된 문제가 심각한 사회문제로 대두되었다. 창의와 인성이 미래 교육 기조로 설정됨에 따라 학교체육의 중요성이 보다 강조되기 시작하였다.

학교체육에서는 체육의 본질적 가치를 학교에서 실현하고자 교육과정이 공급자 중심에서 점차 학습자 중심으로 변모해갔다. 법과 제도 등 외형적 측면에서의 보완과 더불어 학교체육의 질을 향상시킬 수 있는 내용적 측면의 보완이 함께 이루어져 왔다.

참여정부는 학생과 주민과의 체육시설 공유를 통해 생활체육과의 연계를 시도하였다. 이에 따라 2005년 12월에 문화관광부와 교육인적자원부는 '체육 분야 업무협약'을 체결하여 학교 내의 잔디운동장 조성 등 체육시설 확충 및 선진화, 청소년체력증진, 스포츠클럽제도 도입, 학교 내 체육활동 기회 확대 등을 공조하였다.

이명박 정부에서는 학교스포츠클럽을 통한 체육활동 참여의 생활화에 초점을 두었다. 당시 정부는 '신나는 한국인, 스포츠로 신명나는 나라'를 주제로 즐기는 학교체육 문화 조성에 역점을 두었다. 이를 위해 학교스포츠클럽 활동을 통한 체육 친화적 교육환경을 조성하려고 노력하였다.

박근혜 정부는 '국민 행복, 희망의 새 시대'를 비전으로 창의적 교육으로서의 학교체육을 강조하였다. 이를 위해 교육부는 체육전담교사와 스포츠 강사를 확대 배치하고, 학교스포츠클럽 활동을 장려하고, 학교운동장과 체육활동 여건을 개선함으로써 정규수업과 학교스포츠클럽의 안정적 발전을 꾀하였다.

■ 스포츠 선진국으로의 도약

문화비전 2008~2013은 대한민국 사회를 선진화의 길로 이끌어갈 문화와 체육과 관광에 관한 당시 정부의 비전이었다. 이를 통하여 국민과 소통하고, 나아가 세계와 소통하는 새로운 문화 대한민국을 이루려고 하였다.

문화비전은 '품격 있는 문화국가 대한민국'을 슬로건으로 4대 목표를 제시하였는데, 4대 목표 중 하나가 '스포츠로 신명나는 나라'이다. '스포츠로 신명나는 나라'에서는 총 7개의 중점과제를 제시하였다. 그중에서 두 번째 중점과제인 '체육 친화적 교육환경, 교육 친화적 체육환경'은 학교의 기본적인 체육활동기반 조성, 학교체육 활성화 프로그램 및 인력 지원, 선수인권보호체계 구축, 학생선수의 학업과 운동병행 환경구축 사업 등을 중점적인 추진이었다.

❖ 학교의 기본적인 체육활동기반을 조성하기 위하여 학생 및 지역주민들이 함께 활용할 수 있도록 학교체육관을 100개 확충 지원하고, 잔디구장, 다목적구장, 우레탄트랙, 야간조명시설 등 학교운동장 체육시설을 매년 200개 학교에 설치한다.

❖ 학교체육 활성화 프로그램 및 인력 지원을 위해 2012년까지 초등학교에 스포츠강사 2,200명을 배치하고, 이어서 전국 초등학교로 확대해 나가며, 스포츠 강사의 방과 후 학교 및 학교스포츠클럽 지도를 유도하여 방과 후 학교 및 학교스포츠클럽을 활성화한다.

❖ 선수인권보호체계를 구축하기 위하여 학교운동부 합숙소의 환경을 개선하고, 도서·벽지, 농·어촌 지역 학생선수를 위한 '선수기숙사' 운영 및 지원을 추진하며, 학교운동부 지도자의 처우도 개선한다. 여기에 관련된 재원은 교과부와 각 시·도교육청이 협의하여 분담하기로 하였다.

■ 학교체육진흥법

학교체육진흥법은 국민체육진흥법을 보완하기 위한 법률로 2012년에 제정되어 2013년에 공포되었다. 이 법은 학생의 체육활동 강화 및 학교운동부 육성 등 학교체육 활성화에 필요한 사항을 정함으로써 학생들이 건강하고 균형 잡힌 신체와 정신을 가질 수 있도록 하는 데 기여함을 목적으로 제정하였다. 즉 스포츠를 장려하고, 입시 위주의 교육으로 경시되는 학교체육 활동을 진흥하기 위한 법률이다.

학교체육진흥법 제6조에 "학교의 장은 학생의 체력증진과 체육활동 활성화를 위하여 다음과 같은 조치를 취해야 한다"고 규정하고 있다.

❖ 체육교육과정 운영 충실 및 체육수업의 질 제고

❖ 학생건강체력 평가 및 비만 학생에 대한 대책

❖ 학교스포츠클럽 및 학교운동부 운영

❖ 학생선수의 학습권 보장 및 인권보호

❖ 여학생의 체육활동 활성화

❖ 유아 및 장애학생의 체육활동 활성화

학교체육진흥법의 시행으로 일반학생이 다양한 체육활동을 접할 수 있는 기회가 마련되었다. 또 학생선수는 일정 기준의 학력수준에 도달하지 못하면 경기대회 출전하지 못하도록 제한하게 됐다.

한편 학교는 체육활동에 필요한 시설, 체육 교재 및 용품, 스포츠강사 등을 충분히 확보할 수 있게 되었다. 교육청에는 학교체육진흥지역위원회를 설치하여 운영하고 있다.

■ 학생건강체력평가제도(PAPS)의 도입

1972년부터 시행해오던 학생체력검사(체력장제도)가 1994년에 폐지된 후 약 10년이 지난 2006년 과거의 '학생체력검사'가 '학생신체능력검사'로 바뀌어 실행되었다.

검사종목은 과거의 종목과 변함이 없이 중 · 고등학생은 50m 달리기, 팔굽혀펴기(남)/팔굽혀매달리기(여), 윗몸일으키기, 제자리멀리뛰기, 앉아 윗몸 앞으로 굽히기, 오래 달리기/걷기의 총 6종목이며, 초등학생은 5개 종목을 실시하였다. 학생신체능력검사는 체력 및 건강검사의 개념이었기 때문에 3년에 한 번씩 가까운 건강검진기관에서 혈액검사, 소변검사, 구강검사 등을 받도록 되어 있었다.

2010년 발표된 학교건강검사 결과에 따르면 2006년부터 2009년까지 청소년의 전체 비만율과 고도 비만율은 증가하고, 체력은 저하되었다. 이에 교육과학기술부는 그동안 시행해 오던 '학생신체능력검사'를 개선하기로 하였다.

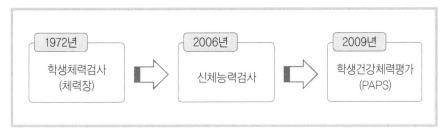

▶ 그림 5-17 학생체력검사의 변화

운동기능 위주의 '학생신체능력검사'는 단순 측정과 기록에 그치고 그에 따른 후속 조치에 한계가 있어 청소년들의 체력향상에는 별 도움을 주지 못한다고 판단하여 '학생건강체력평가제도(PAPS)'를 도입하기로 한 것이다.

학생건강체력평가제도(PAPS)는 학생들의 순발력·스피드·민첩성·유연성·지구력을 종합해서 평가한 건강체력 평가에 비만평가, 심폐지구력 평가, 자기신체 평가(심리검사), 자세 평가 등을 종합해서 건강체력을 평가를 한 다음, 그 결과를 토대로 맞춤형 신체활동처방이 주어지는 종합평가시스템이다.

PAPS는 저체력 및 비만학생들에게 맞춤식 운동처방을 제공하고 다양한 건강체력 교실에 참여하도록 기회를 준다는 점에서 의미가 있다. 학교체육진흥법에서도 PAPS 실행을 의무화하고 있다. 즉 1년에 1회 학생들의 체력을 감안

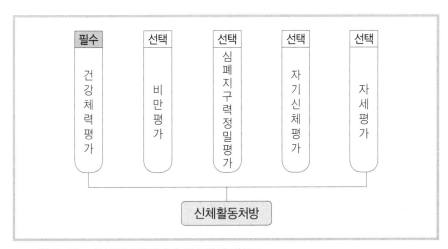

▶ 그림 5-18 학생건강체력평가 시스템의 개요도

해 심폐지구력(3종목), 유연성(2종목), 근력 · 지구력(3종목), 순발력(2종목), 체지방(2종목) 등 각 부문에서 1가지 종목씩 5종목을 선택해 실시해야 한다.

그리고 평가 결과에 따라 개인별 운동처방을 제공하고, 체력이 낮은 학생과 비만학생의 체력증진을 위해서 건강체력교실을 별도로 운영해야 한다. 특히 측정 결과를 교육정보시스템에 입력해서 개인별 체력진단 처방을 위해 학생과 학부모에게 알리도록 하고 있다.

■ 스포츠강사 및 학교스포츠클럽 제도의 도입

➔ 스포츠강사의 도입

초등학교 체육수업을 정상화하기 위해서 2008년부터 스포츠강사 제도를 도입하였다.

스포츠강사의 주된 역할은 다음과 같다.

❖ 단위 초등학교 교육과정에 의해 진행되는 정규 체육시간의 보조역할이다. 수업의 준비와 보조, 수업활동 지원, 체육교구 및 시설관리 등이다.

❖ 학교스포츠클럽의 활성화를 위해 학교스포츠클럽 참가자를 선발하고 해당 학생들이 스포츠활동에 지속적으로 관심을 갖고 참여할 수 있도록 지도한다.

❖ 학생건강체력평가제(PAPS) 운영, 교내 · 외 체육 관련 행사지원 등의 임무를 수행한다.

➔ 학교스포츠클럽 제도의 도입

산발적으로 흩어져 비조직적으로 운영되고 있던 '체육동아리활동'을 '학교스포츠클럽'으로 결집시키고, 그 명칭을 공식적으로 사용하여 학생들의 자율적인 체육활동을 활성화하여 건강체력 증진 및 활기찬 학교분위기 형성을 도모하고자 학교스포츠클럽을 도입 · 운영하게 되었다.

학교스포츠클럽은 스포츠활동에 취미를 가진 동일 학교의 학생으로 구성하여 교육청에 등록하여 조직적으로 관리하고 체계적으로 운영하기 위한 것이다.

2007년부터 시작된 학교스포츠클럽의 도입배경은 크게 다음의 두 가지이다.

❖ 모든 학생들에게 신체활동을 향유할 수 있는 권리를 주기 위한 것이다. 입시 위주의 교육환경에서 야기된 학생들의 신체적 · 정신적 · 심리적 건강문제를 해결하기 위해서는 신체활동이 필요하다.

❖ 학교운동부 문화를 개선해서 운동부 본래의 기능인 교육적 활동을 부활시키기 위한 것이다. 학생선수들의 심각한 학력저하와 학습권보장의 문제를 해결하려는 것이다.

학교스포츠클럽의 등록은 대한체육회 가맹경기단체에 선수등록이 되지 않은 동일 학교에 재학 중인 일반학생을 대상으로 담당 지도교사 1명을 지정하여 종목별로 등록하되, 동일 학교의 학생만으로 편성하여 이를 관할 교육청에 등록하게 함으로써 체계적인 관리가 될 수 있게 하였다.

학교스포츠클럽 대회는 수업결손을 예방하기 위하여 방과 후 및 주말과 방학을 이용하여 진행되며, 종목별로 교내 대회, 교육지원청 대회, 시 · 도교육청 대회, 전국대회의 순으로 개최된다.

❻ 생활체육

생활체육은 전 국민이 여가시간에 자발적으로 참여하여 실시하는 체육활동 혹은 스포츠활동이다. 생활체육의 목적은 개인적 측면에서는 신체적 · 정신적 · 사회적 건강을 전제로 개인의 삶의 질 향상이며, 국가적 측면에서는 복지국가 건설에 이바지하는 것이다.

우리나라에서 생활체육은 서울올림픽 이후 급속하게 성장하였으며, 국민 누구나 각자의 건강증진과 삶의 질 향상을 위해 참여할 수 있는 여가활동이라는 인식이 형성되었다.

우리나라의 생활체육 정책변화를 제6공화국의 정부별로 정리하면 표 5-21 과 같다.

▶ 표 5-21　　제6공화국의 정부별 생활체육정책의 변화

구분	사업명	체육담당 부서	정책과제 및 부분별 목표 (민간단체체육기구)	추진내용
문민정부	제1차 국민체육진흥 5개년계획	문화 체육부	생활체육의 범국민적 확산	» 국민의 체육활동 참여의식 고취 » 체육활동공간 확충, 생활체육지도자 양성 » 국민체육활동의 체계적 육성 및 지원 » 국민건전여가 기회의 확대
국민의 정부	제2차 국민체육 5개년계획	문화 관광부	생활체육 참여환경을 구축하여 지역공동체 중심의 체육활동여건 조성	» 지역공동체 주민활동의 장으로써 체육시설 확충 » 미참여 인구의 생활체육 프로그램 참여 확대 » 생활체육지도인력의 육성 및 활용 » 국민체력관리의 과학적 지원 » 민간주도적 생활체육 확산
참여정부	참여정부 국민체육진흥 5개년계획	문화 관광부	생활체육 활성화를 통한 국민의 삶의 질 향상	» 주민친화형 생활체육공간 확충 » 스포츠클럽의 체계적 육성 » 체육활동 참여확대를 위한 다양한 프로그램 운영 » 과학적 국민체력관리시스템 구축 » 레저스포츠 발전 방안 마련 » 생활체육 지도인력 양성 및 활용 » 생활체육 인식 제고 및 추진체제 강화
이명박 정부	문화비전 2008-2012	문화체육 관광부	'15분 프로젝트' 체육활동 참여여건 개선 (국민생활체육협의회 → 국민생활체육회로 명칭 변경)	» 지역스포츠클럽 정착 및 활성화 » 체육인력 활용 제고 및 국민체력 향상 » 맞춤형 체육복지 구현 » 전통무예 지정 및 육성 보급 강화 » 생활체육시설의 확충 및 활용 제고 » 레저스포츠시설, 공간 확충
박근혜 정부	스포츠비전 2018	문화체육 관광부	손에 닿는 스포츠 '스포츠로 사회를 바꾸다'	» 2013년을 기준 • 종합형스포츠클럽(9개소 → 229개소) • 수혜인원(3,600명 → 91,600명) • 국민체력인증제(49,000여 명 → 1,004,000여 명) • 생활체육지도자(일반, 노인) 2,230명 → 2,730명, (장애인) 230명 → 600명 • 작은 체육관(2017년까지 900여 개소) 조성 • 공공체육시설 장애인편의 개·보수 400개소 • 저소득계층 등 대상 행복 나눔 스포츠교실 확대 (274개소 → 680개소)

출처 : 체육백서(2015)

생활체육이 영양의 과다섭취와 운동부족으로 인한 건강문제를 해결하고, 산업화에 의해서 초래된 신체적 · 정신적 · 사회적 스트레스 해소를 위한 대안으로 떠오르면서 그 필요성이 크게 강조되었다.

■ 노태우 정부

노태우 정부는 서울아시아경기대회와 서울올림픽대회의 성공적인 개최를 계기로 국민생활체육진흥종합계획을 수립하였고, 중앙정부 체육담당부처는 체육청소년부로 개칭되었다.

생활체육시설의 확충, 생활체육프로그램 개발 및 보급, 직장체육프로그램 개발, 생활체육지도자 양성 제도의 개선을 주요사업으로 추진하였다. 민간단체 생활체육기구로 1991년 1월에 국민생활체육협의회(국민생활체육회로 개칭)가 설립되었다.

■ 김영삼 정부

문민정부는 제1차 국민체육진흥5개년계획을 수립하였으며, 중앙정부체육기구를 체육청소년부에서 문화체육부로 변경하였다. 생활체육의 범국민적 확산이란 정책과제 아래 국민의 체육활동 참여의식 고취, 체육활동 공간의 확충 및 생활체육 지도자의 양성, 국민체육활동의 체계적 육성 및 지원, 국민의 건전한 여가기회 확대 등을 주요사업으로 추진하였다.

■ 김대중 정부

국민의 정부는 제2차 국민체육진흥5개년계획을 수립하였으며, 중앙정부 체육담당부서는 문화체육부에서 문화관광부로 명칭이 변경되면서 '부' 단위의 체육행정이 '국' 단위로 축소되었다.

생활체육 참여환경을 구축하여 지역공동체 중심의 체육활동 여건조성이라는 정책과제 아래 지역공동체 활동의 장으로써 체육시설 확충, 생활체육프로그램 참여인구 확대, 생활체육 지도인력 육성 및 활용, 국민체력 관리의 과학적 지원 등을 주요 사업으로 추진하였다.

■ 노무현 정부

참여정부는 '생활체육 활성화를 통한 국민의 삶의 질 향상'이란 정책과제 아래 주민친화형 생활체육공간 확충, 스포츠클럽의 체계적 육성, 체육활동 참여 확대를 위한 다양한 프로그램 운영, 과학적 국민체력관리시스템 구축, 레저스포츠 발전방안 마련, 생활체육 지도인력의 양성 및 활용, 생활체육 인식 제고 및 추진체제 강화를 주요 사업으로 추진하였다.

참여정부는 민간 체육단체의 자율성을 강화하고 과감한 이양을 통한 '분권'을 추구했다. 그 일환으로 전문 체육단체의 재정자립 기반을 강화하고자 대한체육회 산하 가맹단체의 법인화를 유도하였으며, 2005년 대한장애인체육회와 태권도진흥재단, 2007년에는 체육인재육성재단을 잇달아 설립하였다.

참여정부는 주 5일 근무제가 확산됨에 따라 생활체육 프로그램을 획기적으로 강화하는 다음과 같은 사업들을 추진하였다.

❖ 공원이나 약수터에서 주민들에게 생활체육을 지도하는 생활체육광장
❖ 공공체육시설에서 축구나 테니스 등을 지도하는 생활체육교실
❖ 어린이 체력 향상을 위한 어린이 체능교실
❖ 노인들을 대상으로 신체적성운동을 지도하는 장수체육대학
❖ 여성을 대상으로 에어로빅이나 국민체조를 지도하는 여성생활체육교실
❖ 체육활동 소외계층을 위한 장애인 생활체육교실 − 문화관광부는 보건복지부로부터 장애인체육과 관련한 업무를 넘겨받았다.
❖ 래프팅, 엑스트림 게임, 서바이벌 게임 등을 체계적으로 발전시키기 위해 안전관리 기준과 관련단체의 육성방안을 마련했다.

■ 이명박 정부

이명박 정부는 '문화비전 2008-2012' 계획을 수립하였으며, 중앙정부 체육담당부처를 기존의 문화관광부에서 문화체육관광부로 개칭하였다.

이명박 정부는 '국민의 건강이 국가 경쟁력의 근원'이라며, 스포츠정책의 중심에 생활체육을 두고 학교체육과 전문체육의 균형 발전에 대한 의지를 표명했다. 이명박 정부의 생활체육 슬로건은 '문을 열면 스포츠를'이었다. 즉 "집에서 15분 거리 이내에서 원하는 스포츠를 즐기게 한다."는 것이다.

문화비전 2008~2012의 생활체육과 관련된 주요 정책과제들은 다음과 같다.

❖ 장애인 생활체육의 활성화
❖ 다문화가족 생활체육 지원
❖ 행복나눔 생활체육교실
❖ 어르신 체육활동 지원사업
❖ 여자어린이 축구챌린지
❖ 전통스포츠의 보급
❖ 세계한민족축전
❖ 뉴스포츠의 보급

■ 박근혜 정부

박근혜 정부는 정부 출범 6개월을 맞아 향후 5년간(2013~2017) 스포츠정책으로 '스포츠비전 2018'을 발표하였다. '스포츠비전 2018'은 스포츠가 삶의 방식과 문화가 되고, 스포츠로 경제·사회·미래를 바꾸는 '문화융성'을 실현한다는 것이었다.

박근혜 정부가 추진한 주요 생활체육 사업은 다음과 같다.

❖ 국민생활체육진흥 종합계획……박근혜 정부는 '스포츠비전 2018'을 발표한 후 곧이어 생활체육정책의 구체적인 내용을 담고 있는 국민생활체

▶ 표 5-22   박근혜 정부의 체육관련 주요 국정과제

주요 과제	과제 내용
문화 향유기회 확대 및 문화격차 해소	» 생활체육지도자 장애인시설 파견 확대 » 체육시설 내 장애인 생활체육교실, 청소년체육교실 등 확대 » 공공문화체육시설 장애인 접근성 확대를 위한 개보수 지원 및 어울림 스포츠센터 건립
스포츠 활성화로 건강한 삶 구현	» 생애 주기별 맞춤형 프로그램 보급, 통합콜센터(#7330) 도입 » 전 국민 스포츠·체력 인증제 도입 » 종합형 스포츠클럽 설립 추진 » 국가대표 체육지도자 자격 부여 및 학교스포츠강사 처우 개선, 체육인 진로 지원 등 체육인 복지 강화 » 스포츠산업 진흥 중장기계획 수립, 올림픽 스포츠콤플렉스조성

육진흥 종합계획(일명 '스마일100 프로젝트')을 발표하였다. '스마일 100'은 '스포츠를 마음껏 일상적으로 100세까지'를 의미한다.

❖ **국민생활체육시설 확충 중장기 계획**……전국에 있는 공공체육시설을 균형 있게 배치한다는 것을 골자로 2022년까지 체육시설을 대폭적으로 공급해서 시설 접근성을 대폭 개선하겠다는 계획이다.

❖ **종합형 스포츠클럽의 육성**……지역 체육시설을 거점으로 다세대·다계층·다종목·다양한 프로그램과 전문 체육지도자가 융합되어 운영되는 회원 중심의 자율적 스포츠클럽을 육성한다는 것이다.

❖ **생활체육 지도자의 양성 및 배치의 개선**……생활체육지도자 배치사업은 청년 체육인 일자리 창출에도 기여하므로 지역의 생활체육회는 시도 및 시군구청과 유기적인 협조체제를 유지하면서 지도자 관리 및 예산지원 등에 대해 상호협력하는 것이다. 2015년부터 체육지도자 국가자격증 제도가 시행되었고, 체육지도자의 자격 체계가 지도 분야와 대상별로 세분화되었으며, '생활체육 지도자'의 명칭도 '스포츠지도사'로 바뀌었다.

참｜고｜문｜헌

강동항 편저(1995). 체육사. 서울 : 보경문화사.

강무학(1981). 한국세시풍속기. 서울 : 동호서관.

교육인적자원부(2001). 초 · 중 · 고등학교체육과교육과정기준(1955~1997).

김달우(1992). 해방 이후 학교체육의 재편 및 정착과정에 관한 연구.

김부식. 삼국사기. 고구려 본기 시조 동명성왕조. 유리왕조.

김오중(1988). 세계체육사. 서울 : 고려대학교 출판부

김정배(2006). 한국고대사입문 1-한국문화의 기원과 국가형성. 서울 : 신서원.

김철준(1990). 한국고대사연구. 서울 : 서울대학교 출판부.

나현성 외(1981). 세계체육사. 서울 : 서울대학교 출판부.

―――(1970). 한국학교체육제도사. 서울 : 도서출판 교육원.

―――(1983). 한국체육사. 서울 : 교학연구사.

노희덕(2004). 세계체육사. 서울 : 서울대학교 출판부.

대한올림픽위원회(1996). KOC 50년사. 서울 : 대한체육회.

대한체육회(1990). 대한체육회 70년사. 서울 : 대한체육회.

―――――(1997). 체육연감.

―――――(2010). 대한체육회 90년사. 대한체육회.

무예도보통지(수권). 병기총서조.

―――――(권4). 마상재조.

문화체육관광부(2015). 2014 체육백서.

―――――(2016). 2015 체육백서.

―――――(2017). 2016 체육백서.

―――――(2018). 2017 체육백서.

박용운(2002). 고려시대사(상.하). 서울 : 일지사.

삼국지. 위지동이전. 부여조.

송찬식(1975). 조선후기 사회경제사 연구. 서울 : 일조각

수서. 동이전 고구려조. 신라조. 백제조.

신호주 외 1인(2000). 체육사. 서울 : 명지출판사.

심우성(1996). 韓國의 民俗놀이—그 理論과 實際. 서울 : 삼일각.

오영교(2005). 조선후기사회사연구. 서울 : 혜안.

이기백(1993). 한국사통론. 서울 : 삼영사.

―――(2007). 한국사신론. 서울 : (주) 일조각.

―――(1999). 한국사신론. 서울 : 일조각.

이병훈(1985). 한국사의 이해. 서울 : 삼성출판사.

―――(1986). 한국고대사연구. 서울 : 박영사.

이석래(1969). 동국이상국집-한국의 명저. 서울 : 현암사.

이제홍 외 1인(2006). 서양스포츠문화사. 서울 : 대경북스.

이제홍 외(2018). 한국체육사. 서울 : 대경북스.

이학래(2008). 한국현대체육사. 서울 : 단국대학교 출판부.

―――(1994). 한국체육사. 서울 : (주)지식산업사.

―――(2003). 한국체육사연구. 서울 : 국학자료원.

이현희 외 1인(1991). 한국문화와 역사. 서울 : 형설출판사.

일연. 삼국유사. 고조선조. 사절유택조.

임동권(1975). 한국세시풍속. 서울 : 서문당.

임동권 외 1인(1997). 韓國의 馬上武藝. 서울 : 한국마사회 마사박물관.

장주근(1984). 한국의 세시풍속. 서울 : 형설출판사.

전덕재(2006). 한국고대사회연구사. 서울 : 태학사.

체육부(1986). 초 · 중 고등학교교육과정 총론(1946~1981). 대한교과서.

체육청소년부(1992). 체육청소년행정10년사.

최승희(2002). 조선초기정치사연구. 서울 : 지식산업사.

체육총서편찬위원회(1980). 체육사. 체육총서간행회.

하남길(1989). 체육사신론. 경남 : 경상대학교 출판부.

한국역사연구회(1994). 14세기 고려의 정치와 사회. 서울 : 민음사.

한국체육대학교(1997). 한국체육대학교 20년사.

한국체육사학회(2015). 한국체육사. 서울 : 대한미디어.

한우근(1988). "조선전기 사관과 실록편찬에 관한 연구". 진단학보 66.

허현미 외(2014). 한국여성체육100년사. (사)100인의 여성체육인. 서울 : 대경북스